EUROPE,
LA TRAHISON DES ÉLITES

DU MÊME AUTEUR

Propos sur la réforme de l'enseignement, Jodoigne, Gilles, 1968 (ouvrage inscrit au catalogue du ministère belge de l'Éducation nationale et de la Culture française, à partir de 1970).

Le Financement public des partis politiques, Bruxelles, CRISP (Centre de recherche et d'information sociopolitiques), 1982.

Le Parlement : une institution en crise, Bruxelles, CRISP, 1983.

Les Constitutions du Cambodge (1953-1993), Paris, La Documentation française, 1994.

L'ONU et le citoyen, Paris, L'Harmattan, 1995.

The Cambodian Constitutions, 1953-1993, Bangkok, White Lotus, 1995.

Chroniques cambodgiennes, 1990-1994, Paris, L'Harmattan, 1995.

Les Clés du Cambodge, Paris, Maisonneuve et Larose, 1995 (préface de Jean Lacouture).

Cambodge. Une presse sous pression, Paris, Reporters sans frontières, 1997.

The Cambodian Chronicles, 1989-1996, vol. I *: Bungling a Peace Plan*, Bangkok, White Lotus, 1998.

AGCS. L'Accord général sur le commerce des services, ou comment revenir sur 200 ans de conquêtes politiques et sociales et recoloniser le Sud, Bruxelles, Oxfam Solidarité ; Paris, URFIG, 2003.

Les Enjeux de Cancún. La Ve conférence ministérielle de l'OMC, Bruxelles, Oxfam Solidarité ; Paris, URFIG, 2003.

Raoul Marc Jennar

Europe,
la trahison des élites

Fayard

« À l'Europe que la pensée de banquier veut à toute force nous imposer, il s'agit d'opposer non, comme certains, un refus nationaliste de l'Europe, mais un refus progressiste de l'Europe néolibérale des banques et des banquiers. Ceux-ci ont intérêt à faire croire que tout refus de l'Europe qu'ils nous proposent est un refus de l'Europe tout court. Refuser l'Europe des banques, c'est refuser la pensée de banquier qui, sous couvert de néolibéralisme, fait de l'argent la mesure de toutes choses, de la valeur des hommes et des femmes sur le marché du travail et, de proche en proche, dans toutes les dimensions de l'existence.

La résistance à l'Europe des banquiers, et à la restauration conservatrice qu'ils nous préparent, ne peut être qu'européenne. »

Pierre Bourdieu (1997).

Introduction

En novembre 2000, Pierre Bourdieu, le célèbre sociologue français, m'avait invité aux assises du Mouvement social européen qui se tenaient à Vienne, en Autriche. Nous venions, deux mois plus tôt, de travailler ensemble à la rédaction d'une « Lettre ouverte au directeur général de l'Unesco sur les dangers de l'AGCS ». A Vienne, à sa demande, j'avais présenté une communication consacrée à « La Commission européenne, sur-pouvoir et sous-démocratie ». Ce que j'avais fourni comme informations, en particulier à propos du Comité 133, avait beaucoup intéressé Pierre. Il s'était bien entendu déjà exprimé sur l'Europe et on en trouve la trace, notamment, dans *Contre-feux 1 et 2*. Mais c'est le fonctionnement des institutions et de la technocratie qui retenait alors son attention. Ce fut l'origine d'un projet qui, malheureusement, n'a pu être mené à bien de son vivant.

Rentré de Vienne, il avait en effet conçu le dessein à la fois d'organiser un grand colloque sur la reconstruction juridique de l'Europe et de susciter la publication d'un petit livre sur l'Europe telle qu'elle agit dans les faits et non pas telle qu'on nous la présente généralement. Il avait souhaité que je m'implique dans ce double projet. Avant son décès, je travaillais au synopsis du livre tandis qu'il organisait, à Paris, une session preparatoire au colloque avec des juristes, des politologues et des sociologues.

Au cours de cette session, Pierre Bourdieu posait un constat :

L'Europe ne dit pas ce qu'elle fait ; elle ne fait pas ce qu'elle dit. Elle dit ce qu'elle ne fait pas ; elle fait ce qu'elle ne dit pas. Cette Europe qu'on nous construit, c'est une Europe en trompe l'œil.

Ce constat, fruit de ses propres observations, il souhaitait que je l'étaie par quelques solides démonstrations à partir de dossiers concrets qui parlent aux gens. C'est l'objet de ce livre.

La présentation du double langage européen qui va suivre n'est pas l'œuvre d'un souverainiste nostalgique de quelque ligne bleue des Vosges ou de quelque réduit ardennais. Encore moins d'un nationaliste. L'horizon frontalier est, à mes yeux, le plus dépassable de tous. Et l'Europe est une grande idée. Trop grande, manifestement, pour être confiée à des eurocrates. Avec la décolonisation, loin d'être vraiment terminée, le projet européen est probablement le legs politique le plus important du XXe siècle.

Irréductiblement fidèle à l'idéal internationaliste, je ne trouve aucune incompatibilité entre le fait de cultiver mes racines, d'être de quelque part et, en même temps, mon aptitude à me réjouir de la capacité des humains à dépasser leurs différences pour créer des communautés de destin par-delà les barrières de tout genre. Je savoure avec une égale délectation la glaise et le grand large. Et lorsque je parcours la moite langueur des rizières cambodgiennes, j'attends avec impatience de retrouver l'odeur de nos forêts gauloises à l'automne. Aucune confusion n'est possible : ce livre n'est pas au service des thèses d'un Chevènement, d'un de Villiers ou d'un Pasqua, et encore moins de celles d'un Le Pen. Mes réponses aux critiques de l'Union européenne sont totalement différentes des leurs : j'appelle à plus d'Europe sociale, plus d'Europe environnementale, plus d'Europe fiscale, bref plus d'Europe politique. Pas moins. S'il est une souveraineté qui m'intéresse ici, c'est celle des citoyennes et des citoyens d'Europe. Et non pas le retour frileux derrière les barrières vaines de l'État-nation.

L'Europe des peuples

Qu'est-ce qui fonde l'idée d'Europe ? Le fait est que, depuis plus de deux siècles, des peuples se sont efforcés d'y modifier les rapports humains, et en particulier les rapports sociaux. S'il existe un projet commun à bon nombre de femmes et d'hommes d'Europe, c'est incontestablement celui de la solidarité dans la liberté. Ce qui résonne au fond de la plupart d'entre nous en écho à l'idée d'Europe, c'est un espace humaniste, solidaire, généreux ; c'est une tension vers un idéal incarné par le triple mot d'ordre : liberté, égalité, fraternité. Il est un acquis mille fois plus important à mes yeux que ce fatras technocratique qu'on appelle l'« acquis communautaire ». C'est celui qui résulte de plus de deux cents ans de luttes politiques et sociales inspirées par les idéaux des Lumières et nourries par les aspirations exprimées en 1789, en 1848, lors de la Commune de Paris, dans les luttes sociales du XXe siècle. L'échec du modèle soviétique, la déliquescence de la social-démocratie devant les poussées néolibérales ne modifient en rien l'existence d'injustices massives et la persistance d'inégalités intolérables ; ils n'enlèvent rien à la pertinence d'un projet fondé sur la transformation des rapports sociaux.

S'il est un modèle européen, ce n'est pas celui qu'imposent les technocrates de la Commission de Bruxelles ; c'est celui qu'avec leur cœur, avec leurs mains, avec leur sang, les peuples ont conquis en arrachant aux possédants des droits qu'on voudrait aujourd'hui leur marchander. Rien n'a été donné, tout a dû être conquis pour que certains pays d'Europe évoluent peu à peu et confèrent à la puissance publique un triple rôle régulateur, redistributeur et opérateur.

L'idée selon laquelle les personnes ont non seulement des droits individuels (liberté d'opinion, d'expression, d'association, de presse, de culte...) mais également des droits collectifs (droits à la santé, à l'éducation et à la culture, au travail, au logement, à la sécurité sociale...) est née en Europe. Le

« modèle européen » est devenu ainsi, surtout après la Seconde Guerre mondiale, l'expression la plus forte d'une conception de l'État en tant que garant d'une démocratie qui tend vers une égalité effective des chances pour tous.

Cette volonté de dépasser les aspects formels de la démocratie et de lui donner un contenu s'est traduite par l'élaboration de politiques encadrées, garanties, voire gérées par les pouvoirs publics : salaire minimum garanti, durée déterminée du travail hebdomadaire maximum, allocations de chômage, allocations familiales, caisses d'assurances maladie-invalidité, caisses de pensions, minimum garanti de moyens d'existence, etc. Ces politiques ont consacré l'existence d'organisations syndicales et de mutualités ; elles ont incité à une concertation régulière entre ceux qu'on appelle les partenaires sociaux ; elles ont amené les pouvoirs publics, à différents niveaux, à créer et administrer des organismes appelés « services publics » ; enfin, elles ont conduit les autorités à travailler avec un maillage d'institutions et d'associations privées au service de tous et soutenues par les pouvoirs publics qu'on range dans la catégorie des services non marchands.

Tel est, avec des variantes d'un pays à l'autre du Vieux Continent, le « modèle européen ». Il est certainement perfectible, mais il représente à ce jour l'avancée la plus forte en vue de concilier liberté et solidarité et de fortifier la démocratie, en refusant de limiter celle-ci au rituel électoral et à quelques principes constitutionnels, si importants soient-ils. Dans quelques pays européens, deux cents ans d'épreuves, de sacrifices, de ténacité ont prouvé qu'il est possible de dépasser le chacun pour soi et d'accorder libertés individuelles et intérêt général. S'il est un projet européen qui vaille, ce ne peut être que celui-là.

L'alternative, c'est le modèle américain où, au nom de la primauté absolue de la liberté, l'individu passe en premier lieu, où le chacun pour soi est la règle commune, où l'action caritative privée remplace et compense autant que faire se peut le refus de reconnaître des droits mis en œuvre par des services publics, où il n'est possible de faire reconnaître et sanctionner l'iniquité qu'au terme de procédures judiciaires que seuls les nantis peuvent engager, où l'État minimum n'est puissant que dans les domaines des forces armées, des services de sécurité, de l'appareil répressif, et dans les secteurs où il peut appuyer les firmes privées.

L'Europe des marchands

Le choix de construire une Europe unie en privilégiant les approches commerciales, économiques et financières se révèle destructeur du modèle élaboré décennie après décennie et la rapproche peu à peu du modèle américain. Avec l'Acte unique, les traités de Maastricht, d'Amsterdam et de Nice, les priorités données à la libre concurrence dans un marché unique ont servi de justification à un renversement radical des politiques conduites depuis la fin du XIXe siècle pour créer, organiser et renforcer toujours plus la solidarité. À telle enseigne qu'il n'est pas excessif de constater aujourd'hui que l'Union européenne s'emploie à détruire ce que des Européens ont mis plus de cent ans à construire.

En ce début de XXIe siècle, ce qui est en cause s'agissant de l'Union européenne, ce n'est pas son principe même mais les finalités de son projet. Maintenant que l'objectif initial – la paix – est atteint, se pose évidemment la question : l'Europe pour faire quoi ? Ce qui impose une confrontation entre les motivations déclarées et les réalités constatées de cette construction européenne. Pour faire bref, depuis une cinquantaine d'années, l'Union européenne met-elle en œuvre les idéaux qu'elle prétend incarner ?

« Nous ne coalisons pas des États, nous unissons des hommes. » Avec cette formule généreuse et audacieuse, Jean Monnet, le « père de l'Europe », a créé le mythe d'une Europe politique unie et inauguré cinquante années d'ambiguïtés. Car ce banquier a mis en place une méthode qui, au nom d'un projet politique toujours différé, n'a conduit ni à une coalition d'États, ni à une union des hommes, mais à la création d'une vaste zone de libre-échange devenue un marché commun, puis une union économique et monétaire.

La construction européenne, d'emblée, s'est appuyée sur une immense équivoque : l'objectif annoncé n'était pas le but poursuivi. Du banquier Jean Monnet au banquier Pascal Lamy, ce qui a été fait n'a jamais été à l'aune de ce qui était dit. Aussi l'histoire de la construction européenne apparaît-elle comme celle d'une formidable mystification. Pendant que tous les efforts étaient tendus vers le libéralisme économique sur un espace européen toujours plus large, on entretenait l'illusion d'un processus continu conduisant à une intégration non seulement économique mais également fiscale, sociale et politique.

On le faisait au nom d'une méthode dite fonctionnaliste, par laquelle on devait quasi mécaniquement passer d'une forme d'intégration à une autre pour le plus grand bonheur des peuples. Les élites économiques, technocratiques et politiques, en interaction constante, magnifiaient cette méthode Monnet, cet « enchaînement », cette « dynamique d'engrenage ». À les entendre, une telle méthode devait conduire de la rigueur économique au bonheur social par la grâce de la libre compétition commerciale aussi certainement que l'eau s'écoule de la montagne vers la mer.

Ces banquiers, ces industriels et ces aristocrates qu'on retrouve aux postes clés de la construction européenne ont ainsi trouvé le moyen, par le haut si l'on peut dire, en se dissimulant derrière l'idée européenne et la méthode Monnet, de revenir par étapes successives sur tout ce qu'ils avaient dû concéder.

L'Union européenne s'est révélée être l'alibi de ce que Pierre Bourdieu appelait une « restauration conservatrice ». Car le seul enchaînement qui se soit produit, c'est l'érosion progressive des pratiques démocratiques et la destruction par étapes des protections sociales. On a fait, comme on va le voir, une Europe qui n'était pas celle annoncée.

Aujourd'hui on ne s'en cache même plus. Avec les quatre traités précités, le projet idéologique est annoncé clairement. Ainsi, à l'article 2 du traité instituant la Communauté européenne modifié par le traité d'Amsterdam, on entend promouvoir « un haut degré de compétitivité », et à l'article 3A on exige le « respect du principe d'une économie de marché ouverte où la concurrence est libre ». Quant à parler des services, outils indispensables pour réaliser l'aspiration profonde des Européens à l'égalité des chances, il est précisé, à l'article 49, que « les restrictions à la libre prestation des services sont interdites ». Cela signifie qu'il faut, quand elle n'existe pas, introduire dans le domaine des services – qui n'inclut pas seulement les services financiers mais aussi la santé, l'éducation et la culture, les transports, la distribution de l'eau, de l'électricité, du courrier – cette concurrence qui les place automatiquement sous la coupe de l'Accord général sur le commerce des services (AGCS) de l'Organisation mondiale du commerce, un mécanisme destiné à rendre les services accessibles uniquement à ceux qui peuvent se les payer.

L'Union européenne ? C'est notre porte d'entrée dans un nouvel ordre mondial voulu et imposé qu'on appelle mondialisation néolibérale ou globalisation, un projet idéologique à ne pas confondre avec une évolution des technologies et des communications qui, pour le bien de tous, transforme la planète en maison commune.

Nul ne peut croire que le choix d'une construction européenne à partir du commercial, de l'économique et du financier au détriment du social, de l'environnemental et du politique fut le fruit du hasard. Ce choix était le fait de décideurs et d'experts marqués par des liens étroits avec les milieux économiques et financiers dont ils étaient le plus souvent issus. La stratégie des « pères fondateurs de l'Europe » consistait à légitimer un projet d'union économique par une ambition plus généreuse d'union des peuples. Elle a conduit à nier les exigences de la transparence et du consentement informé des citoyens, bref à nier les impératifs démocratiques. C'est ainsi que le « déficit démocratique » est devenu consubstantiel à la construction européenne.

Ce livre entend dénoncer l'imposture de cette construction. Entre le discours convenu et les politiques mises en œuvre, il existe un écart qui signe la différence entre un compromis et une tromperie. J'ai la conviction que les femmes et les hommes d'Europe, dans leur grande majorité, entendent protéger, renforcer, améliorer un modèle de société qu'ils ont forgé peu à peu et qui est aujourd'hui menacé. Cet objectif n'est pas celui défendu par la Commission européenne et par les gouvernements de l'Union. Il importe de ne pas se laisser duper par le double langage des institutions européennes, lesquelles, comme on le verra, servent prioritairement les intérêts des lobbies d'affaires.

À l'approche de l'élection du Parlement européen, alors qu'il n'est pas certain que les peuples d'Europe soient consultés sur le contenu d'une Constitution rédigée en leur nom et que d'aucuns veulent leur imposer, ce livre ambitionne de les éclairer avant qu'ils fassent leur choix. Une occasion est donnée de s'exprimer sur le modèle de construction européenne imposé depuis cinquante ans. Il faut la saisir.

1

L'Union européenne sans les Européens

« Déficit démocratique », telle est la formule généralement utilisée par les observateurs des institutions européennes – journalistes ou universitaires – pour désigner pudiquement le manque de transparence et de contrôle de celles-ci. L'expression même est très révélatrice. Cet emprunt au langage comptable traduit une approche quantitative qui témoigne du peu de souci pour l'implication des peuples dans la construction européenne. Que l'abandon du principe de la souveraineté populaire, si chèrement conquis en 1789, soit considéré comme un simple déficit n'est pas le moindre des indices du recul démocratique qui caractérise une pensée remodelée par l'idéologie *néo*libérale[1].

Car c'est bien de cela qu'il s'agit : la construction d'une entité européenne est, depuis cinquante ans, l'œuvre de diplomates et d'experts qui ont longtemps bénéficié d'une sorte de consensus implicite de la part des peuples ; consensus implicite sur la base duquel les gouvernements ont délégué toujours davantage de pouvoirs à des institutions échappant totalement à la sanction électorale.

La très médiatique chute de la Commission Santer, en 1999, ne doit pas faire illusion. Le Parlement européen a usé alors d'un pouvoir de contrôle qu'il ne peut exercer que sur la conformité des actes de la Commission avec les traités. Il ne dispose pas d'un pouvoir de contrôle sur le contenu des politiques. Au sortir du XXᵉ siècle, comme l'indique le *Rapport sur l'état de l'Union européenne* (2000), jamais n'a été aussi forte « la montée en puissance des institutions a-démocratiques, c'est-à-dire irresponsables politiquement[2] ».

« Institution a-démocratique ». On ne pourrait mieux qualifier la Commission européenne et le système dont elle est l'élément central. Un système qui fait de cette Commission l'outil politique le plus puissant et cependant l'institution la moins responsable politiquement. La Commission européenne est le moteur de la construction européenne. Le droit de proposition dont elle dispose, le monopole de l'initiative législative qu'elle détient lui confèrent un pouvoir considérable. Elle bénéficie de l'avantage de celui qui prend les initiatives. À l'écoute attentive du monde des affaires, dont on verra à quel point elle est l'instrument, usant tour à tour de la passivité ou de la complicité des gouvernements, elle érige la construction européenne comme une fin en soi. Elle n'est pas l'institution affaiblie sur laquelle voudraient nous apitoyer ceux qui considèrent que tout ce qui est bon pour la construction européenne est bon pour les Européens. La Commission européenne incarne, jusqu'à la caricature, le triomphe de la technocratie sur la démocratie.

Le plus puissant pouvoir exécutif d'Europe

On se trouve aujourd'hui, globalement, dans un stade de la construction européenne où la souveraineté n'est plus totalement nationale et pas complètement européenne. Or, dans un certain nombre de matières et en particulier dans le champ extrêmement large des matières couvertes, directement ou indirectement, immédiatement ou progressivement, par l'Organisation mondiale du commerce (OMC), ce stade est très largement dépassé. La Commission européenne dispose dans ces matières de pouvoirs qui excèdent ceux des gouvernements des États membres.

En vertu de l'article 133 du traité instituant la Communauté européenne, les décisions dans ces domaines ne se prennent plus à l'unanimité, mais à la majorité qualifiée dans toutes les instances intergouvernementales[3]. Elles ont cessé dès lors d'appartenir à la catégorie des « compétences partagées » entre États et Union et relèvent de ce qu'on appelle les « compétences exclusives » de la Commission. Avec pour conséquence qu'il n'est plus possible de privilégier des politiques nationales dans ces matières, car les décisions qui s'imposent à tous sont prises en Conseil des ministres à la majorité qualifiée, c'est-à-dire, selon le traité de Nice tel qu'il sera d'application à partir de mai 2004 jusqu'en novembre 2009, lorsque la moitié des États membres se sont prononcés à condition qu'ils représentent 72,3 % des voix et qu'ils réunissent 62 % de la population de l'Union[4]. Toutes les matières gérées par l'OMC n'étaient pas concernées par ce transfert d'attributions des États vers l'Union. Mais, lors de la négociation de ce traité de Nice, à la suite des pressions de la Commission européenne, il a été décidé que seuls les services dans les domaines de l'enseignement, de la santé (y compris les services sociaux) et de la culture ainsi que les questions relatives à l'investissement restent protégés par une obligation d'unanimité. Pour combien de temps ?

En vertu de l'article 133 du traité instituant la Communauté européenne modifié par le traité d'Amsterdam, c'est l'Union européenne et elle seule qui est le négociateur à l'OMC ainsi que dans toutes les négociations commerciales de l'Union avec d'autres États ou groupes d'États. Ce négociateur, assisté par le personnel de la Direction générale du commerce de la Commission, c'est le commissaire chargé du commerce international. Dans la Commission Santer, c'était le conservateur britannique Leon Brittan ; dans la Commission Prodi, c'est le social-démocrate français Pascal Lamy. Ses pouvoirs sont considérables puisque la plupart des matières qu'il traite relèvent, comme on l'a vu, de compétences exclusives de l'Union.

En outre, rappelons-le, il bénéficie du droit d'initiative réservé à la Commission, ce qui le met systématiquement dans une position favorable par rapport aux États membres. Enfin, comme c'est lui qui est en contact avec les autres États membres de l'OMC ainsi qu'avec l'OMC elle-même, il est davantage informé que les États membres de l'Union européenne, même si ces derniers disposent de leur propre mission diplomatique auprès de l'OMC ainsi qu'auprès des États membres de cette organisation.

Qui est Pascal Lamy ?

On ne risque guère de se tromper en observant que l'actuel commissaire européen en charge du commerce international est probablement une des plus brillantes machines intellectuelles de l'institution. Une remarquable puissance de travail et une maîtrise parfaite des dossiers en font un négociateur redoutable. Mais c'est aussi un homme qui possède un aplomb peu commun pour dire, avec un cynisme absolu, la chose qui n'est pas. La social-démocratie française a trouvé en lui le parfait Janus pour faire triompher le libéralisme intégral. D'où vient ce personnage aussi puissant que méconnu ?

Il est né en 1947, dans la banlieue parisienne, à Levallois-Perret, de parents pharmaciens et catholiques. Il milite pendant dix ans à la Jeunesse étudiante chrétienne lorsqu'il fréquente le lycée Carnot, à Paris[5]. Il fait des études aux Hautes Études commerciales, à l'Institut d'études politiques et à l'École nationale d'administration. Il entame sa vie professionnelle à l'Inspection générale des finances et passe ensuite à la Direction du trésor (1975-1981).

Lors de l'arrivée des socialistes au pouvoir en 1981, il devient directeur adjoint du cabinet de Jacques Delors, ministre de l'Économie et des Finances, qui rassemble autour de lui des catholiques ayant adhéré au PS. En 1983, lorsque Delors réussit à convaincre les socialistes de pratiquer les traditionnelles recettes libérales de gestion de l'économie, Pascal Lamy est envoyé au cabinet du Premier ministre Pierre Mauroy pour piloter ce « tournant de la rigueur » et veiller à ce que ce ralliement des socialistes aux thèses libérales ne connaisse aucune altération.

1985 : Jacques Delors devient président de la Commission européenne ; il choisit Pascal Lamy comme directeur de cabinet et comme « sherpa » (chargé de préparer les réunions du G7). Il le restera pendant les trois mandats de Delors. Durant toute cette période, Lamy siège au comité directeur du PS.

Privilégiant, comme son patron, l'Europe économique et monétaire, il va appuyer les démarches de ce dernier afin de réduire les initiatives de la Commission européenne en matière d'environnement, sujet d'irritation grandissante pour le patronat européen.

Lorsque Delors quitte la présidence de la Commission européenne, en 1994, Lamy entre au comité de direction du Crédit Lyonnais. Il en devient cinq ans plus tard le directeur général et prépare la privatisation de la banque et les licenciements massifs qui l'accompagnent. Désigné par le syndicat CGT comme « celui qui a organisé la casse sociale », on le surnomme « le para », « la brute » ou encore « l'Exocet »[6]. C'est pendant cette période qu'il préside la commission « prospective » du CNPF, le futur MEDEF. Ce qu'on sait trop peu, c'est qu'il fait partie des conseillers de la branche européenne de la Rand Corporation, le principal *think tank* (réservoir à penser) du complexe militaro-industriel américain. Il est également membre du conseil d'administration d'un autre *think tank* basé à Washington : l'Overseas Development Council. Enfin, il est membre du bureau et trésorier de la branche française de Transparency International, une association qui, officiellement, œuvre en faveur de la transparence des institutions publiques et qui en fait véhicule les thèses de l'État minimum. Elle sert très souvent de paravent à des opérations des services de renseignement américains. On voit où se situent les sympathies de cette personnalité du PS français.

En 1999, il est proposé par Dominique Strauss-Kahn, ministre de l'Économie et des Finances, et Lionel Jospin, Premier ministre, pour siéger au sein de la Commission européenne où il succède à Leon Brittan à la tête du commerce international. Défini par son maître Jacques Delors comme un « moine-soldat », le commissaire européen Pascal Lamy met son savoir et son intelligence, en bon social-libéral, au service d'une vision marchande de la société qui, et ce n'est pas le moindre des paradoxes, contribue à la destruction du modèle européen[7].

Il inaugure son mandat de manière spectaculaire en proposant de lever l'interdiction d'importer en Europe des semences génétiquement modifiées en provenance des États-Unis. Peu après son entrée en fonction, il déclare devant l'assemblée du Trans Atlantic Business Dialogue (TABD), un des plus puissants lobbies d'affaires (voir ci-après) :

> La nouvelle Commission soutiendra [les propositions du TABD] de la même manière que la précédente. Nous ferons ce que nous avons à faire d'autant plus facilement que, de votre côté, vous nous indiquerez vos priorités [...]. Je crois que le monde des affaires doit aussi parler franchement et convaincre que la libéralisation du commerce et en général la globalisation sont de bonnes choses pour nos peuples[8]...

Le 8 juin 2000, à New York, il déclare à l'US Council for International Business : « Nous avons besoin du soutien du monde des affaires au système de l'OMC pour davantage de libéralisation. »

Comment faire confiance à un homme qui ose répéter, aujourd'hui, que l'éducation, la santé, la culture ne sont pas menacées par l'AGCS, cet accord de l'OMC qui entend libéraliser tous les secteurs de tous les services ? À Strasbourg, le 6 octobre 1999, il déclarait :

> L'OMC doit élargir ses attributions pour englober des questions de société telles que l'environnement, la culture, la santé et

la nourriture, qui, à l'instar de la concurrence et de l'investissement, ne peuvent plus être tenues à l'écart du commerce.

Et quand il se trouve à la table des négociations, celui qui en principe est porteur du message proclamé d'humanisme, de solidarité et de générosité de l'Europe se comporte comme le plus implacable, le plus agressif et le plus arrogant des négociateurs. Quand on entend les témoignages de délégations de pays du Sud à ces réunions, on n'a plus le moindre doute sur la réalité de son double langage et sur son adhésion au libéralisme le plus dogmatique[9].

En 2002 il publie un livre, intitulé *L'Europe en première ligne*, dans lequel il s'efforce de montrer que, face à la globalisation, l'Europe n'est pas une partie du problème, mais bien une partie de la solution[10]. Et qu'elle s'emploie à maîtriser cette mondialisation néolibérale. Ce qu'on appelle, dans la préface, « un florilège d'histoires vraies » est, au contraire, une succession d'affirmations purement idéologiques et de demi-vérités, quand il ne s'agit pas tout simplement de contre-vérités. Le livre de Pascal Lamy est un instrument de propagande en faveur de cette Union européenne « qui ne fait pas ce qu'elle dit ». Après la conférence ministérielle de Cancún, à Londres, dans *The Guardian*, George Monbiot, très célèbre journaliste d'investigation qui est aussi professeur invité à l'université d'Oxford, et qui ne partage pas la complaisance de ses confrères français, écrivait : « S'il y avait un prix Nobel de l'hypocrisie, cette année il serait décerné à Pascal Lamy[11]. » Les lignes qui suivent permettront de comprendre pourquoi.

Juridiquement, la Commission européenne n'est pas le gouvernement de l'Union. Et pourtant, de compromis en compromis, par lâcheté, par indifférence ou par conviction, les gouvernements nationaux se sont déchargés sur cette institution, fort peu contrôlée, de missions qui engagent de manière décisive la vie des peuples d'Europe. Le schéma classique selon lequel « la Commission propose et exécute et le Conseil décide », s'il reste partiellement conforme aux textes, ne correspond plus à la réalité.

Ainsi, dans le vaste domaine de la politique de concurrence, qui affecte notamment la politique industrielle et les services publics, en vertu des traités, la Commission cumule des pouvoirs législatifs, exécutifs et même judiciaires. Une véritable petite OMC à l'échelle européenne ! Par exemple, en matière de mise en circulation des produits dans le cadre du marché unique, la Commission dispose du pouvoir de décider en dernier ressort : un exemple fameux en fut l'autorisation donnée à Novartis de commercialiser du maïs génétiquement modifié en dépit de l'hostilité déclarée d'une majorité d'États membres. Ce n'est donc plus le Conseil qui décide. Le choix de confier des prérogatives en matière de régulation de la concurrence (et on pense en particulier à son rôle à l'égard des aides d'État) à la Commission et non pas à un organe indépendant spécifiquement consacré à cette tâche confirme, si besoin, que c'est bien le projet libre-échangiste qui fonde la construction européenne.

De même, les compétences exclusives que la Commission exerce dans le domaine très vaste des matières traitées par l'Organisation mondiale du commerce – au titre, au libellé fort réducteur, du commerce international – lui confèrent, en sa qualité de négociateur unique au nom des États membres, une influence prépondérante dans ces matières, puisque c'est elle qui se retrouve placée au cœur de la négociation commerciale internationale en lieu et place des États. Le maquis des traités fournit à la Commission un espace pour des actions arbitraires :

> C'est donc la Commission elle-même qui détermine la doctrine en vigueur. Elle se comporte en ce domaine comme une agence indépendante, mais avec la particularité que son statut ou ses missions ne peuvent être modifiés par aucun Parlement national, à l'inverse de toutes les agences dites indépendantes

dans le monde. Or, dans ses prérogatives, la Commission a non seulement un pouvoir sur les entreprises, mais aussi sur les États. (*Rapport sur l'état de l'Union européenne*, 2000.)

En matière législative, la Commission jouit d'un « monopole d'initiative[12] ». Cette situation, qui n'a d'équivalent dans aucun autre système politique européen, lui confère une influence décisive dans la construction du droit communautaire, lequel, en vertu des traités, a la primauté sur le droit des États membres. La Commission, et elle seule, a la possibilité de préparer et de demander l'inscription à l'ordre du jour d'une proposition de directive. Étant à l'origine des textes, elle est, mieux qu'aucune autre instance, en mesure de contrôler l'ensemble du processus qui conduit à leur adoption.

Les « décisions » de la Commission, mais également certains accords conclus par celle-ci dans le cadre de négociations internationales (comme ceux qui sont signés en application des accords gérés par l'OMC) et, de plus en plus souvent, ses « directives », ont un effet direct, *self executing*, qui écarte toute possibilité d'intervention des Parlements nationaux.

Les juristes observeront que les textes confèrent le pouvoir décisif au Conseil des ministres. Mais quel usage celui-ci en fait-il ? Et que fait le Conseil européen, théoriquement l'échelon suprême de la décision européenne ? La Commission joue admirablement des divisions, des incohérences et des lâchetés des gouvernements. Quant au Conseil européen, soumis au pouvoir d'initiative de la Commission, il s'en remet le plus souvent à celle-ci. Comme le constate l'ambassadeur Philippe de Schoutheete, un des plus brillants diplomates belges, engagé depuis trente ans dans la construction européenne, « nous sommes arrivés à un stade où il adopte des documents qu'il n'a même pas lus. Il faut trouver autre chose[13]... ».

Cette puissance de la Commission dans le domaine législatif se traduit par une pénétration croissante de la législation européenne dans les législations nationales, sans que les Parlements des différents États, pourtant détenteurs de la souveraineté de ceux-ci, aient la possibilité d'intervenir.

Le pouvoir exécutif le plus perméable aux intérêts particuliers

L'acteur qui détermine les choix de la Commission européenne est dissimulé par celle-ci dans une catégorie où on ne s'attend pas à le trouver : les groupes de pression représentatifs du monde des affaires sont, en effet, comme à l'OMC, catalogués par la Commission européenne comme des ONG, c'est-à-dire des organisations non gouvernementales qui font partie de ce que la Commission – comme l'OMC – appelle la « société civile ».

Or, chacun sait que le label « ONG » identifie généralement les organisations humanitaires, les organisations d'aide au développement et, d'une manière générale, le mouvement associatif, dont la recherche du profit est la dernière des préoccupations. Mais la Commission ne reconnaît pas ces ONG comme telles (sauf en ce qui concerne la Direction générale du développement, où il est manifestement difficile de les ignorer), et privilégie le concept de société civile où dominent ceux dont le profit est l'objectif prioritaire. Elle organise régulièrement ce qu'elle appelle un « dialogue avec la société civile ». Il s'agit en fait d'une présentation par la Commission de ses propres choix, suivie d'un débat au cours duquel le patronat apporte rituellement son appui à ladite Commission, le représentant de la Confédération européenne des syndicats (CES) fait de même, et le monde associatif exprime son scepticisme – poliment, comme il se doit dans une enceinte où la critique directe est considérée comme une impertinence.

Ainsi, en faisant mine d'être un partenaire privilégié non pas des milieux d'affaires mais de la « société civile », la Commission pousse au consensus. En simulant un dialogue présenté comme participatif, elle conforte l'hégémonie invisible qu'elle exerce sur l'espace européen. Bien entendu, les différents groupes de pression représentatifs des milieux d'affaires jouent le jeu. Ils le font avec d'autant plus d'aisance qu'ils bénéficient par ailleurs de relations très privilégiées avec la Commission.

Une étude remarquable, réalisée par une équipe de chercheurs installée aux Pays-Bas, a fourni des informations extrêmement précieuses sur ces groupes de pression, qui bénéficiaient jusque-là du silence complice des principaux médias[14]. Quatre d'entre eux, toujours identifiés par leur sigle anglais, méritent qu'on s'y intéresse de plus près, tant est décisive leur influence sur la Commission européenne et sur les principaux décideurs politiques.

L'ERT

La Table ronde des industriels européens (European Round Table)[15] a été créée en 1983 avec l'appui actif d'un commissaire européen, le vicomte Étienne Davignon. C'est une sorte de club, puisque les adhésions y sont personnelles. Mais ses membres sont les dirigeants des quarante-cinq firmes les plus importantes qui ont leur siège social en Europe, parmi lesquelles on trouve les françaises Lafarge, Total, Saint-Gobain, Suez, Vivendi ; les belges Solvay et Umicore ; les allemandes Bayer, Deutsche Lufthansa, Deutsche Telekom, Siemens ; mais aussi les suisses Nestlé et Hofmann-LaRoche et la turque Profilo Holding. Son actuel président est Gerhard Cromme, du groupe allemand ThyssenKrupp, dont les prédécesseurs ont été successivement Pehr Gyllenhamar (Volvo), le fondateur, Wisse Dekker (Philips), Jérôme Monod (Lyonnaise des eaux), Helmut Maucher (Nestlé), Morris Tabaksblat (Reed Elsevier). Ses membres réunis représentent, au 1er novembre 2003, un chiffre d'affaires de 950 milliards d'euros et comptent parmi les plus influents des industriels. Ils ont un accès direct et immédiat auprès des décideurs politiques. L'objectif avoué de ce club est de modeler la construction européenne dans le sens des intérêts de quarante-cinq transnationales européennes qui en sont adhérentes.

L'ERT cible les décideurs politiques de haut niveau : chefs d'État, Premiers ministres, ministres et commissaires européens – et ce avec succès : depuis sa création, l'ERT peut s'enorgueillir à juste titre d'avoir profondément influencé les décisions les plus importantes :

– Elle a inspiré l'Acte unique. Sa proposition « Europe 1990 : un agenda pour l'action », adressée en janvier 1985 aux chefs d'État et de gouvernement, se retrouve pour l'essentiel dans le *Livre blanc de la Commission européenne* présenté par Jacques Delors, document qui est la base de l'Acte unique adopté en 1986.

– À partir de 1987, elle est intervenue avec succès, aux côtés de l'US Businesss Roundtable, dans les négociations de l'Uruguay Round afin d'y inclure des matières qui n'étaient pas couvertes par le GATT, comme les droits de propriété intellectuelle et les services.

– En 1991, elle a littéralement façonné le traité de Maastricht, en tenant des réunions régulières avec les principaux membres de la Commission et en publiant un document intitulé *Remodeler l'Europe*, dont les similitudes avec le contenu du traité de Maastricht adopté quelques mois plus tard sont manifestes.

– En 1993, Jacques Delors présente son *Livre blanc sur la croissance, la compétitivité et l'emploi* ; on y trouve les mêmes recettes que celles préconisées dans une étude publiée peu avant par l'ERT et intitulée *Vaincre la crise* : déréglementation, flexibilité du marché du travail, investissements dans l'infrastructure des transports, compétitivité internationale.

– L'année suivante, l'ERT se flatte d'avoir exercé la pression décisive afin que soient signés sans plus de délais les accords de Marrakech, fondateurs de l'OMC.

– À partir de 1995, l'ERT lance une véritable campagne en faveur d'une réforme des systèmes d'éducation dans un rapport intitulé « Un enseignement pour les Européens ». On peut y trouver l'origine de ce qui a été adopté par la suite sous le nom de « Déclaration de Bologne » où est inscrit en filigrane le démantèlement progressif des systèmes publics d'enseignement afin d'assurer la primauté des compétences sur les savoirs et d'organiser « l'enseignement tout au long de la vie », thème que reprendra Jacques Delors. L'ERT appelle les établissements d'enseignement à multiplier leurs liens avec le monde des entreprises et à encourager l'esprit de compétition.

– En 1997, l'ERT préconise toute une série de mesures pour « une pleine réalisation du Marché unique » qu'on retrouvera dans le « Plan d'action pour le Marché unique » adopté par le sommet d'Amsterdam : libéralisation des marchés des télécommunications, des transports, de l'énergie ; brevetage du vivant ; octroi – au nom du libre-échange ! – de monopoles dans le domaine des biotechnologies…

– En 2000, l'ERT publie un rapport intitulé « Les pensions en Europe : un appel à la réforme ». Depuis lors, obéissants, un certain nombre de gouvernements préparent l'aménagement des systèmes de pensions afin que les fonds de pension privés puissent capter les énormes ressources qui sont en jeu tandis que la Commission européenne fait approuver une directive qui ouvre l'espace européen aux fonds de pension.

– En 2002, l'ERT apporte sa contribution aux travaux de la Convention sur l'avenir des institutions européennes dans un document (« Une gouvernance européenne favorable à une plus grande compétitivité ») qui réclame une Commission forte, qui demande la prise de décision à la majorité et non plus à l'unanimité dans toutes les matières relevant du commerce où ce n'est pas encore le cas, et qui écarte tout pouvoir de contrôle accru pour le Parlement européen.

Ainsi il est manifeste que, de 1985 à 1999, les Commissions Delors et Santer ont été les relais et les opérateurs politiques de l'ERT. Les deux présidents ne l'ont d'ailleurs pas caché[16]. La Commission Prodi continue.

Bien plus, l'ERT, qui l'avait suggéré dans son document « Vaincre la crise », a obtenu un accès institutionnel aux structures européennes de décision. En 1995, la Commission Santer a créé le Groupe consultatif de compétitivité. Conçu pour deux ans, il comptait treize membres. À l'exception de trois syndicalistes, ceux-ci provenaient soit de l'ERT, soit de sociétés opérant en Europe mais n'y ayant pas leur siège social. Quelques personnalités politiques, issues souvent des mêmes milieux, étaient censées apporter une légitimité démocratique à cette cellule de réflexion. Lors de son renouvellement, en 1997, la nature de sa composition n'a pas changé.

Ce Groupe consultatif a publié, à la veille de chaque sommet européen, des rapports appuyant les propositions de l'ERT: partenariat public-privé pour les infrastructures de transport, enseignement continu adapté aux besoins des entreprises, déréglementation et privatisation du secteur public, flexibilité du marché du travail (horaires, salaires, mobilité), révision des législations sociales, libéralisation internationale du commerce et de l'investissement; majorité qualifiée et non plus unanimité pour la prise de décision au sein des institutions européennes dans les matières relevant de l'OMC, assouplissement de l'environnement juridique des affaires, réforme des régimes de retraite, de santé et de chômage. Ces rapports, rédigés par une instance officielle, ont ainsi nourri un discours que les politiques et les médias ont relayé à satiété. Ils ont contribué à renforcer l'idée d'une évolution irréversible, d'une fatalité sans alternative possible.

Au fil du temps, l'ERT a noué des relations très étroites avec l'UNICE et le TABD.

L'UNICE

Créée en 1958, l'UNICE (Union of Industrial and Employers' Confederation of Europe – Union des confédérations de l'industrie et des employeurs d'Europe)[17] regroupe aujourd'hui trente-neuf confédérations d'industriels et d'employeurs provenant de trente et un pays d'Europe. Comme elle l'écrit elle-même, sa «mission prioritaire est d'améliorer la compétitivité de toutes les entreprises en Europe et de veiller à ce que leurs intérêts soient entendus, compris et pris en compte[18] ». On peut dire qu'elle y réussit parfaitement, dans la mesure où une comparaison entre le cahier de revendications de l'UNICE et le programme présenté au Conseil européen des ministres par la Commission européenne en vue des négociations à l'OMC montre qu'ils sont quasiment identiques ! Lors des négociations intra-européennes, l'UNICE ne ménage aucun effort pour parvenir à ses fins. Ainsi, par exemple, c'est l'UNICE qui est à l'origine de la puissance du Comité 133*, du fait de l'intense pression qu'elle a exercée au moment des négociations des traités de Maastricht, d'Amsterdam et de Nice afin d'étendre les compétences exclusives de la Commission dans les négociations commerciales internationales. Lorsque la Commission Prodi a été installée, l'UNICE a annoncé qu'elle s'attendait « à ce que la nouvelle Commission consulte et implique systématiquement les organisations représentatives du monde des affaires dans le processus d'établissement des politiques de l'UE[19] ».

L'ESF

En 1998, en vue des négociations pour la mise en œuvre de l'Accord général sur le commerce des services, l'UNICE a crée en son sein l'European Services Network (ESN) dans le but de « conseiller les négociateurs de l'Union européenne à propos des principales barrières au commerce sur lesquelles les négociations devraient se concentrer ». L'ESN a été enregistré comme ONG par l'OMC pour la conférence ministérielle de Seattle, en 1999 ; un de ses représentants faisait partie de la délégation officielle de l'Union européenne à cette conférence.

En 2000, l'ESN est devenu l'European Services Forum (ESF)[20], qui regroupe cinquante firmes transnationales et trente-six fédérations européennes de firmes travaillant dans le secteur des services. En font partie des firmes dont le quartier

* Voir chapitre suivant.

général est extérieur à l'Europe (EDS, DHL, IBM, Microsoft, Universal Music Group).

En étroite collaboration avec son équivalent américain, l'US Coalition of Services Industries, l'ESN a arrêté une série de principes en matière de libéralisation des services qu'on retrouve tels quels dans les positions de la Commission européenne : pression en faveur d'une libéralisation poussée de tous les secteurs de tous les services ; attention particulière au démantèlement des législations et réglementations nationales contraires à la libre concurrence ; surveillance renforcée du respect des règles de l'AGCS par les États et leurs pouvoirs subordonnés ; suppression des exigences nationales ou locales relatives aux personnes employées ; renforcement des « disciplines » arrêtées par l'OMC pour limiter les réglementations nationales ou locales, etc.

L'ESF a été le premier interlocuteur de la Commission lorsque celle-ci préparait l'offre de libéralisation de services vers la fin de 2002 et le début de 2003. L'ESF tient des réunions régulières avec les membres du Comité 133 (services), au cours desquelles sont présentés et examinés les documents de l'ESF.

Le TABD

En 1995, à l'instigation de la Commission européenne et du ministère américain du Commerce, fut créé le Trans Atlantic Business Dialogue (TABD)[21]. Il s'agit d'une organisation regroupant les PDG des cent cinquante plus importantes entreprises européennes et américaines. Son rôle est de formuler des « recommandations » pour éliminer les barrières au commerce et aux investissements et pour faire avancer la libéralisation du commerce mondial dans le cadre de l'OMC. Très rapidement, cette organisation a établi des liens étroits avec la Commission européenne, et en particulier avec les directions générales responsables du commerce et de l'industrie. Au sein de ces départements, des cellules ont spécialement été créées pour recevoir les recommandations du TABD, veiller à leur concrétisation, et collaborer avec les groupes de travail du TABD. Jérôme Monod, alors président du TABD, reconnaît que celui-ci est, « sans nul doute possible, l'organisation non gouvernementale qui dispose du plus grand accès aux institutions politiques des deux côtés de l'Atlantique. Les contacts avec la Commission sont extrêmement réguliers, d'une manière informelle et autrement[22] ». Le directeur du TABD, Stephen Johnston, confirme que les contacts avec la Commission sont quasi quotidiens[23]. La volonté de la Commission de satisfaire les exigences du TABD s'est traduite par la mise à jour régulière de *TABD Implementation Tables*, un document de travail interne à la Commission qui fait le point sur l'exécution des recommandations formulées par le TABD. Outre ce document, un groupe *ad hoc* a été créé : le Groupe interservices pour les relations UE-US, qui fonctionne en fait comme l'instrument principal de coordination pour la réalisation des recommandations du TABD. Selon l'Observatoire des entreprises européennes, ces recommandations seraient exécutées dans une proportion de 80 %. Le TABD est à l'origine du projet de partenariat économique transatlantique* et il exerce une pression constante pour la création d'une zone atlantique commercialement et économiquement intégrée.

C'est devant l'assemblée générale du TABD, le 23 mai 2000 à Bruxelles, que Pascal Lamy déclarait :

> Les relations de confiance et les échanges d'informations entre le monde des affaires et la Commission ne seront jamais nombreux. [...] Nous consentons de grands efforts pour mettre en œuvre vos Recommandations dans le cadre du partenariat économique transatlantique et, en particulier, il y a eu des progrès substantiels dans les nombreux domaines sur lesquels vous avez attiré notre attention. [...]. En conclusion, nous allons faire notre travail sur la base de vos Recommandations.

---

* Voir ci-après.

Il existe d'autres structures représentatives d'intérêts privés qui ont l'écoute attentive de la Commission. Par exemple, dans le domaine des biotechnologies, à l'avant-garde de la promotion des substances transgéniques, Europabio, qui regroupe six cents entreprises, parmi lesquelles les sièges européens d'entreprises américaines comme Monsanto[24]. Une des réussites de ce puissant groupe de pression fut l'adoption, le 6 juillet 1998, de la directive 98/44 légalisant la biopiraterie et le brevetage du vivant animal, végétal et humain[25]. C'est à Europabio qu'on doit également la proposition faite par la Commission de mettre fin au moratoire sur les OGM. C'est encore à Europabio qu'on doit l'absence de toute défense effective du principe de précaution par la Commission européenne dans une enceinte comme l'OMC.

À la différence des membres du Parlement européen qui ne disposent même pas des documents en discussion, les groupes de pression du monde des affaires ont, comme on l'a vu, un accès direct aux services de la Commission ainsi qu'au Comité 133 et peuvent sans difficulté faire valoir leurs recommandations[26].

En fait, ces groupes de pression et la Commission européenne publient des rapports s'inspirant les uns des autres et dont la diffusion, très largement relayée par des médias fort complaisants, contribue à créer le consensus qui évite tout questionnement sur la pertinence des analyses et des propositions. Lorsque la Commission présente au Conseil ses propositions, arrêtées préalablement avec ces groupes de pression, le climat a été créé afin que leur réceptivité soit maximale.

Ces groupes de pression sont les véritables décideurs. Avec le soutien des gouvernements, la Commission européenne traduit leurs volontés en propositions politiques. Alors qu'elle refuse de communiquer au Parlement européen et aux Parlements nationaux, seuls véritables détenteurs d'une légitimité démocratique, les futures lois qui s'imposeront à tous les Européens, c'est avec ces groupes de pression qu'elles sont élaborées.

Ainsi, des personnes et des associations privées, qui ne sont pas comptables devant les citoyens d'un mandat qu'elles n'ont pas reçu, qui, comme le TABD, n'ont aucun statut juridique, béneficient d'accès institutionnels à la prise de décision et sont en mesure de favoriser des choix qui engagent et affectent l'ensemble de la collectivité humaine regroupée dans l'Union.

Le pouvoir le plus technocratique

C'est Joseph Stiglitz, Prix Nobel d'économie, ancien chef de l'équipe des conseillers économiques du président des États-Unis, ancien vice-président de la Banque mondiale, qui l'affirme : « La politique économique ne doit pas être laissée aux technocrates, elle est au cœur du processus démocratique dans toute démocratie[27]. » Les Européens font exactement le contraire.

L'article 133 du traité européen, déjà cité, dispose en son alinéa 3 que les négociations conduites par la Commission ont lieu « en consultation avec un comité spécial désigné par le Conseil pour l'assister dans cette tâche et dans le cadre des directives que le Conseil peut lui adresser[28] ». C'est la base juridique d'un des instruments les plus opaques de la prise de décision européenne : le Comité 133.

Le Comité 133 est compétent pour toutes les matières couvertes par l'OMC (GATT 1994, agriculture, services, investissements, concurrence, accès au marché, produits non agricoles, droits de propriété intellectuelle, barrières techniques au commerce, marchés publics, etc.). Il est aussi présent dans le cadre des négociations en vue d'élargir le partenariat transatlantique. C'est par ce Comité 133 également que passent les accords pris dans le cadre du système des préférences généralisées. C'est ce Comité, enfin, qui est au cœur des négociations commerciales bilatérales entre l'Europe et certains pays (Afrique du Sud, Chili) ou entités régionales (pays ACP, Mercosur).

Le Comité 133 est composé de représentants de la Commission et de hauts fonctionnaires nationaux désignés, selon les pays, par le ministère des Affaires étrangères, le ministère de l'Économie et des Finances, ou le ministère du Commerce extérieur, c'est-à-dire exclusivement d'individus politiquement irresponsables puisqu'ils n'ont de comptes à rendre qu'à leur hiérarchie administrative. Il tient des réunions mensuelles au niveau des hauts fonctionnaires (on parle alors de Comité 133 titulaires) et des réunions hebdomadaires au niveau de leurs adjoints (on parle de Comité 133 suppléants). Il peut y avoir des réunions thématiques (par exemple sur le textile, l'acier ou les services) et des réunions *ad hoc* limitées, dans ce cas, à des experts. C'est le lieu où les États membres et la Commission expriment leurs points de vue, déposent des notes, échangent des arguments et des propositions, et prennent des décisions soumises ensuite pour accord au Conseil des ministres. La plupart de ces décisions ont pour base les propositions rédigées par la Commission. Il n'est pas nécessaire de fournir de longs développements pour démontrer le poids de telles propositions auprès des fonctionnaires nationaux qui les reçoivent.

Le Comité 133 offre un bel exemple de l'application de cette méthode communautaire tant vantée par les partisans de l'Europe comme une fin en soi. Lien fonctionnel entre les États membres et la Commission, il est le lieu où le dialogue intergouvernemental se transforme en mécanisme de décision communautaire et où s'efface la souveraineté nationale au profit de choix européens. On y décide à la majorité qualifiée (sauf, jusqu'à nouvel ordre, lorsqu'il s'agit d'investissement, de culture, d'éducation, de santé et de services sociaux). Les réunions, sans être absolument secrètes, sont assurément très discrètes. En principe, seuls les membres de ce comité sont informés des sujets en discussion, des points de vue exprimés et des décisions prises. Les documents qui y sont déposés ne sont pas publics. Ni les membres du Parlement européen, ni les membres des Parlements nationaux n'en ont connaissance.

En principe, et cette réserve a tout son poids, les membres de ce comité, qui représentent leur pays, doivent faire rapport à leur hiérarchie de telle sorte que leur gouvernement puisse prendre position sur les propositions de la Commission. Dans les faits, rares sont les gouvernements qui, dans leur collégialité, sont informés des choix opérés par leurs propres représentants au Comité 133[29]. Bien souvent, seul le ministre de tutelle est consulté et en mesure de donner des instructions. Il arrive aussi, plus rarement, que, soit parce qu'ils disposent d'une large délégation de pouvoir, soit parce que, ponctuellement, une connivence idéologique avec leur ministre de tutelle l'autorise, des représentants nationaux au Comité 133 se déterminent de leur propre initiative. À l'opposé, et c'est également assez rare, il y a des représentants nationaux qui doivent systématiquement consulter le ministre du Commerce extérieur, le ministre des Affaires étrangères et le Premier ministre de leur pays. Les contacts entre les membres du Comité 133 et leur gouvernement sont soit directs, soit établis par l'intermédiaire du représentant permanent (l'ambassadeur auprès de l'Union européenne).

Les membres du Comité 133 sont tout à fait typiques de ce que les spécialistes des agences gouvernementales appellent la « communauté des experts » dont nombre d'études[30] attestent l'autonomie, laquelle résulte à la fois de la conscience qu'ils ont de leur maîtrise de dossiers que presque toujours leurs mandants – supérieurs hiérarchiques, ministres, parlementaires – ne possèdent pas, du secret qui entoure leurs activités, de la complicité établie avec leurs pairs, et de la complexité des matières qu'ils traitent, tout particulièrement lorsqu'il s'agit des traités de l'OMC. Cette communauté des experts partage les mêmes valeurs, la même idéologie, la même vision de ce que devrait être le monde. Tous savent que les négociations auxquelles ils participent déboucheront sur des textes qui ne subiront le contrôle des élus qu'*a posteriori*, c'est-à-dire dans des conditions où il sera presque toujours impossible de les remettre en cause. Ils savent dès lors à quel point la représentation démocratique, c'est-à-dire la sphère politique, est réduite à un rôle notarial d'enregistrement de décisions prises ailleurs.

La préparation des négociations à l'OMC et des conférences ministérielles de cette organisation fournit une démonstration impressionnante du rôle décisif du Comité 133 dans le processus décisionnel européen.

C'est la Commission qui dépose les documents préparatoires. Ceux-ci peuvent revêtir une importance de tout premier plan dans la mesure où ils contiennent des choix idéologiques majeurs (par exemple, la prééminence des règles du commerce sur les normes adoptées par les agences de normalisation des Nations unies : UNESCO, OMS, OIT, OMPI, PNUE). Parfois, ces notes sont de véritables documents de doctrine (par exemple, sur la fonction des services ou sur le rôle de l'investissement direct dans l'économie). La tendance du commissaire Lamy est d'intervenir dans tous les domaines, au motif qu'il faut avant toute chose « respecter les règles de l'OMC ». Ainsi, en 2002, à la veille des sommets de l'ONU sur le respect de la biodiversité (Johannesburg) ou sur le financement du développement (Monterrey), le Comité 133 a été saisi de documents qui sortaient de son domaine de compétence pour aborder des politiques comme, par exemple, le développement durable[31] ou l'environnement[32].

On l'a vu, les documents de la Commission portent toujours la griffe des groupes de pression qui exercent leur influence en amont du Comité 133, celui-ci étant amené à se prononcer sur des options prédécidées entre la Commission et ses puissants interlocuteurs. De plus, ces groupes de pression disposent d'un accès direct au Comité 133, qui se réunit régulièrement en séances dites « informelles » avec les représentants de ces groupes de pression.

Une fois recueilli l'agrément d'une majorité des membres du Comité 133, la Commission se présente devant le Conseil des ministres pour approbation lorsqu'il s'agit de questions qui n'ont pas été expressément traitées dans le mandat qui lui a été conféré. Dans le cas contraire, elle dépose directement ses « contributions de l'Union européenne » au siège de l'OMC à Genève. Ces contributions ne sont jamais soumises au Parlement européen.

C'est ainsi que fut décidé le mandat du commissaire européen pour les négociations à l'OMC. En vue de la IIIe conférence ministérielle de l'OMC, qui devait se tenir à la fin de 1999 à Seattle, la Direction générale du commerce de la Commission européenne, à partir de mars 1998, sous l'impulsion des commissaires Brittan d'abord et Lamy ensuite, a soumis au Comité 133 une série de notes préparant la rédaction du mandat que le Conseil européen des ministres devait confier à Pascal Lamy. Dans le secret des délibérations confidentielles du Comité 133, des experts ont approuvé certains documents dont les orientations procédaient toutes d'une même idéologie : le néolibéralisme. Il s'agissait de propositions qui, sous l'égide de l'OMC, devaient imposer à chaque État la dérégulation la plus large dans tous les secteurs d'activité. Le mandat était extrêmement ambitieux dans la mesure où l'intention était d'obtenir à Seattle la décision d'entamer à l'OMC un nouveau cycle de négociations qui, si elles devaient aboutir, reviendraient à ajouter une vingtaine d'accords nouveaux à la soixantaine qui avait été adoptée à Marrakech en 1994. C'est donc un *Millennium Round* que la Commission appelait de ses vœux.

Les quelque mille pages que représentaient les contributions de la Commission européenne à la confection du mandat qui devait lui être conféré ont été ensuite synthétisées dans un document de vingt-six pages destiné aux ministres. Que ceux-ci l'aient lu ou pas, le 25 octobre 1999, c'est une brève note qu'ils ont approuvée, laquelle, tout en reprenant en termes généraux les préoccupations officielles des gouvernements, comportait un paragraphe 11 stipulant : « Le Conseil fait sien le contenu de toutes ces contributions et confirme qu'elles constituent, avec les décisions de la présente réunion, la position de l'Union européenne[33]. » Par la suite, pour les conférences de Doha et de Cancún, sans prendre en considération les développements survenus à Seattle et dans les débats qui avaient eu lieu au siège de l'OMC, le Conseil des ministres a reconduit intégralement le mandat de 1999.

C'est ainsi que des fonctionnaires font prendre des décisions qui affectent durablement la vie des citoyens par des responsables politiques peu soucieux des implications de choix qu'ils qualifient beaucoup trop vite de techniques.

Alors que, juridiquement, le Comité 133 ne détient qu'un pouvoir d'avis, c'est en fait un de ces lieux d'arbitrage inconnus des citoyens où se négocie l'avenir des Européens au quotidien.

Plus que jamais, l'Europe est l'affaire des diplomates (un peu) et des experts (surtout), et nullement des citoyens. Ce sont donc des fonctionnaires qui n'ont pas de comptes à rendre au peuple qui font les choix fondamentaux. On passe ainsi d'un système démocratique national à un « technosystème » européen qui écarte le citoyen de tout droit de regard sur la décision politique. La construction européenne s'apparente dès lors à la reconstruction d'un arbitraire qu'on s'était employé à démanteler depuis deux siècles.

Le pouvoir exécutif le moins contrôlé

Depuis les élections de 1999, le Parlement européen ne représente plus la moitié des électeurs européens. En 1979, 39 % des citoyens européens refusaient de participer à la première élection du Parlement européen au suffrage universel. Quatre scrutins plus tard, en 1999, ils étaient 51 %[34]. À cette très faible légitimité populaire s'ajoutent de graves infirmités statutaires. En effet, en vertu des traités, le Parlement européen ne constitue que très partiellement ce « pouvoir législatif » dont il devrait être l'incarnation, selon la répartition classique des pouvoirs.

Il aime se donner des allures de Congrès américain en imitant ses procédures les plus médiatiques. On en a eu un exemple lors des auditions des personnes présentées par leur gouvernement pour faire partie de la Commission, procédure qui cachait mal le fait que jusqu'à ce jour le Parlement européen ne choisit ni le président de la Commission, ni les membres de celle-ci, et que son avis sur le programme de cette Commission est dépourvu d'effet. Contrairement à une règle de base du parlementarisme, la Commission n'est en aucune façon l'émanation du Parlement, comme pourrait le faire croire cette procédure d'audition complétée par un vote d'approbation *a posteriori* du choix, effectué par les États, du président et des membres de la Commission.

Le pouvoir de censurer la Commission, qui impressionne tant les médias, occulte les faiblesses de l'institution parlementaire européenne. En outre, ce pouvoir de censure est lui-même limité. Il s'applique au bon fonctionnement de l'administration européenne et se limite à un usage pénal : les députés européens peuvent sanctionner des pratiques indélicates, ils ne peuvent pas sanctionner des choix politiques. Le contrôle et, éventuellement, la censure portent sur la conformité des actes de la Commission avec les traités et les décisions du Conseil des ministres, non sur le contenu même.

Lorsqu'ils évoquent une capacité du Parlement européen en matière d'investiture et de censure de la Commission, les députés européens utilisent des termes qui recouvrent des réalités juridiques beaucoup plus étendues que celles dont ils jouissent effectivement. Le Parlement européen n'a – loin s'en faut, et il faut le déplorer – ni les pouvoirs et l'indépendance du Congrès américain, ni même, et c'est sans doute tout aussi grave, les pouvoirs des Parlements nationaux dans les matières dont ceux-ci ont été dépossédés.

En dépit d'un rôle accru, le Parlement européen voit sa fonction législative limitée, dans le meilleur des cas[35], à la procédure de la codécision, vu le monopole d'initiative dont jouit la Commission. Lente, lourde et complexe, cette procédure laisse le dernier mot au Parlement lorsque son intention est de rejeter le texte. Mais elle ne garantit pas la traduction législative de la volonté des élus, dans la mesure où la Commission comme le Conseil disposent du pouvoir de modifier les textes adoptés par le Parlement européen en première lecture. La procédure de conciliation qui s'ensuit ne laisse en dernier ressort au Parlement que la faculté de rejeter une disposition qu'il conteste, car il n'a pas la possibilité de faire prévaloir ses propres textes sans l'accord de la Commission.

En outre, la procédure de codécision ne s'applique pas à de nombreux domaines importants, comme la politique agricole commune, les fonds structurels, l'union économique et monétaire, la politique étrangère et de sécurité commune, le commerce international, la coopération policière et judiciaire. Ainsi, par exemple, le Parlement européen ne peut pas s'opposer au vote de certaines dépenses agricoles ; il a été contraint au silence lorsque fut décidé le mandat d'arrêt européen remplaçant les procédures nationales d'extradition ; c'est sans son avis et encore moins son accord que la Commission européenne a donné son feu vert pour que les services américains obtiennent des informations sur les passagers des compagnies aériennes européennes.

Ainsi, toute la procédure (Comité 133, Conseil des ministres) d'élaboration des choix politiques fondamentaux dans le vaste domaine des matières traitées par l'OMC échappe au contrôle parlementaire. Le Parlement européen n'est informé qu'après que ces choix ont été opérés. Il lui reste, au mieux, à adopter sur ces questions majeures des résolutions sans effets de droit.

Le Parlement européen n'a pas le pouvoir de former des recours directs contre les décisions du Conseil et de la Commission, sauf lorsque ces recours ont trait au respect de ses propres prérogatives. Le Parlement a vu son rôle étendu dans le processus budgétaire. Mais il ne dispose pas, à la différence des Parlements nationaux, de la compétence en matière de recettes. Ce qui prive l'institution parlementaire de ce lien historique, indispensable en démocratie, entre la taxation et la représentation. Les représentants des peuples européens ne sont pas comptables devant leurs électeurs des choix opérés en matière de prélèvements.

Dans un certain nombre de cas prévus par les traités, le Parlement européen doit être consulté. Dans d'autres, cette faculté est laissée à la discrétion du Conseil des ministres ou de la Commission. Mais dans tous les cas, l'avis consultatif du Parlement ne lie ni le Conseil, ni la Commission. Ce n'est qu'un avis. L'Acte unique (1986) a introduit pour certaines questions une procédure d'avis conforme qui a été étendue à de nouveaux sujets par les traités de Maastricht (1992) et d'Amsterdam (1997). Cette procédure représente un progrès dans la mesure où un avis conforme négatif du Parlement équivaut à un droit de veto. Mais les domaines concernés par cette procédure sont encore beaucoup trop limités pour qu'on puisse convenir que le Parlement européen dispose d'un véritable pouvoir d'arrêter toute initiative de la Commission ou du Conseil. Deux cent cinquante-cinq ans après la publication de *De l'esprit des lois* par Montesquieu, au niveau européen, on ne satisfait toujours pas cette exigence démocratique selon laquelle « le pouvoir arrête résolument le pouvoir ».

À la différence des Parlements nationaux, et la chose est tellement manifeste qu'elle est de notoriété publique, le Parlement européen est beaucoup plus perméable aux groupes de pression, lesquels ne négligent pas cette institution susceptible d'appuyer leurs pressions sur la Commission. L'UNICE a fait appel aux services d'une agence de relations publiques pour garantir sa présence permanente auprès des parlementaires européens. Personne n'ignore qu'à Bruxelles des milliers de *lobbymen* au service des industries s'activent auprès des parlementaires européens qui y ont leur bureau. En aval des actions menées directement auprès de la Commission, ils s'emploient tantôt à vanter la qualité des textes présentés par celle-ci, tantôt à inspirer les amendements que la Commission leur a dit être prête à adopter.

Cette faiblesse extrême de l'institution parlementaire dans la construction européenne résulte de la volonté du personnel politique européen, peu enclin à promouvoir les idéaux démocratiques au-delà des discours. La majorité politique du Parlement européen elle-même contribue, par son adhésion aux idéaux libre-échangistes, à réduire l'institution parlementaire à une fonction d'accompagnement de l'exécutif.

Cette faiblesse est aussi confortée par la Commission européenne, qui en de multiples occasions manifeste son mépris pour la démocratie parlementaire* et qui, dans un *Livre blanc sur la gouvernance* (juillet 2001), à la gloire de l'efficacité technocratique, s'emploie à discréditer la démocratie représentative au nom de l'efficacité qui ne peut supporter la lenteur du processus parlementaire. Romano Prodi, dans son discours du 14 septembre 1999 devant le Parlement européen, déclarait : « L'action menée au niveau européen permet souvent d'éviter les pressions directes des cycles électoraux nationaux. » Celui dont l'ambition déclarée est de faire de l'Union européenne « la zone du monde où il est le plus aisé de faire des affaires[36] » donnait ainsi la dimension du respect de la Commission européenne pour l'expression démocratique des opinions et confirmait la nature autoritaire et technocratique du projet européen.

Traité après traité, la construction européenne s'est accomplie par un dessaisissement progressif des attributions des Parlements

* Voir ci-après la manière dont le commissaire Lamy consulte le Parlement européen sur la question de la libéralisation des services.

nationaux, qui n'a pas été compensé par la mise en place d'une capacité législative et d'une capacité de contrôle à la mesure des attributions transférées au niveau européen. On a dessaisi les Parlements nationaux de leur pouvoir législatif dans un nombre grandissant de domaines afin de pouvoir, sans résistance et sans contrôle, pénétrer par le biais du droit européen les ordres juridiques des États. Comme l'observe Maurice Duverger :

> Tout transfert de compétences aux autorités de Bruxelles et de Luxembourg les enlève à des régimes nationaux où elles sont démocratiquement exercées, pour les attribuer à un système international où la décision et le contrôle démocratiques sont faibles[37].

Il en résulte que « l'architecture institutionnelle actuelle de l'Union est fondamentalement impropre à générer des pratiques satisfaisantes de reddition des comptes[38] ». Une nouvelle fois, force est de constater que plus il y a d'Europe, moins il y a de démocratie.

2

L'Union européenne contre les Européens

Une étrange conception de l'intérêt général

Les documents officiels proclament que la Commission européenne est « une institution dont la vocation est la représentation totalement impartiale de l'intérêt général[1] ». Cette seule formule, si elle était prise au sérieux, suffirait, après confrontation avec les pratiques de la Commission, à donner la dimension de son échec et à justifier sa suppression. Il n'existe sur le continent européen aucune institution dotée de la puissance publique qui se consacre, aussi servilement que la Commission, à satisfaire les exigences d'intérêts particuliers au mépris de l'intérêt général.

Cohérente avec cette ligne, la Commission européenne s'opposait, le 11 septembre 1996, à ce que l'on mentionne l'accès de tous aux services d'intérêt général comme attribut de la citoyenneté dans l'article 8 du traité de Rome !

Les décisions et initiatives de la Commission sont empreintes d'une triple caractéristique : elles sont uniformes dans leurs effets, incohérentes par rapport aux discours officiels et orientées dans leur contenu.

Des décisions uniformes

Même si elle poursuit des objectifs qui sont parfois louables, la Commission privilégie une approche technocratique qui ignore les spécificités et les diversités. Elle impose des normes qui sont censées s'appliquer indifféremment en Laponie et au Languedoc, en Andalousie et dans le Péloponnèse.

S'il est un concept que les administrateurs européens ont dégradé, c'est celui d'harmonie. Ils ont fait du mot « harmonisation » un synonyme de « nivellement », de « réduction à un dénominateur commun ».

«Harmoniser», en respectant le sens du mot, devrait signifier «coopérer pour tendre vers des pratiques œuvrant dans la même direction». Ce qui impliquerait une adhésion des acteurs concernés, à commencer par les pouvoirs sous-nationaux (communes, associations de communes, départements, provinces, régions), dans un respect des subsidiarités soucieux de traduire la volonté des citoyens. Avec la Commission européenne, « harmoniser » signifie dicter à tous un choix imposé d'en haut. Parce que les intérêts privés dont elle est le bras armé n'ont que faire des attentes citoyennes et des diversités territoriales.

Un exemple de cette «harmonisation» à la manière de la Commission est fourni par une directive 93/43 du 14 juin 1993 sur l'hygiène des denrées alimentaires. Cette question, certes d'égale importance pour tous les citoyens d'Europe (et d'ailleurs), pouvait être traitée par les États, voire les régions, après qu'un consensus sur les objectifs et les critères aurait été réalisé au niveau européen. Mais, au nom de l'harmonisation, la Commission ne laisse comme latitude aux États que le droit d'adopter des dispositions qui «ne soient pas moins sévères que celles figurant à l'annexe» (art. 7) de la directive, laquelle annexe, en dix chapitres, fournit tous les éléments d'une réglementation uniforme.

Pour fixer cette réglementation, la Commission, d'abord préoccupée par l'ouverture des marchés aux plus puissants acteurs économiques et non par des considérations de santé publique, a recopié une technique de contrôle sanitaire intitulée HACCP – Hazard Analysis and Critical Control Point system – adoptée par la Food and Drug Administration américaine.

Cette technique de contrôle sanitaire avait été élaborée par Pillsbury, une firme privée américaine, à la demande de la NASA, l'agence américaine de l'espace, dont l'objectif était l'élimination de tout risque bactériologique. Or, Pillsbury est en fait un des géants mondiaux de l'agroalimentaire, propriétaire de chaînes de *fast-food*. Et la technique de contrôle sanitaire HACCP autorise la consommation de viandes traitées aux hormones de croissance et considère que les organismes génétiquement modifiés sont sans danger. Telle est la source d'inspiration d'une directive européenne dont la prétention affichée est l'hygiène alimentaire : une firme agroalimentaire multinationale !

Les problèmes d'intoxication alimentaire (épidémies de listéria et autres intoxications graves) ne sont pas liés à la vente sur les marchés locaux, mais bien à la grande distribution. En imposant des contraintes sanitaires d'une rigueur excessive et en privant ainsi les consommateurs de l'accès aux producteurs locaux incapables de poursuivre la commercialisation de leurs produits sous de telles contraintes, la Commission européenne a agi en véritable rabatteur de ces consommateurs au profit des chaînes de grande distribution. Ce qui justifiait la question du journal *Le Monde* :

> Une norme d'hygiène utilisée pour transporter sans danger ces produits sur toute la planète et jusque sur la Lune est-elle applicable à un petit producteur qui vend du fromage sur un marché local[2] ?

Mais dans sa volonté d'uniformisation, la Commission refuse de reconnaître que « les risques ne peuvent être évalués de la même façon pour un produit fermier commercialisé à proximité du lieu de production sur un temps limité que pour un produit issu de l'industrie agroalimentaire qui entre dans un circuit de distribution plus long, donc pour une durée plus importante », comme l'ont fait remarquer les animateurs de la campagne « Sauvons nos marchés ».

Au nom de l'harmonisation et sous le couvert du noble objectif de l'hygiène alimentaire, cette directive, ainsi que le soulignait, en 2000, *Nature et Progrès*, avait pour véritables objectifs de détruire les marchés de proximité, d'organiser l'uniformisation du marché alimentaire et de favoriser la banalisation des modes de consommation pour le plus grand profit des grands réseaux de distribution et des chaînes de *fast-food*.

Des décisions incohérentes

En 2000, le Parlement européen adoptait une résolution « sur la cohérence des différentes politiques de l'Union[3] ». En trois ans, après le Conseil des ministres, c'était la deuxième fois qu'une institution européenne appelait à la cohérence. Cela peut surprendre tant la chose devrait aller de soi. Mais seuls s'en étonneront ceux qui ignorent le fonctionnement de la Commission et l'absence pendant des décennies de mécanismes de coordination.

Au sein de la Commission européenne, les commissaires et les services sous leur autorité sont autant d'espaces autonomes de conception, de formulation, de promotion et de gestion de politiques relevant de leur sphère de compétence. Les trente-six départements (directions générales ou services) en charge de politiques spécifiques (affaires économiques et financières, agriculture, commerce, concurrence, développement, environnement, éducation et culture, énergie et recherche, fiscalité et union douanière, marché intérieur, pêche, politique régionale, relations extérieures, etc.) déploient chacun leurs activités comme si, au niveau de l'impact de ces politiques, il n'y avait pas interaction. Chaque commissaire agit comme s'il était aveugle et sourd à toute considération étrangère à sa sphère d'influence. Les services sous son autorité agissent de même, ajoutant à cette manière de faire l'ignorance de ce qui se prépare ou de ce qui s'accomplit ailleurs.

L'exemple le plus spectaculaire – explicitement visé par la résolution du Parlement – en est fourni par l'examen comparé des politiques dans les domaines du commerce et du développement. Ce qui est construit par la direction générale en charge de l'aide au développement est détruit (et même, si la chose était possible, plusieurs fois) par l'action de celle qui est en charge du commerce.

Deux exemples suffisent pour illustrer cette absence de cohérence. La Commission a fait adopter par le Conseil, puis par le Parlement, une directive sur le chocolat autorisant à remplacer 5 % du cacao entrant dans la fabrication du chocolat par des graisses végétales[4]. Les transnationales productrices de chocolat du type Nestlé exigeaient cette possibilité qui permet de substantiels bénéfices, les graisses végétales étant infiniment moins coûteuses que le cacao. Qui y perd? Sans doute, le consommateur occidental qui préfère l'authentique à l'ersatz. Mais surtout onze millions d'Africains de l'Ouest qui tirent leur subsistance de la production de cacao. Pour la seule Côte-d'Ivoire, cela représente la perte annuelle de 297 millions d'euros. Alors que l'article 177 du traité européen promet de protéger le développement économique et social des pays en développement, cette seule directive ruine des millions de paysans et détruit l'économie d'un sous-continent.

La Commission a fait adopter une directive (98/44) qui autorise le brevetage des découvertes, c'est-à-dire de ce qui existe dans la nature et qui constitue le patrimoine commun à toute l'humanité. Bien plus, elle autorise le brevetage du vivant végétal, animal et humain[5]. Qui sait qu'en vertu de cette directive il est possible aujourd'hui, en Europe, de breveter un élément d'un être humain sans qu'il soit informé et sans qu'il y ait donné son consentement? Qui sait qu'en vertu de cette directive il est légalement possible de breveter, c'est-à-dire de privatiser au profit des transnationales agro-pharmaceutico-alimentaires, des plantes cultivées et améliorées naturellement depuis des siècles par les populations paysannes des pays du Sud, sans avoir apporté la moindre modification génétique qui justifierait le brevet? Cette directive, qui constitue la plus violente atteinte à la dignité humaine depuis les lois raciales du régime hitlérien, viole au moins huit textes (traités, pactes, conventions, déclarations) internationaux. Elle légalise la biopiraterie, dernière mise en forme du colonialisme économique. Où est la cohérence avec le discours sur une Europe humaniste ? Où est la cohérence avec l'intention annoncée de soutenir le développement durable des pays du Sud ? À quoi sert, au département du développement, de dépenser des centaines de millions d'euros à lutter contre la faim dans le monde, si une des causes de cette faim se trouve dans les politiques du département du commerce ?

Entendre les plus hauts responsables du développement dire tranquillement qu'ils ignorent tout des directives qui précèdent et qu'ils n'ont jamais été consultés à leur propos fournit une indication décisive sur le niveau de cohérence possible des politiques initiées par la Commission européenne. En fait, il n'existe aucune structure formelle chargée de coordonner, en amont du processus de décision, les propositions avancées par chaque DG. Ce qui facilite le travail des groupes de pression, habiles à utiliser les divergences d'intérêts entre les différents services.

Des décisions idéologiquement orientées

La Commission poursuit un objectif : affaiblir les États. Officiellement, il s'agit de renforcer l'unité européenne. Mais en le faisant au nom du projet européen, elle sert automatiquement son contraire, le projet néolibéral d'État minimum, dans lequel l'autorité publique nationale, régionale et locale est, par étapes successives, réduite à des fonctions limitées.

On l'a vu avec le cas du maïs génétiquement modifié de Novartis, ce qui est bon pour les dividendes d'une entreprise privée est, du point de vue de la Commission, nécessairement bon pour la santé des consommateurs européens. Lorsqu'on passe en revue les propositions de la Commission, elles répondent dans leur écrasante majorité à l'attente des milieux d'affaires et en particulier des groupes les plus puissants : proposition de breveter le vivant, proposition de lever l'embargo sur les OGM, proposition de breveter les logiciels informatiques, proposition de privatiser totalement la gestion du cycle de l'eau, proposition de démantèlement des services publics dans le secteur marchand, proposition d'ouverture du marché européen aux fonds de pension. Certes, le Conseil des ministres approuve ces propositions et en prend de ce fait la responsabilité politique. Mais on peut toujours se demander où en serait la déferlante néolibérale si la Commission n'avait pas pris l'initiative de déposer ces propositions. Il en va de même pour les propositions soumises par la Commission européenne au Conseil des ministres en ce qui concerne les négociations à l'Organisation mondiale du commerce, tant sur la mise en œuvre des accords existants que sur l'extension des compétences de l'OMC à des matières nouvelles.

L'AGCS, INSTRUMENT DE L'AUTODESTRUCTION DU MODÈLE EUROPÉEN

L'ampleur des privatisations imposées par la Commission européenne ou décidées par les gouvernements, la volonté quasi systématique de confier à l'initiative privée des activités dont la finalité est le service de l'intérêt général (transports en commun, poste, distribution de l'eau, du gaz, de l'électricité, télécommunications, bref ce qu'on appelle les services marchands) représentent une première vague de démantèlement du modèle européen.

Le rôle moteur de l'Union européenne dans l'enceinte de l'OMC et la détermination agressive avec laquelle elle entend que soit mis en œuvre, dans sa perception la plus extensive, l'AGCS « en vue de libéraliser par étapes successives tous les secteurs de tous les services » sont à l'origine de la deuxième vague qui se négocie actuellement.

L'Accord général sur le commerce des services

L'AGCS est l'instrument juridique international par lequel, au sein de l'OMC, les pays industrialisés entendent appliquer radicalement la doctrine du libre-échange à ce vaste secteur de la vie économique et sociale qui regroupe les services.

On entend généralement par services les activités du secteur tertiaire, c'est-à-dire celles qui ne relèvent ni de l'agriculture ni de l'industrie. Ce sont des fonctions d'utilité générale. Sous la dénomination de services, on range par exemple les activités financières (assurances, banques), la distribution (petits commerces ou grandes surfaces), les activités de conseil ou d'assistance (services comptables, juridiques, fiduciaires), le non-marchand (toutes les activités d'intérêt général, sociales, culturelles, d'éducation permanente), la santé, l'éducation, la protection de l'environnement, les transports, les télécommunications, les administrations, les loisirs. Les services occupent aujourd'hui, dans les pays industrialisés, plus de 60 % de la population active. Ils peuvent être assurés soit par des acteurs privés, soit par des acteurs publics, soit par des acteurs privés subventionnés par les pouvoirs publics.

L'AGCS est un traité international dont la cible est formée par « les mesures qui affectent le commerce des services » (art. 1, 1 ; portée), le terme « mesures » signifiant pudiquement les législations, réglementations et procédures, et toutes les décisions administratives nationales, régionales et locales (art. 28 ; définitions) prises par « des gouvernements ou administrations centraux, régionaux ou locaux et par des organismes non gouvernementaux lorsqu'ils exercent des pouvoirs délégués » par les pouvoirs publics (art. 1, 3a).

Dans quel but ? Comme l'affirment les considérants 2 et 3 du texte ainsi que son article 19, celui d'« élever progressivement le niveau de libéralisation du commerce des services ».

Comment ? Par « des séries de négociations successives qui auront lieu périodiquement ». Lors de chaque série de négociations, chaque État sera invité à procéder à de nouvelles libéralisations de secteurs de services qu'il ne s'était pas jusqu'alors engagé à libéraliser (art. 19). Le terme, qui n'est pas fixé, c'est la libéralisation de *tous* les secteurs de services, après avoir éliminé, négociations après négociations, les « entraves au commerce » que sont les législations nationales et les réglementations locales protégeant les spécificités propres à chaque pays, à chaque région, à chaque commune, qu'il s'agisse de normes éthiques, sociales, sanitaires, environnementales ou culturelles.

De quels services s'agit-il ? Le texte est très clair : il s'agit de « tous les services de tous les secteurs à l'exception des services qui ne sont fournis ni sur une base commerciale, ni en concurrence avec un ou plusieurs fournisseurs de services » (art. 1, 3b et c). On s'en rend compte, à l'exception de certains services régaliens de l'État (la défense, la justice, les services administratifs des pouvoirs centraux et locaux), tous les services sont soumis à l'AGCS. De l'éducation aux parcs naturels en passant par les services liés à la politique de l'eau, l'OMC a inventorié pas moins de cent soixante secteurs de services différents.

L'AGCS agit sur les législations, réglementations et procédures existantes par diverses approches. Il impose des obligations à tous les États membres de l'OMC et aux pouvoirs subordonnés au travers de quatre modes de fourniture des services (art. 1, 2 et, pour le mode 4, annexe à l'AGCS sur le mouvement des personnes physiques) :

– mode 1 : la fourniture transfrontalière de services ; ex. : un cabinet d'avocats dans un pays A qui fournit des conseils à un client dans un pays B ; en vertu de l'AGCS, il y a exportation d'un service du pays A vers le pays B ;

– mode 2 : la consommation transfrontalière de services ; ex. : un touriste d'un pays A qui sollicite les services d'un garagiste dans un pays B ;

– mode 3 : un fournisseur de services d'un pays A qui s'installe sur le territoire d'un pays B ; ex. : une chaîne d'hôtels d'un pays A qui s'implante dans un pays B ; en vertu de l'AGCS, il y a exportation du pays A vers le pays B ;

– mode 4 : la possibilité pour un fournisseur de services d'un pays A de faire appel à du personnel d'un pays B, pour une période déterminée, avec les règles salariales et sociales du pays B ; ex. : une entreprise de construction d'un pays A doté de règles en matière de salaires, de conditions de travail, de protection sociale, qui fait appel pour un an à un maçon venant d'un pays B où ces règles sont inexistantes ou moins avantageuses.

À tous les États membres de l'OMC l'AGCS impose en particulier deux obligations générales : le traitement de la nation la plus favorisée et la transparence. Le traitement de la nation la plus favorisée oblige chaque État à accorder à tous les fournisseurs de services de tous les États membres le même traitement que celui qu'il accorde au fournisseur de services de l'un d'entre eux. Un État A qui a concédé des immunités fiscales à une entreprise d'un pays B est obligé de faire une concession identique aux entreprises du même secteur de tous les États membres de l'OMC. Quant à la transparence, il s'agit de l'obligation faite à chaque État de fournir à l'OMC l'ensemble de ses législations, réglementations et procédures nationales et locales en rapport avec la fourniture de services.

L'AGCS entend aussi soumettre les États à des « disciplines » en matière de subventions. En effet, l'article 15 stipule que les gouvernements signataires de cet accord sont convenus que les subventions pouvaient, dans certains cas, provoquer des effets de distorsion sur le commerce des services, et ont décidé qu'une négociation permanente au sein de l'OMC arrêterait régulièrement les listes de subventions devenues intolérables. Ces listes ont été baptisées « disciplines ». Quand on pense à toutes les activités sociales, culturelles et sportives qui se développent grâce à des subventions, quand on pense aux aides publiques qui rendent possibles des activités économiques dont la faible rentabilité attire peu les investisseurs, on se rend compte que des dizaines de secteurs de services sont menacés par ces « disciplines », en particulier dans le domaine non marchand.

Dès lors qu'un État prend l'engagement de libéraliser un secteur de services donné, l'AGCS impose des obligations spécifiques qui concernent la transparence, les législations et réglementations intérieures, l'accès au marché et le traitement national.

Mais que signifie prendre un engagement ? Cela veut dire tout d'abord que, lors d'une phase de négociations, l'État indique, pour le secteur concerné, l'état de libéralisation. Cela signifie automatiquement que cet état de libéralisation est protégé contre toute nouvelle forme d'intervention des pouvoirs publics. L'engagement porte ensuite sur les intentions de l'État par rapport à ce secteur : ce qu'il se propose de libéraliser davantage (on parle alors d'« engagement spécifique »), pour quel mode de fourniture de services, et, éventuellement, les limites qu'il impose à ce processus de libéralisation, ces limites, qu'on appelle des « exemptions », étant susceptibles d'être revues lors d'une autre phase de négociations et n'étant pas, en tout état de cause, d'une durée indéfinie. Les limites doivent être formellement indiquées dans une liste d'exemptions au traitement de la nation la plus favorisée. Cette liste permet de connaître, pour le secteur concerné, le degré d'application des obligations de l'AGCS pour chacun des modes de fourniture.

Pour chaque secteur engagé dans le processus de libéralisation, les obligations spécifiques auxquelles est soumis chaque État se présentent comme suit :

– Au titre de la transparence, fournir à l'OMC, au moins chaque année, les nouvelles dispositions normatives et réglementaires ainsi que les modifications aux dispositions existantes en rapport avec le secteur concerné.

– En ce qui concerne les législations, réglementations et procédures légales et administratives des pouvoirs centraux, régionaux et locaux des États, celles-ci, baptisées « réglementations intérieures » dans le jargon de l'AGCS, ne pourront pas être « plus rigoureuses que nécessaire » afin de ne pas constituer des « obstacles non nécessaires au commerce des services » (art. 6, 4). Ici aussi, l'AGCS confie à l'OMC le soin d'élaborer des « disciplines » qui identifieront ces obstacles. Parmi les propositions en discussion : les critères de définition de l'eau potable, les normes de qualification professionnelle, les normes de sécurité sur les lieux de travail, les tarifs préférentiels imposés par les pouvoirs publics en faveur des personnes nécessiteuses pour l'eau, l'électricité, le gaz et le téléphone, le salaire minimum garanti... En vertu de l'article 6, 5, ces disciplines se substitueront aux « normes internationales des organisations internationales compétentes » une fois que l'OMC les aura adoptées ; ce qui signifie la prééminence de l'AGCS sur l'ensemble du droit international !

– Si des engagements sont pris en matière d'accès aux marchés pour un secteur donné, l'État n'a plus le droit d'imposer une série de limitations portant sur le nombre de fournisseurs, sur la valeur des transactions, sur le nombre total d'opérations, sur le nombre des personnes physiques employées, sur les types d'entités juridiques, sur le volume du capital étranger investi.

– Pour tout secteur pour lequel un engagement est pris, la règle du traitement national s'applique. Elle consiste à accorder aux fournisseurs de services étrangers le même traitement qu'aux fournisseurs de services nationaux.

Ces obligations spécifiques ont des conséquences extrêmement importantes :

– Quand un pays prend l'engagement d'accorder un accès au marché sans restrictions aux fournisseurs de services, cela signifie qu'il doit renoncer au monopole de service public dans les secteurs concernés ; d'ailleurs les partisans de l'AGCS eux-mêmes affirment que « l'ouverture des marchés de services aux fournisseurs étrangers est évidemment en contradiction avec le maintien des monopoles publics[6] ».

– Quand un pays prend l'engagement d'accorder sans restrictions le traitement national à un secteur de services, cela signifie que dans ce secteur toute forme de distinction entre secteur marchand et secteur non marchand doit disparaître, car il est interdit d'accorder à des services de ce secteur des subventions, des prêts, des garanties sur prêts, des dons ou quoi que ce soit qui pourrait altérer la libre concurrence.

– L'application du principe du traitement national conduit quasi mécaniquement de la libéralisation à la privatisation, car les pouvoirs publics seraient financièrement asphyxiés s'ils devaient respecter ce principe.

– Ces engagements mettent fin au libre choix démocratique. En effet, les règles relatives à l'accès au marché et au traitement national vont enlever aux institutions démocratiques tout pouvoir d'adopter des politiques conformes aux besoins particuliers de la localité, de la province, du département, de la région ou de l'État. En outre, une fois un engagement pris, il est irréversible. En effet, l'article 21 de l'AGCS précise que tout État qui voudrait modifier ses engagements dans un sens qui ne va pas vers plus de libéralisation aurait à négocier avec tous les autres États membres de l'OMC des compensations financières qu'ils seraient en droit d'exiger. En cas de désaccord, c'est l'Organe de règlement des différends[7] de l'OMC qui trancherait. Comme le constatait l'ancien directeur du département des services à l'OMC, M. David Hartridge, les engagements pris au titre de l'AGCS sont « effectivement irréversibles[8] ». Ce qui signifie très clairement que les citoyens, au travers des élections, n'auront plus la possibilité de renverser les choix d'un gouvernement dont les conséquences se seraient avérées dommageables pour la collectivité.

Enfin, l'AGCS impose à chaque État membre de l'OMC de mettre en place ou de maintenir des instances judiciaires de telle sorte qu'un fournisseur de services puisse, par voie de justice, contraindre les pouvoirs publics à adapter aux règles de l'AGCS leurs normes affectant le commerce des services (art. 6).

Une particularité de l'AGCS rend sa perception difficile : on n'en ressent pas encore les effets. Négocié pendant l'Uruguay Round et signé en 1994, il ne sera mis en œuvre qu'au terme d'une première série de négociations débutant cinq ans après son entrée en vigueur (art. 19, 1). Il est entré en vigueur, comme tous les accords de l'OMC, le 1er janvier 1995. Cinq ans plus tard, au début de 2000, commençaient à Genève les négociations sur sa mise en œuvre, qui impliquent une possible révision des listes d'engagements spécifiques arrêtées en 1994.

Cette négociation est en cours. D'emblée les gouvernements des pays européens ont pris une décision qu'ils se sont bien gardés de faire connaître : la « protection de l'intérêt général » a été exclue des objectifs politiques auxquels l'AGCS ne doit pas porter atteinte. Cette option figurait dans les « Lignes directrices et procédures pour les négociations de l'AGCS » proposées par Pascal Lamy et approuvées par le Conseil des ministres (c'est-à-dire les quinze gouvernements) le 28 mars 2001. À l'occasion des travaux préparatoires de la IVe conférence ministérielle de l'OMC à Doha en novembre 2001, les ministres ont confirmé les « Lignes directrices » comme étant la base sur laquelle continuer les négociations. À Doha, l'Union européenne, avec l'accord des quinze gouvernements, a adhéré à cette confirmation[9].

En décembre 2002, Pascal Lamy a reconnu que, avec les modes 3 et 4 de l'AGCS, on se trouve en présence d'un accord multilatéral sur l'investissement dans le domaine des services[10]. Effectivement, comme dans le projet d'accord multilatéral sur l'investissement de l'OCDE*, on observe la même volonté manifeste de maintenir les opinions publiques dans l'ignorance, la même opposition à ce que les pays maintiennent un certain degré de contrôle sur les investissements étrangers, la même application combinée du traitement de la nation la plus favorisée et du traitement national, le même caractère irréversible, le même statut juridique contraignant, la même prééminence sur le droit national des États membres.

---

* Voir chapitre 5, « Le retour de l'Accord multilatéral sur l'investissement (AMI) », p. 166 *sq*.

Les services publics menacés

D'aucuns trouvent « ringard » de vouloir défendre la notion de service public. Ce serait typique d'un archaïsme de gauche ne répondant pas aux contraintes de la modernité. Mais la nécessité du « moderne » n'est-elle pas, bien souvent, l'alibi de ceux qui veulent revenir sur les droits fondamentaux qu'ils ont dû concéder ? Aujourd'hui comme hier, ceux qui soumettent les choix de société aux priorités économiques invoquent la nécessité d'être « moderne ». C'est devenu une caractéristique majeure du discours des libéraux de droite et de gauche.

Et pourtant, la modernité ne devrait-elle pas consister à mettre au service de tous les instruments qui contribuent le mieux à mettre en œuvre des droits fondamentaux : le droit à la santé, à l'éducation, le droit à respirer, à boire et à manger sans être menacé par des nuisances créées par des activités humaines, l'accès à des services qui prennent en compte à la fois l'intérêt général et la satisfaction des besoins particuliers – et l'on pense notamment à ce qui relève des communications, qu'elles concernent le transport des personnes, des biens et des marchandises, ou le déplacement des messages et des informations ?

L'idéologie dominante, qui emporte des acteurs politiques de tous horizons, voudrait nous faire croire que l'intérêt général serait mieux servi s'il était confié à l'initiative privée, c'est-à-dire à des intérêts particuliers. Le slogan – car ce n'est qu'un slogan – « quand c'est privé, c'est meilleur, c'est plus sûr et c'est moins cher » est devenu le nouvel article de foi auquel tous les citoyens sont priés d'adhérer. En occultant les démentis spectaculaires dont la réalité nous fournit chaque jour des exemples : la privatisation conduit régulièrement au passage d'un monopole public à un monopole privé sans le moindre avantage pour le consommateur, ainsi qu'on le constate, par exemple, dans le secteur de l'électricité ; elle s'accompagne presque toujours d'une baisse des normes de qualité (sécurité, niveau sanitaire…) et, parfois, d'une hausse des prix (l'eau potable) ; elle s'accompagne très souvent de destructions massives d'emplois. C'est pourtant le dogme de la prééminence du secteur privé qui se trouve à la base de l'AGCS.

Certes, il faut refuser le fétichisme inverse et ne pas sacraliser les services publics. Il faut reconnaître également que des progrès sont à faire pour améliorer leurs performances, leur capacité d'adaptation aux technologies nouvelles et leur sensibilité aux attentes de ceux qu'ils doivent servir. Mais à ce jour, dans une société où l'État remplit les fonctions de redistribution nécessaires à la solidarité qui conduit à l'égalité, les services publics sont irremplaçables. Seuls les services publics peuvent empêcher les dérives vers une société où la santé, l'éducation, la qualité de la vie ne sont accessibles qu'à ceux qui peuvent payer.

L'AGCS est une machine à libéraliser qui représente une menace de toute première importance pour tous ceux qui sont convaincus que l'autorité publique est gardienne de l'exercice des droits fondamentaux et de la primauté de l'intérêt général. Et ce principalement pour quatre raisons.

Première raison. Elle réside dans le caractère évolutif de l'AGCS. Cet accord, en effet, à la différence de beaucoup de traités internationaux, ne constitue pas un aboutissement mais bien un point de départ. Le caractère ininterrompu du processus de libéralisation écarte toute garantie de voir un secteur du domaine des services lui échapper à terme : ce qui n'aura pas été libéralisé aujourd'hui pourra l'être demain dans le cadre du même traité – et même au-delà de celui-ci, si l'on se réfère au document déposé à l'OMC par la mission américaine, qui affirme, évoquant les restrictions actuellement autorisées :

> Notre défi est d'accomplir une suppression significative de ces restrictions à travers tous les secteurs de services, abordant les dispositions nationales déjà soumises aux règles de l'AGCS et ensuite les dispositions qui ne sont pas actuellement soumises aux règles de l'AGCS et couvrant toutes les possibilités de fournir des services[11].

Deuxième raison. L'AGCS n'offre aucune garantie qu'on ne touchera jamais à des secteurs où l'égalité des droits ne peut en aucune façon être remise en question, comme par exemple l'éducation, la santé ou la culture. Ne dispensant de son application que les services régaliens de l'État, l'accord ne reconnaît pas les services publics, et met en place des mécanismes qui conduisent à leur démantèlement. Il ne reconnaît pas et même menace directement le principe du service universel, cette obligation faite à tous les prestataires de services, publics comme privés, dès lors qu'ils agissent dans des secteurs d'intérêt général, de faire en sorte que personne ne soit discriminé. Dans les demandes de libéralisation de services adressées par l'Union européenne à cent neuf pays, de très nombreux services publics sont ciblés*.

Troisième raison. Dès à présent, dans les documents de travail préparés à l'OMC, des secteurs comme l'éducation, la santé et la culture sont traités comme des marchés qu'il faut libérer des normes nationales adoptées là où on a tenté de réaliser l'égalité des droits. Ces normes sont considérées comme des « entraves au commerce ». L'OMC et, en amont, la Commission européenne invitent les entreprises privées à fournir, pays par pays, la liste des obstacles à la libre concurrence, qu'ils soient législatifs ou réglementaires, nationaux, régionaux, provinciaux, départementaux ou locaux.

Quatrième raison. La dernière raison est la précarité des dispositions protégeant les secteurs de services pour lesquels un État a pris des exemptions. Le point 6 de l'annexe à l'AGCS relative aux exemptions dispose qu'« en principe les exemptions ne devraient pas dépasser une période de dix ans ». Dans les documents qu'elle a fournis au début de 2003 aux quinze gouvernements sur les exemptions au traitement de la nation la plus favorisée[12], la Commission européenne indique que les exemptions prises en 1994 et confirmées au début de

* Voir chapitre 5, « Comment l'Europe entend privatiser les services dans le Sud », p. 157 *sq*.

cette année sont d'une durée « indéfinie ». Mais, un mois plus tôt, dans un autre document, elle rappelait l'impossibilité de prolonger ces exemptions[13].

La question des services représente un enjeu de société majeur. L'apport du secteur privé ne fournit qu'une partie de la réponse aux besoins fondamentaux.

L'Union européenne et l'AGCS

En 1999, comme on l'a vu, les quinze gouvernements acceptent la proposition de mandat préparée par les services de Pascal Lamy en vue des négociations à l'OMC. Ce mandat charge ledit Pascal Lamy d'« élever le niveau des engagements », ce qui, dans ce jargon destiné à occulter les véritables intentions, signifie : pousser un maximum de pays à engager un maximum de secteurs de services dans le processus de libéralisation le plus complet, c'est-à-dire privatiser les services et démanteler par étapes toutes les réglementations des États, pour lesquelles, chez nous, nos aînés, nos grands-parents et nos parents se sont tant battus.

Avec ce mandat, l'Union européenne prend le relais des États-Unis et devient l'acteur international le plus agressif dans le domaine de la libéralisation des services.

Après l'échec de la conférence ministérielle de Seattle, l'Union européenne revient à la charge à la conférence suivante, en 2001, à Doha. Elle demande et obtient trois avancées dans le domaine des services :

1. Le 30 juin 2002, chaque pays adresse aux autres États membres de l'OMC la liste des services qu'il veut voir libéralisés chez eux ; cette liste, dans le jargon de l'OMC, c'est celle des *demandes*.

2. Le 31 mars 2003, chaque pays présente la liste des services qu'il est disposé à libéraliser chez lui ; c'est ce qu'on appelle la liste des *offres*.

3. Dans le cadre du programme de négociations qui doit être décidé à Doha, les États membres négocient « la réduction,

voire l'élimination des obstacles tarifaires et non tarifaires aux biens et aux services environnementaux » ; ce qui signifie, en langue accessible aux citoyens, la réduction ou la suppression non seulement des tarifs douaniers mais des lois, décrets, ordonnances, règlements ayant trait aux services environnementaux, par exemple le service de l'eau, la gestion des déchets, les parcs naturels, les parcs touristiques, et tous les biens et services qui entrent dans le cadre de la politique d'aménagement du territoire. Dans les documents préparatoires à Doha, l'équipe de Pascal Lamy a produit des textes qui tous affirment la prééminence des règles de l'OMC sur les accords internationaux en matière d'environnement[14]. Si on suit les propositions de la Commission européenne, certaines protections environnementales adaptées aux particularités d'un pays donné pourraient être considérées comme des entraves protectionnistes au commerce et être ainsi jugées non conformes aux règles de l'OMC. Entre des accords aussi contradictoires que la Convention de Rio sur la protection de la biodiversité et l'accord de l'OMC sur les droits de propriété intellectuelle, c'est ce dernier qui, aux yeux de la Commission européenne, a prééminence. Sur ce choix de société fondamental, jamais les élus, nationaux ou européens, n'ont été amenés à se prononcer.

En fait, avec ces trois propositions, l'Union européenne entend donner un formidable coup d'accélérateur à la privatisation des services, puisque le processus des demandes-offres contraint quasi automatiquement chaque pays à entrer dans des négociations qui l'obligeront peu à peu à « élever le niveau de [ses] engagements » comme l'ont voulu les ministres européens.

En vue de mettre en œuvre les décisions de Doha, la première démarche de la Commission européenne n'est pas de consulter les quinze gouvernements européens[15] ; elle ne consulte pas davantage le Parlement européen. En revanche, elle privilégie un dialogue intense avec l'European Services Forum (ESF), ou

Forum européen des services, le groupement patronal des fournisseurs européens de services. Pascal Lamy va leur demander d'établir, pays par pays, les services que les patrons européens veulent voir libéralisés, les législations qu'ils veulent voir démantelées, les éléments de souveraineté nationale qu'ils considèrent comme des obstacles à la concurrence commerciale.

En octobre 2001, M. João Aguiar Machado, chef de service à la Direction générale de M. Lamy, écrivait à M. Pascal Kerneis, directeur de l'ESF, pour solliciter sa collaboration dans la préparation des futures demandes européennes de libéralisation :

> Nous accueillerons très bien les propositions de l'industrie, à la fois dans la mesure où elles permettent d'identifier les problèmes et de formuler les demandes. Sans l'apport de l'ESF, l'exercice risque de devenir purement intellectuel, ce qui nous ferait passer à côté d'importantes questions[16].

En outre, dans plusieurs lettres échangées en mai-juin 2002 avec Suez-Lyonnaise des eaux, et signées par Ulrike Hauer, des services de Pascal Lamy, la Commission européenne a confirmé sa détermination à user pleinement des possibilités de l'article 6, 4 de l'AGCS sur les réglementations intérieures et son intention de faire adopter des « disciplines ». Elle a demandé à cette firme privée de lui communiquer les législations et réglementations qui, pays par pays, « affectent [ses] opérations de manière négative », en insistant sur les normes nationales qui imposent le service universel.

Par contre, alors que l'organisation des services relève d'un véritable choix de société, la technocratie européenne a soigneusement négligé les instances démocratiques des quinze États. Et les gouvernements nationaux ont agi en véritables complices : aucun Parlement national n'a été consulté sur les choix opérés par la Commission en concertation avec les milieux d'affaires.

De plus, véritable illustration de l'idée qu'on se fait de la démocratie et de la transparence dans les cercles gouvernementaux et à la Commission européenne, celle-ci a obtenu des quinze gouvernements que tous les documents relatifs aux demandes et aux offres soient secrets. Aucune base légale ne permettait une telle décision ; ce fut un choix politique des gouvernements.

On verra dans la deuxième partie de ce livre quelles ont été les demandes adressées par l'Union européenne aux autres États membres de l'OMC. En ce qui concerne les offres européennes, Pascal Lamy avait déclaré qu'il voulait qu'elles soient « substantielles et significatives ». Et, effectivement, il a proposé au Comité 133 un document répondant à cette ambition.

Mais – et ceci doit nourrir l'espoir et la détermination de tous ceux qui refusent ce qu'on nous présente comme des fatalités alors que ce ne sont que des choix politiques qui peuvent être renversés par d'autres choix – Pascal Lamy n'est pas arrivé à ses fins. Il s'est trouvé dans un certain nombre de pays des militants associatifs, des ONG, des syndicats pour s'informer et informer les autres, pour interpeller les élus et les gouvernants. Un mouvement s'est créé à travers toute l'Europe. Encore modeste[17], il a cependant réussi à rassembler, le 9 février 2003, près de quinze mille personnes dans les rues de Bruxelles pour ce qui fut la première manifestation prenant pour cible un des accords de l'OMC. Et je peux porter témoignage que le succès de cette première manifestation a fort impressionné aussi bien à la Commission qu'au siège de l'OMC à Genève.

Ce mouvement a été relayé ici et là – certes, encore trop timidement – par quelques ministres courageux. Il en est résulté que Pascal Lamy a dû céder sur un certain nombre de ses propositions[18]. En fait, ce qu'il a surtout obtenu, c'est que l'Europe propose de libéraliser sur son territoire ce qui est déjà inscrit dans un processus de libéralisation suite à l'Acte unique européen et aux traités de Maastricht et d'Amsterdam : services financiers, services informatiques, télécommunications, poste et transports. Il ne s'agit pas d'une proposition sans effet puisque aussi longtemps que cette libéralisation relève de l'Europe et de l'Europe seule, on peut espérer que la pression citoyenne inversera un jour le cours des choses. Mais une fois que ces secteurs sont engagés au titre de l'AGCS, comme on l'a vu, le fait est irréversible. Conséquence de cette résistance, encore trop faible, mais révélatrice de ce qu'il serait possible d'obtenir si des forces politiques importantes ne désertaient pas : l'Europe n'a pas été en mesure de déposer ses propres offres avant le 28 avril, au terme de très âpres négociations entre gouvernements européens *via* le Comité 133.

Pascal Lamy s'est attribué le mérite du fait qu'on n'a pas, lors des négociations entre la Commission et les quinze gouvernements, touché à la santé, à l'enseignement et à la culture ; et ce faisant, encore une fois, il n'a pas dit la vérité. En 2003, il est vrai, on n'y a pas touché. Ces trois secteurs, engagés en 1994 dans un processus de libéralisation, ont été en même temps protégés par des exemptions qui préservent le rôle des acteurs publics. Mais ce que Pascal Lamy a passé sous silence, c'est que, alors que ce n'était pas nécessaire, il a annexé à la liste des offres européennes la liste des engagements de 1994 avec exemptions. Il aurait voulu remettre ces exemptions en cause qu'il n'aurait pas procédé autrement. Bien plus grave : ce qu'il s'est bien gardé de rappeler aux quinze gouvernements et aux médias, c'est que ces exemptions protectrices ne sont pas éternelles. On l'a vu, mais il n'est pas inutile de le répéter : une annexe à l'AGCS précise en son point 6 : « En principe les exemptions ne devraient pas dépasser une période de dix ans. » Que vont faire nos gouvernements ? Que vont faire nos parlementaires nationaux et européens ?

En tout cas, force est de constater, que, à la veille de la conférence ministérielle de l'OMC qui allait se tenir à Cancún du 10 au 14 septembre 2003, les gouvernements complices de la Commission étaient les plus nombreux. Le 21 juillet 2003, en vue de cette conférence, le Conseil des ministres européens a adopté un texte qui ne constituait pas un nouveau mandat, puisque celui de 1999 reste de plein effet. Le point 3 du texte rappelait, en ce qui concerne les services, que

> le Conseil confirme l'importance d'établir un calendrier précis pour la négociation sur les services, soulignant qu'une ouverture future des marchés dans ce domaine est d'une importance particulière pour l'économie européenne.

Voici donc une réponse dénuée de toute ambiguïté de la part des quinze gouvernements à tous ceux qui, à bon droit, demandent un moratoire sur les négociations AGCS.

Sur la base de cette position des quinze gouvernements, l'Union européenne a soutenu à l'OMC une proposition en vue de la conférence de Cancún qui représentait, après celle décidée à Doha, une nouvelle accélération dans la mise en œuvre de l'AGCS. Ce texte, qui n'a fait l'objet d'aucune contestation à Cancún, n'a pas été approuvé, puisqu'il était intégré dans un projet de déclaration ministérielle qui lui-même n'a pas été adopté ; il demeure cependant un document soumis à de futures négociations. Or, deux paragraphes concernent autant les pays européens que les autres États membres, le troisième visant plus directement ces derniers*.

1. Le texte pousse à l'adoption rapide de « disciplines » dans le domaine des subventions et des réglementations intérieures ; on sait que ces « disciplines » vont fournir la liste des subventions désormais considérées comme des distorsions à la concurrence commerciale, ainsi que celle des dispositions qui, dans nos lois et règlements, à chaque niveau (de l'État à la commune) seront considérées comme plus rigoureuses que nécessaire par rapport aux règles de la concurrence commerciale. Sont ici directement visées les normes en matière de droits humains fon-

* Voir chapitre 5, « Comment l'Europe entend privatiser les services dans le Sud », p. 157 *sq*.

damentaux, les normes sociales, les normes environnementales, les critères de qualification professionnelle, etc.

2. Il réaffirme que les négociations de l'AGCS doivent « obtenir une élévation progressive des niveaux de libéralisation sans qu'aucun secteur de service ou mode de fourniture ne soit exclu *a priori* ». N'est-ce pas Pascal Lamy qui déclarait que la santé, l'éducation et la culture échappaient à l'AGCS pour ce qui concerne l'Union européenne[19] ? En dépit de certaines déclarations, aucun gouvernement européen ne s'est opposé à ce texte.

Le Parlement européen et l'AGCS

Pascal Lamy, dans le dossier de l'AGCS, a traité le Parlement européen avec mépris. Tout en multipliant les communications à cette assemblée, il a veillé à ce qu'elle ne dispose pas de tous les éléments pour se faire sa propre opinion. Il s'est justifié en invoquant le nécessaire secret qui doit selon lui protéger les négociations. Ce n'est qu'après de multiples protestations d'élus du groupe des Gauches unies et du groupe des Verts qu'un exemplaire des demandes (un document en anglais, de plus de mille pages, dont la compréhension demande une information préalable et réclame une grande familiarité avec les arcanes de l'AGCS) a été déposé dans un local gardé du Parlement où un membre par groupe politique a été autorisé à le regarder, sans avoir le droit de prendre des notes et encore moins de faire des copies ! Il a refusé de lui communiquer la proposition de la Commission sur les offres avant que celle-ci ait été communiquée à l'OMC. Cette opacité délibérée, qui ne repose sur aucun fondement de droit, Pascal Lamy a pu l'imposer grâce à l'accord que lui a donné le Comité 133. Quand des technocrates s'acoquinent, c'est toujours la démocratie qui est perdante.

Et pourtant, malgré ce déni des droits fondamentaux des élus du peuple, il s'est trouvé une majorité d'entre eux pour accepter un tel traitement. Sur les 623 membres de cette assemblée, la droite chrétienne dispose de 229 sièges et les libéraux de 53, soit un total de 282. Trente voix manquent donc à la droite pour détenir la majorité. Mais les voix sociales-démocrates (175 élus) ne lui ont jamais fait défaut – et même, il existe une tradition dans ce Parlement qui fait que la droite et la gauche, « c'est blanc bonnet et bonnet blanc », puisque les deux groupes déposent le plus souvent des projets de résolution communs. Ainsi, à l'issue d'un important débat consacré à l'AGCS en mars 2003, au moment même où la Commission refusait de communiquer au Parlement européen la liste des services qu'elle se proposait de libéraliser dans le cadre des offres, alors qu'elle était en train de négocier avec les quinze gouvernements au sein desquels quelques ministres de gauche n'ayant pas tout renié de leurs convictions tentaient de freiner les ardeurs libre-échangistes de ladite Commission, les chrétiens-démocrates, sociaux-démocrates et libéraux du Parlement européen déposaient ensemble une résolution dans laquelle on pouvait lire :

> Le Parlement européen
> – se félicite des efforts déployés par la Commission pour transmettre à certains députés européens les propositions faites par l'Union européenne en ce qui concerne l'AGCS […] ;
> – salue les efforts déployés par la Commission pour améliorer la transparence et associer les groupes d'intérêt de tous les secteurs de services concernés, y compris les partenaires sociaux, ainsi que la société civile […] ;
> – accueille favorablement la proposition initiale de la Commission sur l'AGCS [sur les offres].

Le 12 mars 2003. Pascal Lamy, qui s'est beaucoup démené pour cette résolution, a pu obtenir de la droite, mais également d'une partie très importante du groupe socialiste, le vote de cette résolution. Comme l'a dit un membre du bureau du groupe social-démocrate au Parlement européen, « nous devons soutenir notre commissaire ». Au moins, les choses sont claires ; on sait ce qu'ils soutiennent.

Le vrai projet européen : un marché atlantique unique

Les gouvernements européens, toutes tendances politiques confondues, ont fait un choix capital sur lequel ils n'ont, bien entendu, jamais consulté les citoyens : le choix d'étendre le modèle américain au marché européen dans le cadre de ce qui nous est présenté comme un « partenariat économique transatlantique ». Il s'agit en fait de transformer en réalité sociale une réalité économique qui a émergé au cours des années quatre-vingt-dix à la suite des multiples fusions-acquisitions transatlantiques ; réalité économique qu'il faut dès lors accompagner et consolider.

Le prédécesseur de Pascal Lamy, Leon Brittan, avait lancé la négociation d'un « nouveau marché transatlantique » (NMT). Comme souvent avec les Anglo-Saxons, l'intitulé de ce projet avait le mérite d'annoncer clairement la couleur : il s'agissait ni plus ni moins de créer une vaste zone de libre-échange entre l'Union européenne et les États-Unis. Ce qui signifiait, vu le soutien résolu du monde des affaires à ce projet, placer les économies des pays européens sous la coupe du système américain, des procédures américaines, des sociétés américaines.

Présenté avec une telle franchise, ce projet était trop choquant pour être accepté par certains gouvernements. Après une intense pression de l'opinion publique, des organisations syndicales et de certains éléments de la gauche française, le gouvernement Jospin fut contraint de dénoncer ce projet de NMT.

Mais trois semaines plus tard, lors du sommet de Londres USA-UE du 18 mai 1998, sous une présentation différente, mais avec un contenu identique, l'Union européenne (sous présidence britannique) et les États-Unis signaient une « Déclaration commune sur le partenariat économique transatlantique (PET) ». Ensuite, en recopiant les « recommandations » du TABD, la Commission européenne a préparé un « Plan d'action du partenariat économique transatlantique », un document de vingt-sept pages qui a été adopté le 9 novembre 1998 par le Conseil des ministres européen, « sans discussion », ainsi que l'indique le procès-verbal de la réunion[20]. Dans la foulée d'une décision si mûrement débattue, le même jour, le Conseil des ministres autorisait la Commission à entamer des négociations en vue de conclure avec les États-Unis des accords bilatéraux en matière d'entraves techniques aux échanges, de services, de marchés publics et de propriété intellectuelle*.

À propos de ces accords bilatéraux, le « Plan d'action » précise :

> Les accords négociés dans le cadre du partenariat économique transatlantique s'appliquent à l'ensemble du territoire des parties, indépendamment de leur structure constitutionnelle, à tous les niveaux de pouvoir et dans les conditions qui sont fixées.

Or, on le sait, si aux États-Unis le pouvoir exécutif est soumis au contrôle effectif du Congrès, en Europe les accords négociés par la Commission européenne dans le cadre de l'article 133 des traités échappent au contrôle du Parlement européen, et ils ne sont soumis au contrôle des Parlements nationaux que dans le cadre de la procédure quasi automatique de la ratification. Ainsi les Européens sont-ils contraints d'intégrer mécaniquement dans leurs législations nationales des dispositions négociées avec un gouvernement américain qui en a pesé tous les avantages et les inconvénients. Point n'est besoin de vérifier qui tire le plus de bénéfice du PET…

Le PET comporte un double engagement. Tout d'abord, il s'agit pour Américains et Européens de s'accorder en toutes matières afin de créer progressivement cette zone de libre-échange transatlantique. « Notre concertation ne négligera aucun sujet », précise le document. Ce qui revient à négocier

* On trouvera le texte complet de ce « Plan d'action » en annexe II, p. 236 *sq.*

par étapes l'élimination progressive, sur l'espace européen, de toutes les législations et réglementations, nationales ou locales, qui pourraient entraver l'activité des entreprises américaines : protections sociales et environnementales, droit du travail, services publics, politiques culturelles et d'éducation, normes sanitaires, marchés publics, investissements, concurrence, etc. Sous le nom de « réforme », utilisé tantôt par les libéraux de droite, tantôt par ceux de gauche, n'est-ce pas à l'effacement progressif de ces « entraves » que nous assistons depuis quelques années ?

Dans le même esprit, il s'agit de faire avancer ensemble à l'OMC tous les projets de libéralisation dans les matières que le PET énumère : règlement des différends, transparence, mise en œuvre, services, agriculture, facilitation des échanges, droits sur les produits industriels, propriété intellectuelle, investissements, concurrence, marchés publics, commerce et environnement, commerce électronique. Incontestablement, depuis lors, à l'exception de quelques dossiers très médiatisés, États-Unis et Union européenne agissent presque toujours de concert à l'OMC.

Pour parvenir à leurs fins, USA et UE ont pris un second engagement : celui de « recueillir le point de vue des milieux d'affaires, notamment dans le cadre du TABD », et de travailler ensemble « sur la base des recommandations de l'industrie ». Le TABD est donc le véritable inspirateur du PET ; ses dirigeants étaient d'ailleurs les invités de Clinton et de Blair lorsque le PET fut adopté en mai 1998.

Quant aux citoyens et à leurs élus, ils ont été et restent tenus à l'écart. Le PET, qui représente un choix de société majeur, n'a pas été débattu dans les enceintes parlementaires. Les élus n'ont pas eu le loisir de se prononcer sur son opportunité. Comme Pierre Bourdieu l'avait très bien décelé, « l'Europe européenne fonctionne comme un leurre dissimulant l'Europe euro-américaine qui se profile[21] ».

Après l'échec de la conférence ministérielle de Cancún, on trouvera une confirmation de la pertinence de ce constat dans les conclusions du Conseil européen du 2 décembre 2003 soulignant qu'« une coopération transatlantique forte est essentielle pour stimuler la croissance économique et le développement durable ». Et les chefs d'État et de gouvernement de l'Union européenne d'ajouter dans le même document :

> Les relations transatlantiques surpassent les gouvernements. Les liens entre les communautés d'affaires et les sociétés sont le socle de ces relations. L'Union européenne encouragera toutes les formes de dialogue entre les organes législatifs et les sociétés civiles des deux côtés de l'Atlantique.

Les services : une priorité du PET

Les services sont l'objet d'une attention toute particulière dans le « Plan d'action du partenariat économique transatlantique » de la Commission européenne : non seulement ils sont repris dans les thèmes du dialogue transatlantique, mais ils sont également traités dans le cadre des actions bilatérales et des actions multilatérales. Le « Plan d'action » du PET affirme :

> Nous confronterons nos points de vue respectifs sur les moyens de parvenir à une libéralisation aussi poussée que possible dans le cadre de l'AGCS [...]. Nous explorerons les possibilités d'étendre la libéralisation à des secteurs et des domaines présentant de l'intérêt pour les prestataires de services américains et européens.

Les services sont la cible prioritaire. L'intention est clairement annoncée : définir en commun un « programme ambitieux » de libéralisation des services, avec pour objectifs :

– augmenter les possibilités d'accès au marché ;

– éliminer les obstacles spécifiques (c'est-à-dire les législations et réglementations nationales et locales) existant dans les secteurs des services ;

– améliorer les conditions d'établissement (c'est-à-dire éliminer les législations qui privilégient les prestataires nationaux de services) ;

– mettre en place de nouvelles règles visant à renforcer l'accès au marché et à garantir que les services peuvent être fournis dans un environnement propice à la concurrence (c'est-à-dire supprimer les contraintes éthiques, fiscales, sociales, sanitaires, environnementales, d'aménagement du territoire).

Il s'agit ni plus ni moins de créer une sorte de marché commun USA-Union européenne dans le domaine des services, qui tous vont être progressivement placés en situation de compétition commerciale sans que les devoirs de service au public puissent justifier des traitements appropriés.

Lors de la réunion du Conseil des ministres qui a approuvé – sans discussion, ainsi qu'en témoigne le procès-verbal – le PET, siégeaient pour l'Allemagne le socialiste Günter Verheugen, pour la Belgique le socialiste Erik Derycke, pour la France les socialistes Hubert Védrine et Pierre Moscovici, pour la Grèce le socialiste Gheiórghios Papandhréou, pour l'Italie le socialiste Umberto Ranieri… Comment ont-ils pu ? À quel titre, aujourd'hui, les socialistes prétendent-ils qu'ils sont « les seuls à pouvoir offrir un débouché politique à l'altermondialisme[22] » ?

3

Nous, peuples d'Europe…

Valéry Giscard d'Estaing, à qui fut confiée la présidence de la convention chargée de rédiger un texte refondateur des traités européens successifs, aimait se comparer aux rédacteurs de la Constitution des États-Unis. Il aurait sans nul doute souhaité inscrire cette formule : « Nous, les peuples… », qui ouvre le préambule de la Constitution adoptée en 1776. Pourtant, rien n'aurait été plus faux. Ce projet ne traduit pas les aspirations profondes des peuples d'Europe. Il n'a ni le souffle, ni la clarté, ni la concision d'une Constitution. C'est, comme on va le voir, le résultat rebutant d'un compromis laborieux.

La déception est encore au rendez-vous, alors que les premiers pas de la construction d'une Europe unie avaient suscité, il y a cinquante ans, une authentique espérance. La décolonisation, la réconciliation franco-allemande, la fin des expéditions militaires, les engagements de la Communauté européenne naissante à l'égard des Européens, mais aussi des peuples du monde enfin traités comme des partenaires, avaient fait naître peu à peu l'espoir d'une communauté des Européens dont les États, ayant cessé de se combattre et d'étendre à la planète leur soif de conquête et d'exploitation, mettraient en commun les inépuisables ressources de leurs diversités respectives au service de la paix, de la solidarité et de la justice. Pour les peuples d'Europe comme pour les peuples des autres continents. Cet espoir s'est étiolé au fil du temps.

L'Union européenne telle qu'elle s'est construite à travers le traité de Rome (1957), l'Acte unique (1986) et les traités de Maastricht (1992), d'Amsterdam (1997) et de Nice (2000) apparaît plus que jamais comme un multiplicateur de puissance économique qui s'écarte de plus en plus de la perspective d'une communauté de valeurs. C'est le triomphe de la « forteresse Europe », arrogante et égoïste, exclusivement attentive aux intérêts privés, destructrice des diversités et des solidarités, dissimulant ses appétits de conquête économique derrière des paravents (ACP, ASEM)[1] à vocation prétendument partenariale.

Ce grand fossé entre l'Europe qui est annoncée et toujours différée et celle qui est à l'œuvre se traduit par un désarroi des peuples européens, lequel met en péril l'adhésion majoritaire à l'idée d'Europe, favorise l'euroscepticisme et nourrit les replis souverainistes et identitaires. La légitimité même du processus de construction européenne se trouve posée.

C'est ce qu'avaient semblé comprendre les dirigeants européens lorsqu'ils s'étaient réunis au château de Laeken, résidence officielle de la monarchie belge, à l'occasion d'un de ces sommets qui marquent le terme de la présidence tournante des institutions européennes. Un texte avait été proposé par le gouvernement belge, très inquiet de la perte de popularité du projet européen. La déclaration adoptée par le Conseil européen, le 15 décembre 2001, fournit un constat qui indique clairement la profondeur et l'étendue de la cassure entre l'espérance citoyenne et l'état présent de la construction européenne. Même s'il est teinté çà et là de la pensée néolibérale dominante, ce constat mérite d'être rappelé :

> L'image d'une Europe démocratique et engagée dans le monde correspond parfaitement aux vœux du citoyen. Celui-ci

a fait savoir à maintes reprises qu'il souhaitait que l'Union joue un plus grand rôle dans les domaines de la justice et de la sécurité, de la lutte contre la criminalité transfrontières, de la maîtrise des flux migratoires, de l'accueil des demandeurs d'asile et des réfugiés en provenance de zones de conflit périphériques. Il demande aussi des résultats dans le domaine de l'emploi et de la lutte contre la pauvreté et l'exclusion sociale, ainsi que dans le domaine de la cohésion économique et sociale. Il exige une approche commune à l'égard de la pollution, des changements climatiques, de la sûreté des aliments. Bref, à l'égard de tous les problèmes transfrontières dont il sent d'instinct qu'on ne peut y faire face que par la coopération. Tout comme il veut aussi plus d'Europe dans les affaires extérieures, la sécurité et la défense ; autrement dit, il demande une action renforcée et mieux coordonnée pour lutter contre les foyers d'incendie qui couvent au sein même et autour de l'Europe et dans le reste du monde.

Simultanément, ce même citoyen trouve que l'Union va trop loin et affiche un comportement trop bureaucratique dans nombre d'autres domaines. Le bon fonctionnement du marché intérieur et de la monnaie unique doit rester la pierre angulaire de la coordination de l'environnement économique, financier et fiscal, sans que la spécificité des États membres ne soit compromise. Les différences nationales et régionales sont souvent le produit de l'histoire ou de la tradition. Elles peuvent être enrichissantes. En d'autres termes, ce que le citoyen entend par « bonne gestion des affaires publiques », c'est la création de nouvelles opportunités, et non de nouvelles rigidités. Ce qu'il attend, c'est davantage de résultats, de meilleures réponses à des questions concrètes, et pas un « super-État » européen ni des institutions européennes qui se mêlent de tout.

En résumé, le citoyen demande une approche communautaire claire, transparente, efficace et menée de façon démocratique. Une approche qui fasse de l'Europe un phare pour l'avenir du monde ; une approche qui donne des résultats concrets se traduisant par plus d'emplois, une meilleure qualité de vie, moins de criminalité, une éducation de qualité et de meilleurs soins de santé. Il ne fait pas de doute que l'Europe doive à cette fin se ressourcer et se réformer.

On ne pouvait pas fournir, en langage diplomatique, un bilan plus précis de la construction européenne : déficit démocratique, institutions technocratiques, absence de transparence et de visibilité, médiocrité des avancées dans les domaines sociaux et environnementaux, mépris des différences nationales et régionales.

En conséquence de quoi, la « Déclaration de Laeken sur l'avenir de l'Europe » annonçait la convocation d'une Convention regroupant des représentants des gouvernements, des Parlements nationaux, du Parlement européen, de la Commission et de la société civile. Cette Convention s'est réunie pendant un peu plus de seize mois, du 28 février 2002 au 9 juillet 2003. Elle a été l'occasion d'un très riche échange d'idées. Mais celui-ci n'a guère eu d'influence sur les intentions imprimées par la présidence de la Convention, dont les convictions ultralibérales se sont imposées tout au long des débats.

Le projet issu de cette Convention a ensuite été soumis à une conférence intergouvernementale (CIG), qui a débuté ses travaux à Rome le 4 octobre 2003 et les a terminés le 18 juin 2004 à Bruxelles. D'emblée, il a été contesté par un certain nombre de gouvernements. Mais, pour l'essentiel, les débats les plus âpres n'ont pas porté sur la substance du projet de Constitution. Les gouvernements se sont surtout divisés sur des enjeux de pouvoir et des questions de représentation : influence respective de chaque État au sein du Conseil des ministres, nombre de membres de la Commission européenne, présidence tournante des institutions européennes... Le fonctionnement des institutions est passé avant leur raison d'être.

Certes, la CIG a modifié certaines dispositions relatives aux politiques de l'Union ; nous les évoquerons plus loin. Mais ces questions n'ont pas été au centre des discussions. Pour des raisons souvent totalement divergentes – par exemple, le refus d'avancées sociales des Britanniques et des pays de l'ancien bloc soviétique et la crainte de régressions sociales des Suédois –, aucun accord entre les vingt-cinq gouvernements n'est intervenu pour instaurer une vraie démocratie européenne, pour mettre en place une Europe fiscale, sociale et environnementale à côté de cette Europe commerciale, économique et financière déjà acquise et confortée par le projet de Constitution en discussion.

Une nouvelle fois, la déception est considérable.

Quand on compare les constats de la « Déclaration de Laeken sur l'avenir de l'Europe » et le « Traité établissant une Constitution pour l'Europe » adopté le 18 juin 2004 à Bruxelles et signé solennellement à Rome le 29 octobre, force est de conclure que la montagne a accouché d'une souris. Pour tout ce qui touche à l'essentiel – le souci de lisibilité des textes, la nécessité de percevoir aisément qui fait quoi dans le dispositif institutionnel, la transparence des processus de décision, l'obligation de reddition des comptes de la part des décideurs et le contrôle démocratique de ceux-ci –, pratiquement rien n'a été amélioré. En revanche, une Europe à deux vitesses est confortée : celle qui avance dans la voie de l'intégration commerciale, économique et financière, et celle qui reste condamnée à l'impuissance dans les domaines sociaux, fiscaux et politiques. Et une tendance se confirme nettement : le déclin de l'exigence démocratique.

La parution de la première édition de ce livre, en avril 2004, a suscité un grand intérêt au sein du mouvement social. J'ai été convié à m'exprimer devant de très nombreux auditoires en Belgique, en France, au Grand-Duché de Luxembourg. Le texte définitif du traité constitutionnel n'avait pas encore été adopté et seule était connue ce que beaucoup appelaient « la Constitution Giscard ». La question du mode de ratification par la France n'avait pas encore été tranchée. Les élections européennes toutes proches réveillaient l'intérêt pour ces questions, même si beaucoup déclaraient vouloir s'abstenir. Les interrogations du public étaient nombreuses et les débats furent très ouverts. Ma participation, en rue et sur les marchés, à une collecte de signatures en faveur d'une pétition réclamant, en France, l'organisation d'un référendum pour la ratification du traité constitutionnel m'a également permis d'entendre quantité de réflexions et de points de vue.

La campagne électorale pour le renouvellement du Parlement européen fut, elle aussi, un moment particulièrement enrichissant pour l'observateur. J'ai été stupéfait et atterré par la présentation caricaturale que des journalistes et des acteurs politiques ont faite, à cette occasion, du projet de traité constitutionnel. Singulièrement parmi ceux qui se réclament d'un certain nombre de valeurs dites de gauche, chez des sociaux-démocrates comme chez les Verts[2], le souci de faire dire à ce projet ce qu'il ne dit pas et de dissimuler ce qu'il dit, la volonté délibérée de brouiller les cartes ont été poussés à un degré consternant pour tous ceux qui pensent que le débat politique n'exclut pas l'honnêteté intellectuelle. Les mêmes poursuivent leur travail de désinformation dans la perspective du référendum de ratification.

Enfin, les élections elles-mêmes et, à leur suite, le comportement des gouvernements et des partis politiques ont nourri la réflexion. Sur 350 873 420 électeurs inscrits pour l'élection du Parlement européen, 201 401 343, soit 57,4 %, ont choisi de ne pas s'exprimer. Et les 732 députés élus ne tirent leur légitimité que d'un tiers de l'ensemble de la population européenne. Les citoyens sont lucides. Ils savent qu'il leur est impossible d'influencer les décisions européennes. Ils savent qu'ils n'ont aucun moyen d'approuver ou de désapprouver les commissaires européens qui disposent d'énormes pouvoirs, comme le commissaire au Commerce, négociateur unique au nom des 25 États dans les discussions à l'OMC et dans toutes les négociations commerciales internationales, ou le commissaire à la Concurrence, qui dispose tout à la fois de pouvoirs législatifs, exécutifs et judiciaires, ou encore le commissaire au Marché intérieur, qui entend mettre fin à l'autonomie des pouvoirs locaux et supprimer les services publics dans toute l'Europe. À quoi bon déléguer la souveraineté populaire à des représentants dépourvus de réels pouvoirs de contrôle sur l'exécutif le plus puissant d'Europe ?

Les gouvernements et les partis politiques n'ont pas tiré les leçons de cette abstention massive. Ils ont refusé de l'expliquer par le refus de plus de 200 millions de personnes de participer à la comédie d'une démocratie au rabais. Les gouvernements ont approuvé, après l'avoir modifié ici et là, le projet de traité constitutionnel, dont le débat électoral avait pourtant indiqué à quel point il ne répondait pas aux espérances de la « Déclaration de Laeken ». Pour présider la Commission européenne, ils ont choisi le Premier ministre portugais, un des grands battus des élections du 13 juin, un homme qui incarne une droite conservatrice (hostilité à l'égalité hommes-femmes et exigence d'une référence au christianisme dans la Constitution), néolibérale (partisan de l'État minimum, il a poussé à la privatisation de la santé et de la distribution de l'eau ; il a été désigné comme « Global Leader for Tomorrow » par le Forum économique mondial de Davos), atlantiste (il a organisé un sommet aux Açores entre les partisans de l'invasion de l'Irak). En un mot, les gouvernements ont choisi, pour incarner l'Union européenne, un profil politique radicalement opposé aux idéaux européens. Les partis politiques, quant à eux, ont repris les pratiques médiocres qui détournent de la démocratie. La social-démocratie, après avoir fait campagne pour une « Europe sociale », qu'elle n'a pas concrétisée quand elle en avait la possibilité politique, s'est acoquinée avec le principal groupe de droite, le plus hostile à toute Europe sociale, pour partager avec lui tous les postes clés du Parlement européen.

Cette nouvelle édition complétée me permet de reprendre entièrement le présent chapitre, consacré au traité constitutionnel, à partir du document adopté par les chefs d'État et de gouvernement, de l'enrichir par ce que le public m'a apporté tout en étant averti des arguments développés par les partis politiques. Afin de faciliter la réflexion sur un document confus et pléthorique, particulièrement ardu à lire et à comprendre, j'ai donc choisi de répondre aux questions que j'ai entendues le plus souvent.

L'analyse qui suit se fonde sur la version consolidée provisoire (avec une numérotation provisoire) du « Traité établissant une Constitution pour l'Europe », mise au point par le secrétariat de la conférence intergouvernementale, après approbation du texte par les chefs d'État et de gouvernement, à Bruxelles, le 18 juin 2004[3], ainsi que sur la version consolidée provisoire des protocoles annexés au « Traité établissant une Constitution pour l'Europe » et de ses annexes I et II[4], enfin sur la version consolidée provisoire des déclarations à annexer à l'Acte final de la conférence intergouvernementale[5].

Pour bien comprendre les références, il faut savoir que le traité est composé de quatre parties numérotées en chiffres romains (I, II, III, IV) et composées d'articles numérotés en chiffres arabes. Lorsque le numéro d'article est suivi d'un autre chiffre, ce dernier indique le paragraphe de l'article auquel il est fait référence.

Quels sont le statut et la portée de ce texte baptisé « Constitution » ?

Ce qu'on entend, en démocratie, par « Constitution » fait obligatoirement référence à un processus d'élaboration dans lequel le texte érigé en norme juridique suprême trouve sa légitimité. Une Constitution classique résulte des débats publics d'une assemblée constituante élue à cet effet et au sein de laquelle se manifeste la volonté souveraine du peuple. Chaque fois que la communauté internationale, par l'intermédiaire de l'ONU, est appelée à aider un peuple à reconstituer un État, son rôle consiste à organiser l'élection d'une assemblée constituante chargée de rédiger une Constitution. Cette exigence démocratique n'a pas été satisfaite pour la rédaction de la Constitution européenne, texte dont une large part résulte des travaux d'une assemblée cooptée. Les membres de cette Convention ne détenaient de la part des électeurs aucun mandat pour rédiger une Constitution. Le texte final soumis à ratification n'est que le produit de négociations entre gouvernements.

On ne se trouve donc pas en présence du processus démocratique d'élaboration d'une Constitution. Il s'agit d'un traité international improprement dénommé « Constitution ». Les conditions dans lesquelles a été mise au point la Constitution européenne lui enlèvent toute légitimité en tant que Constitution.

Qu'est-ce qu'une Constitution ? À l'origine, tant pour les insurgés du Nouveau Monde que pour les acteurs de la Révolution française, une Constitution traduit la volonté populaire de prévenir toute forme d'arbitraire ou d'y mettre fin et consacre ce principe affirmé et concrétisé au XVIIIe siècle : tous les pouvoirs émanent du peuple.

Le texte proposé, au contraire, retourne aux temps obscurs où les puissants, source de la légitimité et de l'autorité, octroyaient ici ou là quelques libertés selon leur bon plaisir... et leurs intérêts. Il nous ramène à la conception de l'État qui prévalait sous l'Ancien Régime, quand le monarque était par nature et par droit divin apte à diriger des sujets.

Une Constitution définit les modalités d'un vouloir vivre en commun. Elle détermine les droits et libertés des citoyennes et des citoyens et organise les pouvoirs dans l'État, l'étendue de leurs compétences et la manière dont ils sont constitués. Elle arrête des principes dont la loi organise la mise en œuvre. Érigée en norme suprême, elle indique les procédures de vérification de la conformité des autres normes à ces principes. C'est donc forcément un texte simple, clair, précis et court. Or le seul texte de la Constitution européenne compte 453 articles. Il est complété par 36 protocoles, 2 annexes et 39 déclarations. Au total, 765 pages (format A4). Dans certains cas, la compréhension et l'interprétation des articles de la Constitution réclament le recours aux protocoles, annexes et déclarations. Le texte est à ce point confus et inintelligible qu'on a pu assister sur un plateau de télévision au spectacle déroutant de deux juristes de même sensibilité politique s'opposant sur l'interprétation qu'il fallait donner de l'une ou l'autre disposition !

Pourquoi baptiser « Constitution » un traité européen ? La charge symbolique est forte, puisqu'une Constitution, dans l'architecture du droit interne, est le texte suprême, celui qui s'impose à toutes les autres normes et auquel celles-ci doivent se conformer. On veut donc accorder à ce nouveau traité européen la prééminence accordée à la loi suprême dans le droit de chaque pays.

Certes, la prééminence du droit européen est à la base du principe de supranationalité déjà inscrit dans le traité de Rome de 1957 et confirmé par deux arrêts célèbres de la Cour de justice des Communautés européennes qui ont consacré la primauté du droit communautaire en cas de conflit avec le droit national. Cette prééminence est confirmée par l'article I-5 bis de la Constitution proposée : « La Constitution et le droit adopté par les institutions de l'Union dans l'exercice des compétences qui lui sont attribuées ont la primauté sur le droit des États membres. » Même un règlement adopté par la Commission aura prééminence sur la Constitution et les lois des États membres.

Une Constitution énonce des principes qui s'imposent à l'ensemble des normes (lois, décrets, arrêtés, etc.). Les modalités de leur mise en œuvre lui sont étrangères. Or la Constitution proposée va beaucoup plus loin. Elle formule des choix qui relèvent de la loi, voire du règlement. Elle inscrit des orientations qui procèdent non pas des caractéristiques permanentes d'une société, mais d'options conjoncturelles, liées à des choix partisans que les circonstances peuvent modifier. Ainsi, par exemple, il ne revient pas à une Constitution d'ériger en « libertés fondamentales » les principes de libre établissement et de libre circulation des personnes, des services, des marchandises et des capitaux (art. I-4) et d'en définir les modalités d'application (art. III-18 à III-65), ni d'arrêter le détail d'une coopération judiciaire et policière (art. III-170 à III-178) qui ne peut rester figée, ni d'empêcher une limitation du transport routier en croissance exponentielle (art. III-137), ni de décréter que la politique commerciale commune doit contribuer à la suppression des restrictions aux investissements étrangers directs (art. III-216). En inscrivant de tels choix dans un document auquel on confère une valeur constitutionnelle, on s'efforce d'imposer des orientations qui appartiennent au temps de la législature, mais qui ne pourront plus être désavouées par le suffrage universel. Dans des matières mouvantes, parfois controversées, la Constitution proposée impose des principes qui ne seront plus susceptibles de faire débat. Ce faisant, elle porte atteinte à la démocratie.

Une Constitution classique définit le territoire sur lequel elle s'applique. Ici, aucune disposition n'est consacrée au territoire. La Constitution proposée ne définit pas les frontières de ce qu'elle appelle Union européenne : « L'Union européenne est ouverte à tous les États européens » (art. I-1, 2 et I-57) – mais aucune définition n'est donnée de ce qu'est un « État européen ». La Constitution proposée se limite à l'énumération des États signataires (art. IV-4, 1). Ceux qui proposent l'adhésion du Liban et d'Israël, voire des pays du Maghreb, peuvent donc poursuivre leurs efforts de dilution du projet européen dans une simple zone de libre-échange.

Parce qu'une Europe centralisée n'est pas conforme à la réalité européenne, une authentique subsidiarité (gérer chaque matière au niveau le plus efficace : commune, association de communes, département/province, région, État, Europe) est indispensable. Elle implique la définition des attributions de chaque niveau de pouvoir si l'on veut empêcher que l'Union européenne puisse modifier les compétences des pouvoirs locaux ou régionaux comme la Commission européenne en manifeste l'intention, ainsi que l'atteste le document IP/02/1180 du 31 juillet 2002. La Constitution proposée ne consacre pas l'existence des régions autrement que par la mention d'un comité consultatif baptisé « Comité des régions » (art. I-31, 2) qui, bien que composé d'élus, n'a guère été jusqu'ici écouté par la Commission, le Conseil ni le Parlement. Quant aux communes, elles sont totalement ignorées par ce texte. Les régions comme les communes font partie de la réalité européenne. Elles s'enracinent très profondément dans son histoire la plus lointaine. Pour être protégées contre les agressions de la Commission européenne, elles doivent être officiellement reconnues dans un texte auquel on entend conférer un statut constitutionnel.

Dans ces conditions, sommes-nous en présence d'une Constitution au sens généralement donné à ce terme en droit public ? En aucun cas.

La Constitution est-elle neutre philosophiquement ?

En 2003, le Vatican et un certain nombre de gouvernements qui, ce n'est pas un hasard, comptaient parmi les plus néolibéraux (Espagne, Irlande, Italie, Pologne et Portugal) ont fait pression pour exiger une référence explicite au christianisme parmi les valeurs fondatrices de l'Europe. Cette démarche, qui a retenu l'attention des médias, a occulté des dispositions autrement plus dangereuses concernant les rapports entre les cultes et les pouvoirs publics européens. Pendant qu'on faisait diversion avec les valeurs fondatrices, le principe d'une Europe laïque, seul cadre possible pour une cohabitation paisible entre ceux qui croient en l'un ou l'autre dieu et ceux qui n'y croient pas, était remis en cause.

Dans un État moderne, répondant aux principes énoncés dans la Déclaration universelle des droits de l'homme, dans le Pacte international relatif aux droits économiques, sociaux et culturels et dans le Pacte international relatif aux droits civils et politiques, la Constitution a pour devoir de garantir la neutralité de la sphère publique, condition indispensable à l'exercice du droit de « toute personne à la liberté de pensée, de conscience et de religion » (article 18 de la Déclaration universelle).

La Constitution offre-t-elle cette garantie de neutralité ? Qu'on en juge.

L'article II-10 proclame le droit de toute personne à la liberté de pensée, de conscience et de religion. Ce qu'on ne peut qu'approuver. Mais le même article poursuit : « Ce droit implique la liberté [...] de manifester sa religion ou sa conviction individuellement ou collectivement, en public ou en privé, par le culte, l'enseignement, les pratiques et l'accomplissement des rites. » Il s'agit d'une disposition qui met fin à l'idée de neutralité des espaces et bâtiments publics et des personnels occupés dans la fonction publique. Ainsi formulée, la liberté religieuse consacre le retour en force du religieux dans la sphère publique.

L'article I-51, 1 affirme : « L'Union respecte et ne préjuge pas du statut dont bénéficient, en vertu du droit national, les Églises et les associations ou communautés religieuses dans les États membres. » Ce qui signifie que l'Union prend acte des dispositions nationales réglant les rapports entre les confessions religieuses et les pouvoirs publics. Un deuxième paragraphe présente une disposition identique pour les « organisations philosophiques et non confessionnelles ». Mais le paragraphe 3 du même article ajoute : « Reconnaissant leur identité et leur contribution spécifique, l'Union maintient un dialogue ouvert, transparent et régulier avec ces Églises et organisations. »

Le caractère anodin de cette formulation recouvre en fait un choix majeur. La Constitution rejette le principe de la laïcité des institutions européennes et impose un régime spécifique de relations entre les Églises et l'État : celui du culte reconnu. Un tel régime comporte des implications très précises, comme la possibilité pour les pouvoirs publics européens de subventionner ces Églises érigées en partenaires des pouvoirs publics.

L'article I-51, dont l'origine se trouve dans une déclaration (n° 11) annexée au traité d'Amsterdam, constitutionnalise une pratique discrétionnaire de la Commission européenne inaugurée sous la présidence Delors et poursuivie sous celles de Santer, puis de Prodi, consistant à accorder de l'argent public à des organisations confessionnelles, par exemple l'Opus Dei. Cet article répond à l'attente, formulée pendant les travaux de la Convention, de Joseph Homeyer, évêque de Hildesheim et président de la Commission des épiscopats de la Communauté européenne, qui demandait le dialogue prévu au paragraphe 3, mais aussi une « consultation prélégislative ».

La Constitution européenne réduit à néant des siècles de luttes pour la séparation de l'Église et de l'État. En ces temps où renaissent les intolérances religieuses consécutives aux efforts de reconquête des espaces publics par les religions, la Constitution proposée consacre cette régression.

Comment conjuguer la prééminence de cette Constitution européenne instaurant un système de cultes reconnus avec l'article 1 de la Constitution française, qui affirme que la France est une République laïque ?

La Constitution est-elle neutre idéologiquement ?

Certaines Constitutions sont « neutres » dans la mesure où elles se limitent strictement à organiser la répartition des pouvoirs et à énumérer les droits et devoirs des citoyens. D'autres – les plus modernes – consacrent l'existence de droits individuels et de droits collectifs et imposent aux pouvoirs publics l'obligation d'en garantir le plein exercice.

Le projet de Constitution européenne confère la personnalité juridique à une Union dotée du pouvoir de coordonner les législations des États membres (art. I-1, I-5 et I-5 bis), en respectant strictement les obligations qui garantissent, d'une manière non discriminatoire, « la libre circulation des personnes, des biens, des services, des capitaux, ainsi que la liberté d'établissement des investissements » (art. I-4, I-3, 2). Les droits et obligations relatifs aux droits fondamentaux des personnes ne sont garantis par l'Union que dans la mesure où ils ne limitent pas cette « libre circulation » (art. I-4, I-5, II-Préambule, II-51, II-52). Ainsi donc, les élites à l'origine de ce texte ont complètement transformé le concept de Constitution. Elles ont établi une nouvelle hiérarchie des normes qui consacre la prééminence de la compétition sur la solidarité.

Aucun des cinq traités n'affirmait avec autant de force le projet idéologique qui sous-tend la construction européenne : la concurrence est l'origine des ressources. À plusieurs reprises, le texte affirme que l'Union européenne se fonde sur le « respect du principe d'une économie de marché où la concurrence est libre et non faussée » (art. I-3, 2, III-69 et III-70), et que le développement de l'Europe est fondé sur une économie de marché « hautement compétitive » (art. I-3, 3). Le fait que cette économie soit qualifiée de « sociale » est dénué de tout sens dès lors que la définition des minima sociaux est absente du texte. D'ailleurs, en dehors de l'article I-3, 3, l'adjectif « social » ne qualifie plus l'économie de marché dans les articles où celle-ci est explicitée (art. III-69, III-70, III-77). La compétition individuelle est le fondement des relations humaines.

Le libre-échange fait partie intégrante de l'« intérêt commun » des Européens (art. III-69 à III-71). La loi absolue du marché n'est plus une option à soumettre aux électeurs. C'est désormais un élément de l'« acquis communautaire ». À ne plus discuter.

La Constitution proposée consacre le triomphe absolu des dogmes monétaristes qui ont pourtant conduit plusieurs pays à la catastrophe. La Banque centrale européenne (BCE) échappe à tout contrôle (art. I-29, 3 et III-80). Sa mission prioritaire est d'assurer la stabilité des prix (art. I-29, 2). Protectrice des banques privées, la Constitution proposée interdit à la BCE d'accorder des crédits aux pouvoirs publics, qui sont priés de s'adresser au secteur privé (art. III-73).

On se croirait dans le monde rêvé par Thatcher et Reagan ! Ce n'est pas une Constitution, c'est le manifeste du néolibéralisme !

Le principe de la souveraineté du peuple est-il respecté par la Constitution proposée ?

La Constitution renforce-t-elle le caractère démocratique des institutions européennes, alors que près de 50 ans de « construction européenne » ont matérialisé un déclin des pratiques démocratiques ?

Le fondement de la démocratie réside dans la souveraineté populaire. Pour qu'un État soit démocratique, il faut que soit affirmé dans sa Constitution que tous les pouvoirs émanent du peuple *et de lui seul*. Le peuple est l'unique source de l'autorité. Hors de ce principe, point de démocratie.

En décidant de transférer des attributions jusque-là exercées dans un cadre où s'applique ce principe vers un cadre dit supranational où, pendant des décennies, on ne s'est pas soucié de l'appliquer, on a provoqué un déclin de la pratique démocratique. L'ensemble des observateurs en conviennent. Ils ont même créé une expression, empruntée au langage comptable, pour désigner ce phénomène : déficit démocratique. Tous les gouvernements s'en sont accommodés, et ils continuent de le faire.

La Constitution proposée confirme et conforte une extraordinaire concentration de pouvoirs entre les mains d'un ensemble formé par le Conseil des ministres (soit aujourd'hui 25 gouvernements coalisés, demain 27, voire 28) et la Commission. Face à cela, pour créer l'équilibre indispensable, il fallait reconnaître l'existence d'un peuple européen souverain et lui permettre d'être représenté comme tel par un authentique Parlement. La Constitution s'y refuse. Dès lors, que pèse la souveraineté du peuple alors qu'elle demeure tronçonnée entre 25 entités en outre dépouillées de toutes les compétences transférées à l'Union européenne ?

L'inévitable tension existant entre gouvernants et gouvernés au sein d'un État est exacerbée par le fait qu'aujourd'hui chacun des peuples est confronté aux décisions prises non pas par son seul gouvernement, mais par la coalition permanente de 25 gouvernements et d'une Commission irresponsable devant lui. L'équilibre péniblement atteint et toujours fragile réalisé dans le cadre national n'a pas été transposé au niveau européen. Il est rompu. La démocratie en est affaiblie d'autant.

La Constitution pervertit l'idée même de démocratie : elle affirme que l'Union européenne est fondée sur les valeurs de démocratie (art. I-2) alors qu'elle écarte la condition de base de tout système démocratique : la source unique de la souveraineté réside dans le peuple. On nous dira que les pouvoirs considérables des institutions européennes émanent, indirectement, des élus nationaux. Certes, les peuples délèguent la souveraineté aux élus, qui la délèguent à leur gouvernement, qui la délègue au Conseil des ministres européens, qui en délègue une grande partie à la Commission européenne, laquelle n'est pas responsable devant les peuples. Quand la délégation des pouvoirs atteint un tel degré, on n'est plus dans un système démocratique, mais dans un ersatz de démocratie. La délégation devient un instrument de dilution de la souveraineté populaire, et donc de la démocratie.

De plus, la Constitution proposée consacre le passage de la démocratie à la technocratie. À l'article I-25, elle confie à un aréopage irresponsable de technocrates au service des milieux d'affaires la garde de l'« intérêt général » et la « représentation extérieure de l'Union ».

Le « déficit démocratique » est loin d'être corrigé par les

cinq nouveautés inscrites dans la Constitution et présentées comme de grandes avancées démocratiques par ceux qui veulent à tout prix qu'on se rallie à ce texte :

1. Le droit de pétition (art. I-46, 4). Un million de citoyens européens «peuvent prendre l'initiative d'inviter la Commission, dans le cadre de ses attributions, à soumettre une proposition appropriée sur des questions pour lesquelles ces citoyennes et citoyens considèrent qu'un acte juridique de l'Union est nécessaire aux fins de l'application de la Constitution». Cette initiative citoyenne est limitée à ce qui est prévu par la Constitution. La Commission en fait ce qu'elle veut. Rien n'indique qu'elle soit contrainte de donner suite à la pétition. Ce qui signifie que si, par exemple, un million de citoyens demandaient que la distribution d'eau ne soit pas privatisée, une telle proposition, à supposer – chaude et longue bataille d'interprétation en perspective – qu'on accepte de considérer qu'elle s'inscrit dans le cadre de la Constitution, pourrait très bien être envoyée à la poubelle par la Commission au motif qu'elle a fait le choix de privatiser la distribution de l'eau et qu'elle a obtenu le soutien des gouvernements. Bel exemple des désinformations auxquelles s'aventurent les défenseurs de ce projet de Constitution, Mme Noëlle Lenoir, alors ministre française déléguée aux Affaires européennes du gouvernement Raffarin II, n'a pas craint d'affirmer : «Il suffira de rassembler un million de signatures en Europe pour obliger la Commission à entamer une procédure législative[6].» Il s'agit là d'une présentation totalement mensongère, car il n'y a aucune obligation pour la Commission. Dans une version plus douce de l'intox, les Verts font croire que «un million de citoyens pourraient proposer par pétition une loi européenne[7]». C'est une tromperie. Le texte de la Constitution fait état d'une «proposition sur des questions pour lesquelles ces citoyennes et citoyens considèrent qu'un acte juridique de l'Union est nécessaire». Entre conférer un droit d'initiative législative, comme le font croire les Verts français,

et soumettre à l'avis discrétionnaire de la Commission une proposition, il y a une marge considérable. D'ailleurs, rien n'autorise à affirmer que la pétition devrait automatiquement déboucher sur une loi. La Constitution évoque un « acte juridique ». Or la définition des actes juridiques de l'Union donnée par l'article I-32 mentionne que le règlement, la décision, la recommandation et l'avis sont des actes juridiques. Il faut signaler que la CIG a modifié la formulation de cette disposition dans un sens qui laisse totalement dans le flou la latitude de la Commission en présence d'une telle pétition. Notons au passage également que la Constitution n'a pas institué au niveau européen la possibilité d'un référendum, c'est-à-dire d'une consultation populaire contraignante qui aurait pu s'appliquer en premier lieu à l'adoption et à la révision de la Constitution. D'autant que cette dernière, en son article I-1, se réclame de « la volonté des citoyens de bâtir leur avenir commun ». Une volonté à laquelle on se réfère, mais à laquelle on refuse le droit de s'exprimer.

2. La procédure de désignation de la Commission européenne. Certains n'hésitent pas à affirmer qu'elle sera « issue du suffrage universel[8] ». C'est solliciter beaucoup les textes. Qu'en est-il exactement ? La prétendue élection du président de la Commission européenne par le Parlement européen est une parodie de démocratie, puisqu'il est très précisément indiqué (art. I-26, 1) que « le Conseil européen, statuant à la majorité qualifiée, propose au Parlement européen un candidat à la fonction de président ». Ce sont les gouvernements qui choisissent, et ensuite le Parlement est prié d'entériner. S'il refuse – et il en a le droit –, les gouvernements doivent proposer un autre candidat. La seule nouveauté, c'est qu'il leur faut tenir compte du résultat des élections, c'est-à-dire choisir un candidat susceptible d'être accepté par la majorité du Parlement européen. Quant aux autres membres de la Commission, ils sont proposés par le président désigné aux gouvernements, qui en dernier ressort acceptent ou refusent la liste présentée. Le

Parlement entérine ce choix après avoir auditionné les candidats, dans un système qui s'inspire des auditions du Congrès américain. En réalité, on a instauré pour la désignation de la Commission une sorte de codécision entre les gouvernements et le Parlement européen. Mais c'est tromper les citoyens que d'affirmer que la Commission est « issue du suffrage universel ». S'il en était ainsi, elle serait également comptable devant les citoyennes et les citoyens. Ce qui n'est pas du tout le cas.

3. L'extension des matières pour lesquelles le Parlement sera associé à la procédure de codécision. Certes, cette extension est réelle. On va passer de 37 matières à environ 80. Mais la Commission garde le monopole de l'initiative : « Un acte législatif ne peut être adopté que sur proposition de la Commission, sauf dans les cas où la Constitution en dispose autrement » (art. I-25). Le Parlement européen n'a toujours pas le droit de proposer des textes législatifs, alors qu'il s'agit d'une des fonctions de base de l'institution parlementaire.

4. La possibilité pour un tiers des Parlements nationaux (9 sur 25) d'obliger la Commission à réexaminer une de ses propositions lorsqu'elle concerne une matière pour laquelle s'applique le principe de subsidiarité (art. I-9, 3 et protocole sur l'application des principes de subsidiarité). Mais la Commission peut maintenir sa proposition. D'autant qu'elle est investie du pouvoir de « veiller à l'application des dispositions de la Constitution ». Il faut alors que ces neuf Parlements nationaux introduisent une action devant la Cour de justice européenne. On voit dans quels enlisements procéduraux et judiciaires un choix politique contraire à celui de la Commission risque d'être enterré.

5. La publicité des séances du Conseil lorsqu'il agit comme législateur (art. I-23, 5 et I-49, 2). Ainsi donc, le Conseil des ministres va tenir des réunions publiques lorsque son ordre du jour sera uniquement consacré à l'adoption d'une loi européenne. On voudrait faire croire qu'il s'agit là d'une percée démocratique transformant le Conseil en une sorte de Parle-

ment. Mais la confusion ainsi créée entre l'enceinte intergouvernementale par excellence et la fonction parlementaire indique les limites d'un tel exercice. Celui-ci n'aura pour effet que de dissimuler les oppositions idéologiques ou politiques derrière les oppositions entre États.

Sans minimiser l'importance de l'extension des matières pour lesquelles le Parlement européen sera associé, il faut convenir que ces réformettes ne parviennent pas à dissimuler la médiocrité persistante des pouvoirs de ce Parlement au regard des exigences de base d'un système démocratique.

Historiquement, les assemblées parlementaires ont été créées pour voter les recettes et les dépenses. Ensuite, elles ont exercé une fonction législative. Et, dans les systèmes démocratiques les plus avancés, elles exercent une fonction de contrôle de l'exécutif. Qu'en sera-t-il du Parlement européen si la Constitution est ratifiée ?

En lisant l'article I-19, 1, on a le sentiment que la Constitution crée un authentique Parlement : « Le Parlement européen exerce, conjointement avec le Conseil, les fonctions législative et budgétaire. Il exerce des fonctions de contrôle politiques et consultatives dans les conditions fixées par la Constitution. Il élit le président de la Commission. » On dispose là d'un bel exemple de cette démocratie en trompe l'œil que propose la Constitution à ratifier. Il est dit que le Parlement « élit le président de la Commission ». Mais on a vu que l'article I-26, 1 indique que ce sont les gouvernements qui choisissent le candidat à la présidence. Ce que la Constitution fait semblant d'établir ici, elle le dément là. Ainsi, il se trouvera toujours une possibilité de faire dire à ce document ce qu'il ne dit pas et de taire ce qu'il dit. Ce qui vaut pour l'« élection » du président de la Commission vaut pour l'ensemble des pouvoirs du Parlement.

Le Parlement votera-t-il les recettes de l'Union ? Il ne détermine pas les types de ressources propres de l'Union. Il donne seulement son avis sur les propositions de la Commission. En revanche, les modalités de perception des ressources, telles que proposées par la Commission, doivent être approuvées par le Parlement. En fait, comme il n'y a pas d'Europe fiscale, les pouvoirs du Parlement européen sont plus que modestes en la matière. Il lui est totalement impossible de lutter contre la fraude fiscale ou contre le dumping fiscal, devenu une réalité de grande ampleur avec l'élargissement.

Le Parlement adoptera-t-il les budgets de l'Union ? Le budget est préparé par la Commission et adopté par le Conseil des ministres. Il est ensuite soumis au Parlement où il est soit approuvé tel quel, soit amendé. Dans ce dernier cas, il faut que les modifications apportées fassent l'objet d'un accord entre le Conseil et le Parlement pour que le budget soit définitivement adopté. C'est un des rares progrès apportés par la Constitution, puisque le Parlement se prononce sur la totalité du budget.

Dans quelle mesure le Parlement sera-t-il législateur ? Il ne sera jamais législateur unique. Il sera, dans un nombre accru de matières, colégislateur. Mais il faut convenir qu'il s'agit là d'une caractéristique commune de la démocratie parlementaire : rares sont les cas, même s'ils existent, où un Parlement impose un texte contre l'avis ou sans l'accord du gouvernement. Ce qui affaiblit considérablement le Parlement européen en tant que pouvoir législatif, c'est qu'il lui est interdit de proposer ses propres textes sur quelque sujet que ce soit. Il peut demander à la Commission de lui soumettre un texte, mais les parlementaires ne peuvent pas soumettre au débat des textes dont ils seraient les auteurs. En outre, il n'a pas le droit de légiférer dans une série de matières où seul le Conseil des ministres est législateur.

Le Parlement européen exercera-t-il un contrôle effectif sur les choix politiques et le fonctionnement des autres institutions européennes, et en particulier de la Commission ? C'est dans ce domaine qu'il reste extraordinairement faible. En fait, la Constitution n'apporte rien de nouveau par rapport aux traités existants. Le Parlement peut exercer un contrôle de conformité des actes de la Commission et donc enquêter sur des fautes de gestion. Il ne peut orienter les choix politiques proposés par la Commission et approuvés par le Conseil des ministres. Il ne peut désavouer individuellement un commissaire. S'il estime que les conditions sont réunies pour sanctionner un commissaire, il est contraint de désavouer l'ensemble de la Commission. Et, pour ce faire, il doit réunir une double majorité formée par les deux tiers des suffrages exprimés et la moitié des membres de l'assemblée (art. III-243). La Commission, qui remplit des tâches éminemment politiques, n'est pas soumise à un contrôle clairement politique de la part des parlementaires. Ces limites laissent une marge de manœuvre immense à ses membres, qui ne sont guère enclins à rendre des comptes. C'est d'ailleurs ce que soulignaient les cinq sages dans le rapport qu'ils ont déposé avant la démission de la Commission Santer : « Il devient difficile de trouver quelqu'un qui ait le moindre sentiment d'être responsable[9]. » En fait, c'est l'ensemble du système institutionnel qui est en crise. Cette crise a inspiré la « Déclaration de Laeken ». Mais la Constitution n'y porte pas remède.

Le Parlement européen, abusivement présenté comme le siège de la souveraineté populaire, n'est qu'une caricature d'institution parlementaire. À regret, un seul constat s'impose : plus on avance dans la construction européenne, plus on recule dans le respect des principes démocratiques.

La Constitution offre-t-elle des garanties pour l'indépendance et la neutralité de la Commission européenne ?

L'évolution démocratique amorcée au XVIIIe siècle a conduit chaque État à organiser en son sein, avec plus ou moins de bonheur, les équilibres nécessaires à ce qu'à toute influence s'oppose une influence contraire afin de privilégier l'intérêt général. Selon la formule célèbre, « il faut que le pouvoir arrête résolument le pouvoir ».

On mesure généralement les progrès de l'intégration européenne au degré d'indépendance conféré aux institutions dites communautaires, c'est-à-dire, principalement, à la Commission européenne. Plus son degré d'autonomie se renforce, plus l'intégration avance, affirme-t-on. Mais on ne prend en compte que l'autonomie de la Commission par rapport aux États membres. On ne s'intéresse jamais à son autonomie par rapport aux groupes de pression. On ne se soucie guère de son rôle comme gardienne de l'intérêt général. Ce rôle est-il effectivement assuré ? L'observation des faits démontre le contraire.

La Constitution proposée affirme que « la Commission promeut l'intérêt général et prend les initiatives appropriées à cette fin » (art. I-25, 1). Elle indique que la Commission « exerce ses responsabilités en pleine indépendance » et que ses membres « ne sollicitent ni n'acceptent d'instructions d'aucun gouvernement ni institution, organe ou organisme » (art. I-25,7).

Or, la démonstration en a été faite, la Commission européenne est actuellement le pouvoir exécutif le plus perméable aux milieux d'affaires, aux groupes de pression patronaux. C'est le bras politique européen des firmes privées et des organismes financiers. Il suffit de comparer – ce que les médias ne font jamais – les propositions de ces milieux avec les propositions de la Commission. Il suffit de relever – ce que les médias ne font presque jamais – les propos que tiennent les commissaires européens lorsqu'ils sont invités à la tribune des groupes de pression patronaux ou lorsqu'ils s'expriment dans des enceintes comme l'OCDE, le FMI, la Banque mondiale ou l'OMC.

Il est difficile de considérer que la Commission « promeut l'intérêt général » quand ses membres s'engagent devant les patrons à suivre leurs recommandations. Il est encore plus difficile de croire à l'indépendance d'une Commission qui sollicite des milieux d'affaires des instructions (voir le chapitre 1).

Étrange indépendance que celle d'une Commission dont les membres entretiennent des liens étroits avec des cercles aussi confidentiels que la Commission trilatérale ou le Groupe Bilderberg, par exemple ! Dans ces clubs fort particuliers se retrouvent les plus puissants hommes d'affaires, des banquiers, un certain nombre de décideurs politiques, quelques universitaires et quelques journalistes réputés pour leur rôle de leaders d'opinion, ainsi que le secrétaire général de l'OTAN ou encore le directeur général de l'OMC. Ils entendent, depuis l'ombre dans laquelle ils se dissimulent, influencer les décisions et diriger le monde. Ils n'hésitent pas à remettre en cause l'ordre démocratique. « Quelque chose doit remplacer les gouvernements et le pouvoir privé me semble l'entité adéquate pour le faire », déclarait au magazine *Newsweek International* du 1er février 1999 David Rockefeller, fondateur du Bilderberg en 1952 et de la Trilatérale en 1973. En 1975, parmi les travaux de doctrine qui ont inspiré l'offensive en faveur de l'État minimum, on trouvait un rapport de la Commission trilatérale intitulé *The Crisis of Democracy*, dans lequel on pouvait lire : « Il y a des limites désirables à l'extension de la démocratie politique. » Ces deux clubs sont les véritables architectes de la mondialisation néolibérale.

L'ancien président de la Commission européenne Romano Prodi a été membre du comité de direction du Groupe Bilderberg, dont une cheville ouvrière est un ancien vice-président de la Commission, le vicomte belge Étienne Davignon, grand liquidateur de la sidérurgie européenne, ancien président de la Société Générale de Belgique, membre du conseil d'administration de très nombreuses sociétés. Deux des membres les plus importants de sa Commission (Lamy et Monti) participaient aux réunions du Bilderberg en 2001 et 2003. Monti avait été membre du comité de direction du Bilderberg de 1983 à 1993. D'autres membres de la Commission Prodi ont participé soit aux travaux de la Trilatérale (Pedro Solbes Mira, Chris Patten), soit à ceux du Groupe Bilderberg (Franz

Fischler, Erikki Liikanen, Gunther Verheugen, Antonio Vitorino). José Manuel Barroso, le nouveau président de la Commission, était un des invités du Groupe Bilderberg en 2003.

La Constitution crée-t-elle une incompatibilité entre la fonction de commissaire européen et la participation aux activités de groupes et de réseaux d'influence délibérant à huis clos sur des projets qui visent à soumettre les États et les peuples à la toute-puissance des firmes privées ? Aucune.

La Constitution représente-t-elle un « pas en avant » social ?

Le secrétaire général de la Confédération européenne des syndicats a déclaré que « la Constitution représente un pas en avant pour les travailleurs[10] ». Se trouve-t-on, avec la partie II de la Constitution, intitulée Charte des droits fondamentaux, devant un cas typique où l'on peut renvoyer tout le monde dos à dos parce que certains disent que la bouteille est à moitié vide, tandis que d'autres affirment qu'elle est à moitié pleine ?

On juge d'un progrès par rapport à un acquis. Quel est notre acquis au moment où cette Constitution nous est proposée ?

Notre acquis est constitué par les textes importants que sont la Déclaration universelle des droits de l'homme, le Pacte international relatif aux droits civils et politiques et le Pacte international relatif aux droits économiques, sociaux et culturels. Notre acquis est également constitué par les textes adoptés dans le cadre de l'Organisation internationale du travail qui résultent de négociations entre les États, les organisations patronales et les organisations syndicales. On pense en particulier aux huit conventions sociales de base. Tous ces textes ont été signés et ratifiés démocratiquement par l'ensemble des États qui faisaient partie de l'Union européenne à la veille de l'élargissement intervenu le 1er mai 2004. Tout aussi importantes sont les dispositions constitutionnelles et légales de chaque État membre de l'Union européenne. C'est par rapport à ce corpus de textes qu'il faut juger si oui ou non un « pas en avant » est franchi avec la Constitution européenne proposée.

Cette Constitution indique (art. I-7) que l'Union européenne adhère à la Convention européenne de sauvegarde des droits de l'homme. Il n'est pas précisé qu'elle adhère à la Déclaration universelle des droits de l'homme, ni au Pacte international relatif aux droits civils et politiques, ni au Pacte international relatif aux droits économiques, sociaux et culturels. La différence ? La Convention européenne ne crée aucun droit collectif ou social, contrairement aux trois autres documents.

La Constitution proposée n'indique pas non plus qu'elle adhère à la Charte sociale européenne, signée à Turin le 18 octobre 1961, ni à la Charte communautaire des droits sociaux fondamentaux des travailleurs de 1989. Elle se contente de mentionner ces documents à titre d'exemples, sans affirmer qu'ils engagent l'Union. En revanche, le texte souligne « la nécessité de maintenir la compétitivité de l'économie » (art. III-103).

La Charte des droits fondamentaux de l'Union, qui devrait énumérer les droits fondamentaux reconnus aux femmes et aux hommes vivant en Europe en ce début de XXIe siècle, porte bien son nom : le terme « charte » désignait, sous l'Ancien Régime, un texte octroyant des droits concédés par les puissants. Ici aussi, les élites offrent aux peuples les droits qu'elles daignent leur reconnaître.

Mais ce qui est plus grave, c'est que non seulement l'intitulé mais également le contenu représentent une catastrophique marche arrière. À bien des égards, la Charte des droits fondamentaux est en retrait par rapport au Pacte international relatif aux droits économiques, sociaux et culturels, adopté en 1966, ratifié par tous les États invités à adopter le projet de Constitution européenne et entré en vigueur en 1976, comme par rapport à un certain nombre de dispositions constitutionnelles et légales existant dans plusieurs pays de l'Union*. D'ailleurs, dans le préambule de cette Charte, il n'est fait aucune référence à la Déclaration universelle des droits de l'homme ni au Pacte international relatif aux droits économiques, sociaux et culturels.

Le droit au travail, c'est-à-dire le devoir pour les pouvoirs publics de garantir ce droit, figure à l'article 6 du Pacte et à l'article 23 de la Déclaration universelle des droits de l'homme, mais également dans la Constitution de la Belgique (art. 23, 1), de l'Espagne (art. 35), de la Finlande (art. 18), de la France (Préambule), du Grand-Duché de Luxembourg (art. 11, 4), de l'Italie (art. 35), de l'Irlande (art. 45, 2), des Pays-Bas (art. 19), du Portugal (art. 58). Dans la Constitution qu'on nous propose, il a disparu ; on l'a remplacé par le « droit de travailler » (art. II-15). Il ne manquerait plus que cela !

D'autres droits acquis de haute lutte dans certains pays européens, tels que le droit à un revenu minimum, le droit à une pension de retraite, le droit aux allocations de chômage, le droit à un logement convenable, l'accès égal pour tous à un certain nombre de services et le droit à apprendre tout au long de la vie, ne figurent nulle part dans cette Constitution, et l'Union européenne n'a donc aucune obligation de bonne fin à cet égard.

Quant au droit à la sécurité et à l'aide sociales et au droit aux soins de santé, déjà consacrés en 1948 par l'article 25 de la Déclaration universelle des droits de l'homme et figurant dans la Constitution de la Belgique (art. 23, 2), de l'Espagne (art. 41 et 43), de la Finlande (art. 19), de la France (Préambule), du Grand-Duché de Luxembourg (art. 11, 5), de l'Italie (art. 38), de l'Irlande (art. 45, 4), des Pays-Bas (art. 20), du Portugal (art. 63 et 64), ils sont actés dans la Constitution proposée, mais au travers des formules vagues qui n'offrent aucune garantie juridique. Ainsi, la Constitution « reconnaît et

* Voir annexe I, p. 223 *sp.*

respecte » (art. II-34) le droit d'accès aux prestations de sécurité sociale et aux services sociaux dans les États où ils existent. Comme pour l'accès aux soins de santé (art. II-35), elle n'impose pas que l'on crée ce droit quand il n'existe pas et n'interdit pas qu'on le réduise ou qu'on le supprime. Le texte renvoie explicitement aux règles établies par le droit de l'Union, règles qui jusqu'ici ont le plus souvent poussé à démanteler les systèmes de protection sociale. La formulation « reconnaît et respecte » est un leurre qui n'engage pas les institutions européennes.

On aurait pu, au regard des quatre dogmes libre-échangistes érigés dans l'article I-4 en « libertés fondamentales de l'Union » (liberté d'établissement et libre circulation des personnes, liberté d'établissement et libre circulation des services, liberté d'établissement et libre circulation des marchandises, liberté d'établissement et libre circulation des capitaux), équilibrer le pouvoir ainsi donné au marché par des droits collectifs. On a fait le choix de les refuser.

On le constate, la régression est nette. Il n'y a aucun « pas en avant », mais de nombreux pas en arrière. Cela n'empêche pas Delanoë et Strauss-Kahn d'affirmer qu'il s'agit de la « déclaration des droits la plus complète et la plus moderne à ce jour, qui consolide des droits sociaux très étendus[11] ».

Pis encore, les législations nationales qui, selon les pays, confèrent ces droits exclus de la Charte ne seront plus protégées, vu l'existence d'une Constitution européenne qui soumet la fonction redistributrice des États membres aux exigences libre-échangistes et monétaristes de l'Union. Les droits fondamentaux s'effacent devant la nécessité de traiter la politique économique comme une « question d'intérêt commun » (art. III-71) dans « le respect du principe d'une économie de marché ouverte où la concurrence est libre » (art. III-70). Un aréopage de technocrates qui n'ont jamais de comptes à rendre aux citoyens est chargé de la bonne exécution de ces dispositions, puisque l'article III-76, 2 indique que « la Commission surveille l'évolution de la situation budgétaire et du montant de la dette publique dans les États membres pour déceler les erreurs manifestes». On peut être certain, avec l'idéologie dont elle a la garde, que la Commission ne manquera pas d'identifier les politiques sociales comme des «erreurs manifestes».

Enfin, toute avancée sociale européenne qui serait proposée dans les domaines de la sécurité sociale, de la protection sociale, de la protection des travailleurs en cas de résiliation du contrat de travail, de la représentation et de la défense collective des travailleurs et des employeurs ainsi que des conditions d'emploi des ressortissants de pays tiers en séjour régulier devrait faire l'objet d'une décision unanime du Conseil des ministres (art. III-104, 1 et 3).

Certains affirment que les limites dans le domaine social sont compensées par le volontarisme du texte en matière d'emploi. C'est encore une fois de la poudre aux yeux : la Constitution proposée souligne que les politiques de l'emploi des États doivent respecter les grandes orientations de politique économique qui sont encadrées par les exigences de l'économie de marché (art. III-98).

Enfin, le champ d'application de la Charte des droits fondamentaux a été limité suite aux exigences des sociaux-démocrates britanniques, ainsi que l'indiquent les dispositions contenues dans les articles II- 51 et II-52 sur la portée et le champ d'application du texte. Le minimum qui se trouve dans cette Charte ne pourra s'appliquer qu'à la législation européenne, pas aux législations nationales.

Dans le préambule de la Charte, un paragraphe a du reste été ajouté, par rapport au texte proclamé lors du sommet de Nice, qui lie la portée de celle-ci à une interprétation restrictive formulée lors de sa rédaction. Il en résulte, par exemple, que cette charte ne pourra pas être invoquée au pays de Thatcher et de Blair pour mettre fin aux possibilités légales existantes de faire travailler des enfants. L'Europe, pour faire quoi ? Convenons, avec Robert Badinter, que « l'Europe sociale ne progresse pas, sauf dans les déclarations[12] ».

Quelques jours après la proclamation de cette Charte au sommet de Nice, Pierre Bourdieu avait adressé par courrier électronique ce commentaire à quelques amis :

> Cette charte est un trompe-l'oeil. Destinée à donner l'illusion d'une préoccupation sociale, elle reste très floue (les droits sociaux garantis sont très vagues et ne concernent que les citoyens européens) ; elle ne s'accompagne d'aucune mesure ou dispositif contraignant. Et cela se comprend aisément. La social-démocratie convertie au néolibéralisme ne souhaite pas cette Europe sociale. Les gouvernements sociaux-démocrates persévèrent dans leur erreur historique : le libéralisme d'abord, le « social » plus tard, c'est-à-dire jamais, parce que la dérégulation sauvage rend toujours plus difficile la construction de l'Europe sociale. Les partis politiques se dépolitisent et contribuent à la dépolitisation. Les syndicats européens affaiblis, tournés vers le compromis ou cyniquement « recentrés », ne peuvent pas, ou ne souhaitent pas (comme en témoigne ce qu'on appelle en France la « refondation sociale »), obtenir autre chose que l'aménagement de la domination néolibérale. La Confédération européenne des syndicats veut accéder à l'Europe sociale par la négociation, et cela dans un rapport de forces très défavorable.
>
> Il en résulte des normes sociales très basses pour des pays développés et des disparités énormes entre les pays. Bref, l'Europe sociale piétine, cependant que l'Europe néolibérale avance à grands pas. L'adoption de la majorité qualifiée dans le domaine de la libéralisation (article 133) accélérera le processus déjà dramatique de remise en cause des États, des services publics, des cultures, etc. Il faut donc donner un coup d'arrêt à ce processus ou, au moins, le ralentir et le limiter en maintenant, au moins pour un temps et à titre défensif, le principe sans doute très ambigu de l'unanimité. Alors que la mondialisation néolibérale s'accélère, l'Europe sociale ne se construira pas sur la base d'une « charte des droits fondamentaux » ni de décisions prises à la majorité qualifiée. C'est pourquoi les syndicats progressistes (ou les fractions progressistes de ces syndicats) et les

mouvements sociaux (en premier lieu le mouvement des chômeurs) de tous les pays doivent s'unir dans un vaste Mouvement social européen qui doit travailler à se doter d'une plate-forme commune de revendications et d'un projet global de construction de l'Europe sociale. Tâche immense, de longue durée, à laquelle tous, chercheurs et militants, doivent contribuer.

Comme l'observe très justement le professeur de droit public Serge Regourd, le projet de Constitution « remet en cause la logique des "droits-créances" qui caractérisent nos systèmes nationaux : les libertés ne sont plus conçues en termes de garanties, ou de prestations à la charge de la collectivité publique et dont celle-ci dit assurer la réalisation au bénéfice des citoyens, mais comme de simples facultés que les individus peuvent éventuellement mettre en œuvre, selon la logique libérale antérieure à l'émergence de l'État-providence. C'est donc bien d'une régression qu'il s'agit[13] ».

La Constitution permet-elle l'existence de services publics ?

Certains présentent comme un immense progrès le fait que la Constitution reconnaîtrait enfin la notion de service public, rebaptisé – jargon européen oblige – service d'intérêt économique général (SIEG). Il s'agit d'une pure mystification.

Qu'est-ce qu'un service public ?

Des droits fondamentaux sont proclamés. Ils garantissent l'égalité. Ils préviennent l'exclusion. Encore faut-il qu'ils puissent être exercés. Proclamer ces droits implique l'obligation pour les pouvoirs publics d'en rendre l'exercice possible. Le droit à l'éducation, à la santé, à la culture, au travail, au logement, à un minimum de moyens d'existence, à l'accès à l'eau, à l'électricité, à des moyens de transport et de communication exige des pouvoirs publics qu'ils en garantissent le service. Proclamer un droit constitue un choix de société : celle-ci s'impose une obligation générale de consacrer les moyens nécessaires au droit égal de tous à un service donné. La notion de service l'emporte dès lors sur celles de rentabilité et de concurrence. La collectivité, gardienne de l'intérêt général, prend en charge les coûts du service rendu à tous. C'est la base du service public tel qu'il a été conçu, avec des variantes, dans plusieurs pays d'Europe au cours du XXe siècle. Il est devenu, au fil du temps, un instrument essentiel de cohésion sociale.

La Commission européenne, vouée au culte de l'État minimum dans un contexte de libre concurrence où la rentabilité est la condition du profit, n'a jamais reconnu la notion de service public. L'expression est bannie du langage eurocratique. On l'a vu, dans la Constitution proposée, cette notion est remplacée (art. II-36, III-6, III-55, III-56) par celle, beaucoup plus ambiguë, de « services d'intérêt économique général » (SIEG). Une nouvelle fois, le texte utilise un vocabulaire qui n'exprime aucun engagement de la part de l'Union européenne : celle-ci « reconnaît et respecte l'accès aux services d'intérêt économique général tel qu'il est prévu par les législations nationales » (art. II-36).

Mais qu'est-ce qu'un SIEG ? Il n'y a aucune définition dans la Constitution proposée. Aucun chapitre spécifique ne lui est consacré. Il faut consulter des documents de la Commission européenne pour en obtenir une. En fait, la Commission a semé la confusion en créant l'expression « service d'intérêt général » (SIG). Beaucoup ont pensé qu'il s'agissait d'une notion plus proche de celle de service public, puisque la référence économique était absente. C'est une erreur. La Commission a publié en septembre 2000 une « Communication sur les SIG », en mai 2003 un « Livre vert sur les SIG », et, début 2004, en conclusion du débat provoqué par ces documents, un livre blanc sur le même sujet[14]. Dans ces trois publications, la Commission indique que la notion de SIG recouvre à la fois les services marchands et non marchands, tandis que le concept de SIEG concerne les services de nature économique auxquels les États imposent des missions de service public : transports, poste, énergie, communications, par exemple. Alors que la notion de SIG ne se trouve dans aucun traité, qu'elle n'est pas davantage inscrite dans la Constitution proposée, en publiant un livre blanc sur le sujet, la Commission montre, une fois de plus, qu'elle entend sortir du cadre des traités. À quoi bon, dès lors, une Constitution qui ne protège pas contre les abus de pouvoir d'une institution sans responsabilité devant les citoyens ?

Il ressort de ces documents de la Commission qu'une intervention des pouvoirs publics n'entrera dans le cadre d'un SIEG que si la preuve est apportée que le marché ne rend pas le service attendu et pourvu que le SIEG ainsi autorisé respecte les règles de la concurrence.

Jusqu'à quel point peut-on concilier les lois du marché avec l'obligation de service ? Sur cette question cardinale, la Constitution proposée répond : « Les entreprises chargées de la gestion de services d'intérêt économique général ou présentant le caractère d'un monopole fiscal sont soumises aux dispositions de la Constitution, notamment aux règles de concurrence, dans les limites où l'application de ces règles ne fait pas échec à l'accomplissement en droit ou en fait de la mission particulière qui leur a été impartie » (art. III-55). Après avoir fourni la liste des aides publiques qui sont compatibles avec la Constitution (art. III-56), liste qui ne mentionne ni les services publics, ni les services d'intérêt économique général, la Constitution indique que les aides qui s'appliquent aux transports sont compatibles avec la Constitution (art. III-136). Une nouvelle fois, elle présente des dispositions contradictoires qui laissent tout loisir au juge d'interpréter.

La Constitution (art. III-6) confie à une loi européenne le soin de définir les principes et les critères économiques et financiers du fonctionnement de ces « services d'intérêt économique général ». Contrairement à ce qu'affirme Olivier

Duhamel[15], cela ne représente en aucune façon une garantie, quand on sait que le rédacteur initial de cette loi sera la Commission européenne, dont on connaît l'acharnement en matière de démantèlement des services publics, dans l'espace européen comme à l'OMC. Faire en outre de la Commission européenne la gardienne du respect de cette loi représente une menace supplémentaire pour les services publics compte tenu des considérations développées à propos des SIG.

On vient de le voir, bien loin de ce que sous-entendent les Delanoë, Duhamel, Lipietz et Strauss-Kahn[16], le « service d'intérêt économique général » n'est pas ce qu'il est convenu d'appeler le service public. La Constitution proposée ne reconnaît pas ce dernier et ne le protège pas. Elle met en place les mécanismes permettant de le détruire.

La Constitution offre-t-elle la garantie de pouvoir mettre en œuvre une politique étrangère et de défense européenne ?

La tragédie du peuple palestinien, la guerre du Kosovo, l'invasion de l'Irak et même le minuscule différend entre le Maroc et l'Espagne autour de la souveraineté d'une petite île ont illustré, jusqu'à la caricature, l'incapacité de l'Union européenne à intervenir comme acteur décisif dans des questions de politique étrangère.

L'Union européenne est d'une passivité affligeante en face de drames qui requièrent pourtant une action si les valeurs qu'elle proclame ont un sens. Non pas l'action d'une puissance impériale, mais celle d'un gardien du droit international. Ce qui pose la question d'une capacité européenne autonome.

Or la Constitution proposée prend exactement le chemin inverse. Elle conforte la subordination des pays européens et de l'Union européenne à la politique des États-Unis, pays qui exerce le contrôle politique et militaire de l'OTAN.

La Constitution proposée précise que la politique de sécurité et de défense commune de l'Union européenne « respecte les obligations découlant du traité de l'Atlantique Nord pour certains États membres qui considèrent que leur défense commune est réalisée dans le cadre de l'OTAN ». Le texte indique que cette politique de sécurité et de défense commune est « compatible avec la politique commune de sécurité et de défense arrêtée dans le cadre de l'OTAN » (art. I-40, 2). Il ajoute que « les engagements et la coopération demeurent conformes aux engagements souscrits au sein de l'OTAN qui reste, pour les États qui en sont membres, le fondement de leur défense collective et l'instance de sa mise en œuvre » (art. I-40, 7).

En matière de capacités militaires, la Constitution ne parle pas de celles de l'Union, mais de celles de chaque État : « Les États s'engagent à améliorer progressivement leurs capacités militaires » (art. I-40, 3). Ce qui laisse la porte grande ouverte aux interventions du complexe militaro-industriel dans les États européens où il existe, mais facilite également l'accès du complexe militaro-industriel américain aux contrats nationaux d'acquisition de matériel de guerre.

La Constitution proposée renforce le projet de zone atlantique commune. Comme l'écrit un partisan du texte, « cette Constitution consacre le triomphe politique de la Grande-Bretagne puisqu'elle aboutit à [...] une Europe dans laquelle le Royaume-Uni serait à la fois le pivot politique parce qu'il en aurait fixé les règles et les limites, et la charnière avec les États-Unis, dont il est le voisin et parent. Dans l'Euramérique qui se profile, l'Angleterre tient un rôle central[17] ».

La Constitution protège-t-elle les Européens contre la mondialisation néolibérale ?

La Constitution proposée s'inscrit dans le courant néolibéral mondial appelé mondialisation néolibérale ou globalisation. Par définition, le néolibéralisme tend à réduire les fonctions de l'État à des activités sécuritaires. Conformément à cette doctrine politique, la Constitution (art. I-5, 1) « respecte les fonctions essentielles de l'État, notamment celles qui ont pour objet d'assurer son intégrité territoriale, de maintenir l'ordre public et de sauvegarder la sécurité nationale ». Nulle trace de fonctions opératrices, régulatrices ou redistributrices dans ce catéchisme néolibéral.

On ne s'étonnera donc pas que la Constitution proposée soit particulièrement restrictive dès lors qu'il s'agit de l'intégration européenne dans les domaines fiscaux et sociaux. Les dispositions qui permettraient d'harmoniser la fiscalité directe ou l'impôt sur les sociétés, de lutter contre la fraude et l'évasion fiscales, contre le blanchiment d'argent ou d'empêcher le dumping fiscal ne pourront être adoptées que si tous les États sont d'accord. De même, les mesures favorisant l'intégration de politiques sociales ainsi que les décisions de nature à éviter le dumping social exigeront l'accord unanime (art. III-62 et III-104). En revanche, les dispositions destinées à concrétiser les quatre « libertés fondamentales de l'Union européenne » liées à la liberté d'établissement et de circulation pourront être décidées à la majorité. La Constitution proposée s'inscrit ainsi dans le droit fil des textes fondateurs de la mondialisation néolibérale arrêtés au sein de l'OCDE, du FMI, de la Banque mondiale et de l'OMC.

Daniel Cohn-Bendit et Alain Lipietz, députés européens (Verts), rejoignant le social-démocrate Pascal Lamy, proclament en chœur que « l'Union européenne, c'est la première réponse à la faillite de l'OMC[18] ». Ils ajoutent que le choix n'est pas entre la Constitution proposée et un texte idéal, mais entre cette Constitution et les traités existants tels qu'ils sont compilés dans celui de Nice.

Or le chapitre consacré à la politique commerciale commune (art. III-216 et III-217) confirme les orientations des traités antérieurs. Il ne les corrige pas, loin s'en faut. Contrairement à ce qu'affirment les libéraux de gauche, la Constitution proposée met les peuples d'Europe en état d'être complètement soumis aux accords de l'Organisation mondiale du commerce et aux choix fondamentaux de société qu'ils comportent.

Pire : l'article I-11 de la Constitution proposée précise que « lorsque la Constitution attribue une compétence exclusive dans un domaine déterminé, seule l'Union peut légiférer et adopter des actes juridiquement obligatoires ». Et l'article I-12 classe la politique commerciale commune dans le domaine des compétences exclusives. Les Parlements nationaux sont donc totalement dépouillés de la moindre capacité d'influencer les accords commerciaux internationaux, dont on sait qu'ils sont décisifs pour la manière dont nos vies sont régentées.

La Constitution proposée soumet bien les peuples européens à une Union européenne qui adhère pleinement aux objectifs de la mondialisation néolibérale. Elle consacre la prééminence des objectifs commerciaux, économiques et financiers sur les autres aspects de la vie en société, tout en privant l'Union des pouvoirs qui lui permettraient d'agir dans des secteurs aussi importants que le contrôle et la taxation des mouvements de capitaux (art. III-45).

En fait, avec cette Constitution (art. III-217), toutes les matières gérées par l'OMC et celles qu'on y ajoutera seront traitées à la majorité qualifiée au sein des institutions européennes, à l'exception des services sociaux, de santé et d'éducation. Les droits de propriété intellectuelle et l'investissement étranger direct feront également l'objet de décisions prises à l'unanimité lorsque celle-ci est requise pour l'adoption des règles européennes (art. III-217, 4). Si l'unanimité reste également requise pour la culture et les services audiovisuels, cette garantie est désormais conditionnée par la nécessité de prouver qu'il y a menace pour la diversité ; en l'absence d'une telle preuve, la décision se prendra à la majorité[19]. En dehors de ces cinq exceptions, un État seul ne pourra plus empêcher une décision si elle recueille la majorité. Il faut signaler que le projet de Constitution issu de la Convention, projet résolument soutenu par les Lipietz et les Strauss-Kahn, avait, à la demande de la Commission, abandonné l'exigence d'unanimité pour les services sociaux, de santé et d'éducation, exigence qui se trouvait dans le traité de Nice. C'est sur l'insistance de la Finlande et de la Suède que cette exigence a été rétablie par la CIG.

Le processus de prise de décision est inchangé. Le Comité 133 est maintenu. Il sera sans doute rebaptisé par son nouveau numéro (provisoirement 217). Dans le secret des délibérations, à partir de documents qu'aucun parlementaire national ou européen n'a le droit de consulter, des hauts fonctionnaires de la Commission et des États membres, c'est-à-dire des personnes qui n'ont aucune responsabilité devant les citoyens, vont continuer à procéder à des choix de société fondamentaux.

La Commission européenne, dont les pouvoirs sont ainsi considérablement renforcés, va être en mesure de mieux répondre encore aux attentes des milieux d'affaires, par exemple en favorisant l'expansion des organismes génétiquement modifiés, en poussant davantage les négociations à l'OMC dans le sens de la libéralisation des investissements, du renforcement des droits de propriété intellectuelle sur les espèces vivantes et sur les médicaments ou de la privatisation des services.

L'article III-216, consacré à la politique commerciale commune, constitue un exemple spectaculaire de l'orientation idéologique de ce projet de Constitution, puisqu'il assigne à l'Union « la suppression des restrictions aux investissements étrangers directs ». Or, au même moment, la Banque mondiale reconnaît, à partir d'une étude portant sur les investissements dans 31 pays au cours des vingt dernières années, que la libéralisation du régime de ceux-ci ne provoque pas pour autant leur augmentation[20]. Mais tel n'est pas le but de cette orientation. Les auteurs de la Constitution proposée ont simplement répondu là à une demande des milieux d'affaires, qui voudraient ne plus avoir à tenir compte des législations fiscales, sociales et environnementales des pays où ils investissent, législations considérées comme des restrictions à leurs activités. En conséquence, adopter cette disposition de la Constitution signifie donner le feu vert au retour de l'Accord multilatéral sur l'investissement (AMI), rejeté en 1998.

Les effets conjugués des articles I-12 (compétences exclusives de l'Union dans la quasi-totalité des matières liées au commerce international), III-6 (services d'intérêt économique général), III-68 (droits de propriété intellectuelle), III-216 et III-217 (politique commerciale commune) fournissent pleinement et durablement les moyens d'imposer les accords de l'OMC aux peuples d'Europe.

Ce projet de Constitution ne protège donc pas contre la globalisation, il nous y soumet.

Comment pourra-t-on modifier la Constitution dans l'avenir ?

Les partisans de la Constitution proposée s'efforcent de la présenter comme un document acceptable et flexible en mettant en avant les changements qu'ils affirment pouvoir y apporter. D'aucuns annoncent une Europe sociale qu'ils n'ont pas réalisée lorsqu'ils disposaient des majorités politiques nécessaires ; d'autres promettent des amendements substantiels à la troisième partie de la Constitution, voire de la supprimer du texte.

Que valent de telles promesses en forme d'appâts ? Souvenons-nous de l'attrape-nigaud lancé par Jacques Delors : « Acceptez Maastricht et nous ferons l'Europe sociale tout de suite après. » On attend encore et toujours.

En fait, ils nous mentent et ils nous trompent. Parce qu'ils savent que ce n'est pas possible. La Constitution européenne proposée va présenter une caractéristique unique au monde : sa modification va requérir l'unanimité. C'est ce que précise l'article IV-7, 3 : « Les amendements entrent en vigueur après avoir été ratifiés par tous les États membres » au terme d'une procédure très lourde qui comporte la réunion d'une convention suivie des travaux d'une conférence intergouvernementale. Un seul État pourra s'opposer à toute modification. Il sera plus aisé de modifier la Constitution des États-Unis que celle de l'Union européenne.

Certains affirment que l'unanimité est de règle en droit international[21]. Mais, alors, cessons de parler de Constitution et cessons de conférer à un traité un statut et des pouvoirs de nature constitutionnelle.

Les partisans de la Constitution proposée avancent aussi que la technique de la « clause passerelle » permettra de modifier facilement la Constitution. Delanoë et Strauss-Kahn vont même jusqu'à affirmer qu'il s'agit d'une « innovation clé qui donne à ce traité une capacité d'évolution supérieure à ses prédécesseurs[22] ». Il s'agit en fait d'une procédure simplifiée de révision de la Constitution prévue par les articles IV-7 bis et IV-7 ter. Dans les matières où la Constitution prévoit que les décisions doivent être prises à l'unanimité du Conseil des ministres, le Conseil européen (les chefs d'État et de gouvernement) pourra décider, sans avoir recours à la procédure prévue de révision, de procéder à des modifications. Mais ce que les laudateurs de cette procédure passent sous silence, c'est que les chefs d'État et de gouvernement devront être unanimes, et ensuite que les modifications devront être ratifiées par tous les États membres.

Misant sur l'inintelligibilité des textes et la complexité des procédures, les mêmes veulent faire croire que « ce traité est un point de départ, en aucun cas un point d'arrivée », et laissent entendre qu'une voie royale est ouverte aux changements par les coopérations renforcées. Il s'agit d'une procédure introduite dans le traité d'Amsterdam et précisée dans celui de Nice. Elle est confirmée dans la Constitution proposée. Les États qui le souhaitent – le nombre minimum n'est pas indiqué, alors que le traité de Nice le fixait à huit – peuvent décider d'une intégration plus poussée dans des politiques de leur choix, comme l'espace Schengen ou la zone euro en fournissent des exemples.

Mais cette faculté est encadrée par d'importantes limites qui interdisent de présenter cette procédure comme un argument pour surmonter et accepter les insuffisances de la Constitution proposée.

Première limite : ces coopérations renforcées ne peuvent être envisagées que dans des domaines visés par la Constitution qui n'entrent pas dans le cadre des compétences exclusives de l'Union (art. III-325). Les compétences exclusives de l'Union sont composées des matières où seule l'Union peut légiférer (art. I-11, 1). Ce qui exclut toute coopération renforcée en ce qui concerne l'union douanière, les règles de concurrence dans le marché intérieur, la politique monétaire dans la zone euro, la conservation des ressources biologiques de la mer et la politique commerciale commune. En outre, l'Union dispose d'une compétence exclusive « pour la conclusion d'un accord international lorsque cette conclusion est prévue dans un acte législatif de l'Union ou qu'elle est nécessaire pour lui permettre d'exercer sa compétence interne, ou dans la mesure où elle est susceptible d'affecter des règles communes ou d'en altérer la portée » (art. I-12, 2).

Deuxième limite : l'article III-322 précise que ces coopérations renforcées « ne peuvent porter atteinte au marché intérieur, ni à la cohésion économique, sociale et territoriale. Elles ne peuvent constituer ni une entrave ni une discrimination aux échanges entre les États membres, ni provoquer de distorsions de concurrence entre ceux-ci ». Si, par exemple, quelques États, considérant que l'eau appartient au patrimoine commun de l'humanité et que l'accès à l'eau potable est un droit fondamental pour tous, veulent adopter une disposition commune faisant obligation aux pouvoirs publics de permettre l'exercice de ce droit, il ne fait aucun doute qu'une telle disposition sera immédiatement qualifiée de distorsion à la concurrence. Elle ne pourra dès lors faire l'objet d'une coopération renforcée.

Une troisième limite est imposée par le pouvoir accordé à la Commission européenne d'apprécier la demande des États de développer une coopération renforcée dans un domaine donné (art. III-325, 1). Quand on se rappelle les orientations nettement néolibérales de la Commission, on est en droit de craindre que toute initiative renforçant un tant soit peu les pouvoirs publics sera d'emblée écartée.

Quatrième limite formulée in fine de l'article III-325, 2 : « L'autorisation de procéder à une coopération renforcée est accordée par une décision européenne du Conseil, statuant à l'unanimité. » Il faudra donc que les États qui ne veulent pas procéder à une intégration plus poussée dans un domaine donné autorisent ceux qui l'envisagent à aller de l'avant. On imagine mal des gouvernements conservateurs accorder leur feu vert à des gouvernements progressistes.

La procédure des coopérations renforcées n'offre en rien un espoir sérieux de modifier le texte selon les procédures classiques de révision d'une Constitution.

Les Verts, prétendument voués à des pratiques politiques nouvelles, se sont ingéniés à brouiller encore un peu plus les cartes et ont ajouté à la confusion des idées en prétendant qu'il était possible d'approuver telle partie du traité constitutionnel tout en rejetant telle autre[23].

Pour qui s'en tient au texte, il ne fait aucun doute que la Constitution proposée est un tout à accepter ou à refuser en bloc sans espoir de pouvoir y apporter des modifications dans un avenir prévisible. Cette Constitution ferme l'avenir. Le nôtre et celui de nos enfants. Elle nous livre pieds et poings liés au monde des affaires et de la finance. Une coalition momentanée de gouvernements conservateurs et de libéraux de droite et de gauche impose aux peuples d'Europe et à leurs descendants un modèle de société qui incarne la victoire de l'idéologie marchande.

Dans l'article 28 de la Déclaration des droits de l'homme et du citoyen de l'An I de la République française (1793), les fondateurs de la République avaient eu la sagesse et la modestie d'inscrire une disposition qui fait cruellement défaut aujourd'hui : « Un peuple a toujours le droit de revoir, de réformer et de changer sa Constitution. Une génération ne peut assujettir à ses lois les générations futures. »

Par rapport aux traités actuels, en quoi la Constitution apporte-t-elle des éléments positifs ?

Pour ceux qui considèrent la construction européenne comme une fin en soi (« Tout ce qui permet de faire avancer l'Europe, j'y suis favorable[24] », a dit Martine Aubry), le texte proposé contient des « avancées indéniables[25] » (Annick Lepetit, porte-parole du PS) : il réunit en un seul document les cinq traités en vigueur ; le statut du traité a valeur constitutionnelle et s'inscrit au niveau le plus élevé de la hiérarchie des normes en Europe ; la Charte des droits fondamentaux, proclamée sans statut juridique lors du sommet de Nice, y est intégrée ; la présidence de l'Union est assurée d'une plus grande visibilité et d'une certaine stabilité ; l'Union européenne se voit dotée de la personnalité juridique ; la Commission européenne est en capacité de poursuivre son action.

Mais fallait-il, pour réaliser de tels objectifs, « sanctuariser cette règle de l'unanimité tout à la fois antidémocratique et terreau de l'impuissance[26] » (Balligand, Migaud, Valls, députés PS) ? Fallait-il lui donner avec autant de force une orientation idéologique aussi marquée ? La version consolidée des traités réalisée après l'adoption de nouvelles dispositions offre un état complet et unique de l'ensemble des accords intergouvernementaux. La prééminence du droit européen figure déjà dans les textes existants. Conférer une valeur juridique à la Charte des droits fondamentaux et doter l'Union européenne de la personnalité juridique pouvait se faire par un simple traité, de même que les adaptations apportées afin de permettre le fonctionnement des institutions de l'Union élargie.

Pour ceux qui ne veulent considérer que les améliorations par rapport aux traités existants en considérant que le texte reste améliorable et qu'il ne représente qu'une étape, on a vu (dans la sous-partie précédente) que cette interprétation est totalement erronée. Comme l'observe Jean-Paul Fitoussi, « le propre de la démocratie est de rendre les choix politiques réversibles[27] ». Quand M. Giscard d'Estaing affirme que cette Constitution sera en place « pour cinquante ans », on peut lui faire confiance ! Et pourtant trois personnalités socialistes, qui avaient déclaré être « préoccupé[e]s par le peu de marge prévue dans la Constitution pour permettre à l'avenir d'en améliorer le contenu », appellent aujourd'hui à la soutenir[28]. Si rien ne peut être changé dans les orientations idéologiques et politiques de cette Constitution, si ces orientations s'imposent dans le droit national des États membres, alors les élections nationales perdent tout leur sens. Les citoyens se voient dépossédés de leurs droits politiques les plus fondamentaux.

Quelles seraient les conséquences du rejet de la Constitution proposée ?

L'article IV-8 de la Constitution établit que :

« 1. Le présent traité sera ratifié par les Hautes Parties Contractantes, conformément à leurs règles constitutionnelles respectives. Les instruments de ratification seront déposés auprès du gouvernement de la République italienne.

2. Le présent traité entrera en vigueur le 1er novembre 2006, à condition que tous les instruments de ratification aient été déposés ou, à défaut, le premier jour du deuxième mois sui-

vant le dépôt de l'instrument de ratification de l'État signataire qui procédera le dernier à cette formalité.»

Il faut donc que les 25 États ratifient le texte proposé pour qu'il entre en vigueur. Le rejet par un seul entraînera en théorie le rejet du texte. Mais les 25 gouvernements ont adopté une déclaration annexée à la Constitution par laquelle ils indiquent que, «si à l'issue d'un délai de deux ans à compter de la signature du traité établissant la Constitution, les quatre cinquièmes des États membres ont ratifié ledit traité et qu'un ou plusieurs États membres ont rencontré des difficultés pour procéder à ladite ratification, le Conseil européen se saisira de l'affaire[29]».

Ce qui signifie que si, fin octobre 2006, la Constitution a été ratifiée par 20 pays, le sort de ce texte dépendra du type de pays qui l'a refusé. Or la manière dont les gouvernements ont traité le peuple danois (rejet du traité de Maastricht) et le peuple irlandais (rejet du traité de Nice) lorsque ceux-ci ont refusé par référendum un traité européen fournit une indication très claire sur le respect tout relatif témoigné à l'égard de la volonté populaire lorsqu'elle contrarie les projets inspirés par le monde des affaires. Le vote alors perd sa vertu de décision sans appel et les peuples récalcitrants sont invités à recommencer jusqu'à ce qu'ils votent comme il convient au patronat et à ses relais politiques.

Ce qui s'est avéré possible avec des petits pays serait sans nul doute impossible s'il s'agissait de l'Allemagne, de l'Espagne, de la France, de la Grande-Bretagne, de l'Italie, tout simplement parce que ces pays cumulent les atouts de la superficie, de la population et du poids économique. Un refus polonais pèserait lourd, lui aussi, dans la mesure où ce pays symbolise la réunification de l'Europe.

Un gouvernement qui a adopté le projet de Constitution peut compter sur le soutien de sa majorité parlementaire. Dès lors, chaque fois que la ratification passera par la procédure parlementaire, il ne fait aucun doute que la Constitution sera ratifiée. Le parlementarisme des pays européens n'offre pas aux élus l'indépendance qui leur est reconnue aux États-Unis, où il arrive que le Congrès refuse de ratifier un traité négocié par l'exécutif.

L'éventualité d'un rejet ne peut dès lors venir que du peuple lui-même lorsqu'un référendum lui accorde la possibilité de choisir.

Le Danemark, l'Irlande, le Luxembourg et le Portugal ont décidé d'organiser un référendum. Mais on vient de voir que si les peuples de ces pays et eux seuls rejettent la Constitution, le Conseil européen trouvera une solution en vertu de la déclaration annexée à la Constitution. En revanche, les référendums annoncés en Espagne, en France et en Grande-Bretagne auront un impact déterminant.

Un rejet britannique ne suffirait pas à remettre en cause le contenu de la Constitution. L'hostilité des habitants du Royaume-Uni (qui ne fait partie ni de la zone euro, ni de l'espace Schengen) au principe de l'intégration européenne serait avancée comme la motivation principale du rejet. C'est le statut de la Grande-Bretagne dans l'Union européenne qui ferait alors débat. En revanche, un rejet espagnol ou français, surtout s'il n'est pas isolé et s'il ne peut s'expliquer simplement par des motivations nationalistes, souverainistes ou eurosceptiques, ouvrirait une crise sérieuse.

Ce ne serait pas la catastrophe déjà annoncée par les partisans de la Constitution, qui vont user de ce chantage à la peur. Contrairement à ce qu'ils laissent entendre, l'alternative n'est pas entre la Constitution et le chaos. Si la Constitution est rejetée, les textes en vigueur demeurent d'application et assurent ainsi la continuité. Et il est important de souligner que cela ne présente aucun dommage. En effet, en ce qui concerne l'emploi (art. III-97 à III-102), la politique sociale (art. III-103 à III-115), la cohésion économique, sociale et territoriale (art. III-116 à III-120), l'agriculture et la pêche (art. III-121 à III-128), l'environnement (art. III-129 à III-131), la protection des consommateurs (art. III-132), les transports (art. III-133 à III-143), les réseaux transeuropéens (art. III-144 et III-145), la recherche, le développement technologique et l'espace (art. III-146 à III-156), la santé publique (art. III-179), l'industrie (art. III-180), la culture (art. III-181), le tourisme (art. III-181 bis), l'éducation, la jeunesse, le sport et la formation professionnelle (art. III-182 et III-183), aucune modification, donc aucune amélioration n'est apportée par rapport aux dispositions actuellement en vigueur. Repousser la Constitution proposée n'affectera en rien les politiques actuelles de l'Union européenne en ces matières.

Certains disent : « Si ce n'est pas la Constitution, c'est le retour à cet horrible traité de Nice », c'est-à-dire au traité actuellement en vigueur. Ils oublient qu'ils sont eux-mêmes à l'origine de ce traité. Ils oublient qu'à l'issue du sommet de Nice la présidence française (Chirac-Jospin) avait alors célébré les résultats obtenus. La ministre française de la Justice de l'époque, la social-démocrate Élisabeth Guigou, n'avait pas de mots assez durs pour ceux qui osaient critiquer les résultats de Nice, et traitait par le mépris ceux qui, à cette occasion, déploraient le manque de lisibilité des textes[30]. On peut toujours se poser la question suivante : si le traité de Nice est à ce point mauvais, pourquoi ceux-là mêmes qui le caricaturent ainsi ont-ils demandé qu'il soit ratifié ?

Une fois cette Constitution rejetée, l'avenir serait de nouveau ouvert. Tous les spécialistes du processus d'intégration européenne sont d'accord : ce processus n'avance qu'à coups de crises. Aujourd'hui, une crise est indispensable pour rééquilibrer l'ensemble. Rejeter la Constitution proposée provoquera cette crise. Ce qui obligera les élus et les gouvernements à reprendre le travail. Le choc provoqué par un tel rejet forcera au respect de procédures conformes aux exigences démocratiques pour l'élaboration d'une authentique Constitution consacrant avec une égale intensité les conditions de la liberté et de la solidarité.

PROTÉGEONS L'AVENIR

Alors que tout projet de Constitution devrait garantir le plus haut niveau de démocratie possible préalablement à toute extension des pouvoirs de l'Union, celui qu'on nous a concocté étend les pouvoirs de l'Union sans avoir satisfait les exigences de base de la démocratie. Il consacre une formidable régression de la démocratie en Europe ; les démocraties nationales sont dépouillées de leurs pouvoirs au profit d'un dispositif institutionnel qui n'offre pas les conditions de base du fonctionnement démocratique : on ne trouve pas, au niveau européen, un pouvoir exécutif clairement identifié, aux attributions précisément définies, qui serait issu de la volonté exprimée lors d'élections régulières et soumis au contrôle d'une institution parlementaire dotée de tous les pouvoirs qui lui reviennent dans une démocratie représentative classique.

Ce texte empêche toute création d'une gouvernance économique de l'Union européenne ; il consacre les blocages de l'Europe sociale ; de même, il bloque l'Europe fiscale ; c'en est fini de l'espoir de mettre fin au dumping social, fiscal et environnemental entre Européens, de l'espoir d'équilibrer l'intégration commerciale, économique et financière par une intégration fiscale, sociale et environnementale ; cette espérance-là est renvoyée à cinquante ans au moins ! Comme l'observe Jean-Paul Fitoussi, qu'on ne peut quand même pas ranger parmi les « gauchistes aigres-doux[31] », « le projet de Constitution européenne ne contient pas le début d'une amorce de changement des principes qui régissent le gouvernement économique de l'Europe[32] ».

Ce texte traduit un recul impressionnant des droits collectifs par rapport aux documents internationaux fondamentaux ainsi que par rapport aux Constitutions et lois de plusieurs États membres. Il remet en cause le fruit d'innombrables luttes sociales dans la plupart des pays d'Europe où elles se sont développées au XIXe et au XXe siècle.

Ainsi l'on peut, sans exagération aucune, affirmer que la boucle est bouclée. Cette Constitution achève le projet inavouable, entamé en 1957, de revenir sur plus de 200 ans de conquêtes politiques et sociales, par le haut, en construisant au-dessus des États une autorité qui s'impose à eux, qui réduit les acquis démocratiques et détruit les progrès sociaux. La technique utilisée, avec l'OMC, pour mettre le monde sous la coupe des firmes transnationales est reproduite ici pour ramener l'Europe, cette fois pacifiée, au XIXe siècle libéral.

Et, de nouveau, cette « restauration conservatrice » annoncée par Pierre Bourdieu se fait avec la complicité d'une majorité écrasante de sociaux-démocrates. Les votes intervenus au Parlement européen sur le projet de Constitution – à partir d'une résolution conjointement préparée par les chrétiens-démocrates et les sociaux-démocrates – ne souffrent aucune ambiguïté : une toute petite minorité de socialistes s'est opposée à ce texte[33]. Bien des élus de gauche conviennent qu'il est loin d'être satisfaisant, mais demandent néanmoins de l'approuver.

Essayant laborieusement de trouver des points positifs dans ce texte, ils invoquent « l'esquisse d'une gouvernance économique et sociale[34] ». Bref, ils demandent aux citoyens de se contenter d'une esquisse pour prix d'une consolidation effective et immédiate du libéralisme. Qu'un Dominique Strauss-Kahn déclare : « Je n'imagine pas le "non" possible[35] » indique, une fois de plus, que la construction européenne est le révélateur de l'abandon des plus faibles par ceux qui prétendent les défendre. Une fois de plus, comme l'avait fait Jacques Delors avant la ratification du traité de Maastricht, les sociaux-démocrates demandent en substance : « Dites oui et on se remettra au travail tout de suite sur l'Europe sociale. » En langage commun, cela s'appelle faire prendre des vessies pour des lanternes.

D'autres affirment : « Le texte a le mérite d'exister, donc il faut l'approuver. » C'est considérer une fois de plus la construction européenne comme une fin en soi, sans se soucier du modèle de société qu'elle impose à tous.

Il faut s'opposer à ce que le professeur de science politique Paul Alliès appelle très justement une « dictature bienveillante de techniciens et de bureaucrates où le législateur ne peut agir sur l'économie[36] ». « Cette Constitution européenne est dangereuse[37] », constate Georges Debunne, ancien secrétaire général de la Fédération générale du travail de Belgique (FGTB) et ancien président de la Confédération européenne des syndicats. Au sein même de la social-démocratie comme au sein des Verts, des voix s'élèvent pour s'opposer à un texte présenté comme une « catastrophe[38] ».

Puisque les classes dirigeantes veulent à toute force imposer leurs choix, seule une crise provoquée par un rejet de cette Constitution, pour des motifs de fond et non pour des questions de répartition d'influences, les obligera à prendre en considération d'autres aspirations que celles du profit. Une Constitution est un texte beaucoup trop important pour être entaché de compromis médiocres. Une Constitution ne peut pas consacrer la victoire d'un projet partisan, le triomphe d'une partie de la société contre une autre. Il vaut mieux pas de Constitution qu'une mauvaise Constitution. Il faut avoir le courage d'acter les insuffisances du texte et de convenir que l'heure n'est pas encore venue d'aboutir ensemble à un texte de cette importance.

L'aspiration massive (« 72 % des Français sont favorables à l'adoption d'une Constitution européenne[39] ») à voir l'Union dotée d'une Constitution dont ils auront approuvé eux-mêmes les dispositions montre à quel point les citoyennes et les citoyens méritent mieux, beaucoup mieux, que ce qui leur est aujourd'hui proposé.

« Il n'y a pas d'alternative », affirme, à droite, Giscard d'Estaing. « Il n'y a pas de solution de rechange », disent d'autres, à gauche, avouant ainsi leur déchéance. Ils oublient, comme le rappelle si justement Jean-Paul Fitoussi, qu'« une solution n'est démocratique que si elle est critiquable » et que de telles expressions « n'appartiennent tout simplement pas au vocabulaire de la démocratie »[40].

Nous avons reçu de nos pères un certain degré de démocratie politique, économique et sociale. Ne faisons pas en sorte que nos enfants nous demandent un jour pourquoi nous y avons renoncé.

4

L'Union européenne à l'Organisation mondiale du commerce

Le vrai visage de l'Europe

Novembre 2001. Je suis à Doha, capitale du Qatar, le pays choisi pour être le siège de la IVe conférence ministérielle de l'OMC. La conférence se termine. Devant la résistance persistante d'un grand nombre de pays du Sud qui refusent les propositions américano-européennes, elle a été prolongée d'un jour. Et surtout d'une nuit. Rompus aux marathons nocturnes, les négociateurs européens comptent sur cette épreuve physique pour achever de faire fléchir leurs interlocuteurs, déjà écrasés par les promesses et les menaces mises sur la table.

Je m'informe des résultats de cette nuit de tous les dangers quand je croise Martin Khor. C'est le directeur de Third World Network, le plus rigoureux et le plus influent des réseaux hostiles à la globalisation. Nous nous connaissons depuis une réunion de l'International Forum on Globalisation (IFG), à Sauve, dans le Gard, chez Agnès Bertrand[1]. L'IFG, c'est le réseau des réseaux, que le journaliste Hervé Kempf a très justement baptisé *internationale citoyenne*. Martin et moi, nous nous rencontrons régulièrement à Genève où son organisation, basée en Malaisie, dispose d'une importante antenne. L'URFIG traduit souvent ses remarquables analyses. Il me confie :

> Qu'est-ce que vous pouvez être hypocrites, vous, Européens ! Vous parlez tout le temps d'humanisme, de démocratie, de solidarité, mais à la table des négociations vous pratiquez la même arrogance, la même intransigeance et surtout la même injustice que les Américains.

Quel est, aujourd'hui, le visage de l'Europe dans le monde ? Quel regard portent les autres peuples sur ce que Valéry appelait « une étroite presqu'île, qui ne figure sur le globe que comme appendice de l'Asie » ?

Je viens de passer à peu près quinze ans à voyager, à travailler et à vivre dans l'hémisphère Sud. J'ai vu ce qu'y fait l'Union européenne, les positions qu'elle adopte, les projets qu'elle porte. J'ai pu observer aussi le comportement de ceux qui nous représentent dans ces ambassades de la Commission qu'on appelle « délégations ». Parfois j'en ai été fier ; souvent j'ai eu honte. J'ai eu maintes fois l'occasion de m'entretenir avec des dirigeants et des diplomates des pays en développement amenés à négocier avec la Commission européenne. J'ai pu comparer l'arrogance et la brutalité des négociateurs européens lorsqu'ils traitent avec des gouvernements de pays pauvres et faibles qui contrastent avec leur courtoisie dès qu'ils sont en face de poids lourds, comme, par exemple, la Chine.

Je peux porter témoignage de la conscience grandissante d'une Europe à deux faces, comme Janus, ce dieu des Romains. Il y a une face plaisante : celle d'une Europe porteuse de valeurs, de culture, de générosité, de partenariat et aussi d'espoir pour tous ceux qui voient en elle un contrepoids, une alternative à l'empire américain. Il y a une face sinistre, tournée vers l'Atlantique, d'une Europe qui partage la vision néolibérale, marchande, égoïste, individualiste et arrogante que nous imposent les États-Unis. Cette face sinistre, c'est particulièrement le visage de l'Europe dans les négociations à l'OMC, que ce soit pendant les sessions à Genève ou lors des conférences ministérielles.

Il importe qu'on sache comment se comportent ceux qui agissent en notre nom, mais sur lesquels nous n'avons aucun pouvoir de contrôle.

Ainsi, en juillet 2003, à Genève, un négociateur d'un pays du Sud, qui tient à garder l'anonymat, constatait :

> Les négociateurs des États-Unis et de l'Union européenne nous conduisent à l'abattoir à la fin de chaque négociation ; ces derniers sont peut-être plus subtils et plus polis, néanmoins le résultat final est le même : nous sommes écrasés. Je préfère avoir affaire avec les États-Unis… Au moins vous savez exactement où vous en êtes avec eux[2].

Aucune déclaration ne traduit mieux ce que ressentent les interlocuteurs de l'Union européenne lorsqu'ils sont confrontés à ses représentants.

Les États membres de l'Union européenne disposent d'une représentation diplomatique à Genève et donc d'un ambassadeur accrédité auprès de l'OMC. Celui-ci peut s'exprimer dans cette enceinte, mais il ne peut pas engager son pays. Seul le représentant de l'Union européenne a qualité pour engager l'Union européenne et ses États membres à l'OMC. C'est Carlos Trojan qui, aidé de dix-huit experts, assure la représentation de l'Union européenne à l'OMC. Il reçoit ses instructions de Pascal Lamy. Du fait du poids de l'Union dans le commerce mondial, M. Trojan est un des négociateurs les plus importants à l'intérieur de cette institution qui, on va le voir, n'est pas une institution internationale comme les autres.

L'OMC : LA PLUS PUISSANTE INSTITUTION AU SERVICE D'UN PROJET ÉCONOMIQUE

Les accords de Marrakech, signés en 1994 au terme de l'Uruguay Round, fournissent le cadre institutionnel et normatif de la marchandisation de la planète. Pour mesurer les risques réels de voir cette transformation du monde devenir réalité, il faut garder à l'esprit l'idéologie dominante qui inspire lesdits accords, la puissance de l'OMC et le caractère contraignant des accords qu'elle gère. L'OMC est par excellence l'instrument de l'idéologie marchande.

Avec les accords de Marrakech que gère l'OMC, on est entré dans une transformation globale des rapports en tout genre qui régissent la vie des humains. La doctrine qui s'impose est celle d'un libre-échange sans limites. Toutes les activités humaines – boire, manger, communiquer, apprendre, se soigner, se cultiver, se distraire, se déplacer, se chauffer, s'éclairer… – sont assimilées à des activités marchandes qui doivent être régies par les règles de la concurrence, laquelle ne peut être soumise à des entraves, à des discriminations, c'est-à-dire une concurrence qui requiert l'absence de toute prise en considération des particularités individuelles ou collectives.

À terme, si l'on n'y prend garde, plus aucun État n'aura le droit de mettre en œuvre des politiques spécifiques qui tiennent compte des particularités, des besoins et des priorités nationales ou qui expriment un mode précis de vouloir vivre ensemble. Des choix économiques et fiscaux, des préférences sanitaires, sociales, environnementales et éthiques seront assimilés à des « entraves au commerce ». Cela est vrai dans les pays industrialisés comme dans ceux dits en développement, et a été démontré à de multiples reprises par d'excellents auteurs ; je n'y reviendrai donc pas[3].

Si l'on n'arrête pas cette mécanique infernale lancée à Marrakech, tous les États devront un jour renoncer à leurs législations propres et soumettre leurs ressortissants aux règles de la concurrence commerciale qui privilégient *ipso facto* les intérêts particuliers les plus puissants. C'est bien la raison pour laquelle ils nous trompent, ceux qui disent, à droite comme à gauche, que l'objectif de l'OMC est de réguler le commerce mondial et rien d'autre. C'est une véritable mystification, entretenue par les élites politico-technocratiques et relayée par l'immense majorité des médias.

Et pourtant, les textes sont là. Il suffit de les lire. Allez sur le site de l'OMC[4]. Lisez les accords qu'elle gère. Et vérifiez par vous-même : *il n'y a pas une seule règle de l'OMC qui régule les entreprises commerciales.* Toutes les règles de chacun des accords de l'OMC concernent les législations et les réglementations des États et de leurs collectivités territoriales. Pas les firmes privées. Pas les sociétés transnationales. Pas ces espaces de non-droit que sont les zones franches. Pas les paradis fiscaux. Pas les transactions financières internationales que nourrit l'argent du crime organisé et de la fraude. La régulation à la manière de l'OMC, c'est en fait une dérégulation imposée à chaque État membre. Comme le reconnaît l'actuel directeur général de l'OMC, M. Supachai Panitchpakdi, « l'OMC n'est pas concernée par les multinationales. Nous ne visons pas le secteur privé[5] ».

À terme, si l'on n'y prend garde, tout, le solide comme le liquide, le minéral, le végétal, l'animal, l'humain, et ce que l'humain crée et produit, tout sera à vendre et à acheter. Tout.

Et c'est à la réalisation de ce projet de société qu'œuvre l'OMC, une organisation internationale qui se révèle être la plus puissante du monde. Pour cinq raisons, au moins :

1. L'OMC concentre le pouvoir de faire les règles, de les appliquer et de sanctionner les pays qui ne les respectent pas. Elle cumule ainsi les trois pouvoirs et, grâce à cette concentration et cette confusion des pouvoirs, elle dispose des moyens de l'arbitraire. Aucune autre institution internationale ne s'est vu confier une telle puissance.

2. L'OMC est la seule institution internationale qui dispose du pouvoir d'imposer le respect des règles qu'elle gère[6]. Chaque pays est en effet tenu de mettre sa propre législation en conformité avec les règles de l'OMC.

3. L'OMC offre aux États membres, par le biais d'un mécanisme intitulé « Organe de règlement des différends », la capa-

cité de sanctionner le pays qui, selon l'interprétation qu'en fera cet organe, sera considéré comme ne respectant pas telle ou telle règle de l'OMC. L'OMC est la seule, par rapport aux autres organisations internationales édictant des normes (UNESCO, OMS, OIT, OMPI et PNUE[7]), à disposer d'un tel instrument.

4. Les règles de l'OMC dépassent très largement les questions strictement commerciales. En passant du régime du GATT, dont les dispositions ne sortaient pas du domaine commercial, aux règles de l'OMC, on a étendu les principes du libre-échange à quasiment toutes les activités humaines.

5. L'OMC fonctionne dans des conditions d'opacité et d'oligarchie qui soumettent les pays qui en sont membres à la volonté des plus puissants[8].

Avec l'OMC et les pouvoirs qu'elle est la seule à détenir, le droit de la concurrence commerciale l'emporte sur tous les autres droits et en particulier les droits humains fondamentaux, les droits économiques, sociaux et environnementaux reconnus aux citoyens par les dispositions constitutionnelles ou légales adoptées dans le cadre national ou par l'adhésion à des pactes internationaux. Une hiérarchie des normes internationales s'est imposée de fait. Désormais les États sont soumis à l'arbitraire d'une organisation contrôlée par les pays les plus riches et les plus puissants.

L'OMC : INSTITUTION MULTILATÉRALE OU DIRECTOIRE DES PAYS RICHES ?

À l'ouverture de la IIIe conférence ministérielle de l'OMC, à Seattle, Mike Moore, alors son directeur général, déclarait : « Je peux accepter toutes les critiques, sauf celles qui consistent à nier le caractère démocratique de l'OMC. » Et de rappeler que, à l'OMC, le principe inscrit dans les textes, c'est un État = une voix, et que les décisions se prennent par consensus en vertu de l'article IX.

Mais ce principe est dévoyé par une précision sur ce qu'il faut entendre par consensus. Et c'est dans une note de bas de page à cet article IX qu'on apprend qu'il s'agit du *consensus implicite*, c'est-à-dire l'application du dicton « Qui ne dit mot consent ». Ceux qui se taisent ou ne sont pas présents au moment de la décision sont considérés comme étant d'accord ! Or, une vingtaine de pays sont trop pauvres pour pouvoir disposer d'une représentation diplomatique à Genève. Ils sont donc considérés comme étant d'accord sur toutes les propositions faites. En outre, près de quatre-vingts autres délégations ne disposent pas d'un personnel qualifié en nombre suffisant pour assurer la représentation de leur pays à toutes les réunions. Sans compter que chaque mission diplomatique à Genève doit aussi assurer la représentation de son pays auprès des autres organisations internationales intergouvernementales dont le siège se trouve dans la cité helvétique. Il en résulte que sur les cent quarante-huit pays qui sont membres de l'OMC, moins de cinquante peuvent assurer une présence effective et une participation réelle à toutes les réunions qui se tiennent chaque semaine à l'OMC.

À cette étrange conception du consensus s'ajoutent des pratiques qui donnent la prééminence aux rapports de forces.

L'égalité dont jouissent en principe les cent quarante-huit États membres de l'OMC est donc tout à fait formelle. Selon le célèbre mot de George Orwell, certains « sont plus égaux que d'autres ». En particulier les États qui constituent, dans le jargon des initiés, la « Quadrilatérale », ou « Quad », formée par les États-Unis, l'Union européenne, le Japon et le Canada. Aucune décision ne peut être prise sans l'accord de ces quatre puissances. L'existence de cette « Quad », qui n'est pas prévue par le traité créant l'OMC, est pourtant reconnue comme une réalité quasi institutionnelle au sein de celle-ci[9].

La « Quad » possède ses propres modes de fonctionnement. Ainsi des réunions entre États-Unis et Union européenne précèdent presque toujours les réunions à quatre, lesquelles se tiennent avec l'assistance et la présence des plus hautes autorités de l'OMC.

La « Quad » s'est comportée jusqu'ici comme un véritable directoire mondial. C'est à son initiative que se tiennent de manière systématique des réunions informelles, qui ont généralement lieu à l'invitation du directeur général. S'y retrouvent, sans publicité aucune, les représentants des États retenus par la « Quad », auxquels s'associent des partenaires de circonstance, parmi lesquels on retrouve souvent l'Australie, la Corée, la Nouvelle-Zélande, la Suisse, et quelques pays dont l'adhésion aux propositions entraînera celle d'autres États. On y arrête des décisions qui sont ensuite présentées comme étant à prendre ou à laisser par les autres États membres. L'accès à ces réunions est interdit aux représentants des États qui ne sont pas invités, en dépit du fait qu'elles ont lieu dans les locaux de l'OMC et qu'on y traite des matières en rapport avec l'OMC. Dans le jargon des initiés, on appelle cela des réunions *green room*, par référence à la couleur verte des murs du bureau du directeur général en 1995.

Cette pratique ramène le multilatéralisme à peu de chose puisque, chaque fois que se tient une réunion informelle, plus de cent États sont exclus de délibérations décisives. Une telle pratique aboutit à la restauration de rapports bilatéraux entre les pays riches et les autres. On est très loin de cette égalité de tous, États riches et États pauvres, devant des règles communes, égalité tant vantée par ceux qui, à droite comme à gauche, et en particulier le commissaire européen Pascal Lamy[10], prétendent lutter contre le chaos des rapports commerciaux internationaux.

Cette pratique des réunions informelles a connu de nouveaux développements en vue de la préparation de la IVe conférence ministérielle, qui allait se tenir à Doha. Lesdites réunions se sont tenues au niveau ministériel, *extra muros*, à Mexico puis à Singapour. Et certains ministres, qui, estimant avoir le droit de participer à toute réunion de l'OMC, s'y sont présentés sans avoir été invités, se sont vu en interdire l'accès. Les mêmes pratiques se sont répétées en vue de la conférence de Cancún, avec multiplication des réunions informelles au siège de l'OMC et organisation de ce qu'on appelle désormais des « mini-ministérielles » réservées à une bonne vingtaine de pays à Sydney, Montréal et Charm el-Cheik.

Même si l'OMC nourrit son site Internet de milliers de pages de documents divers, cette institution, à la différence de toutes les autres, se caractérise par un degré élevé d'opacité qui facilite le travail de la « Quad ». L'OMC est la seule organisation internationale intergouvernementale dont les travaux se déroulent à huis clos. Son instance de décision la plus importante, entre les conférences ministérielles, est le Conseil général, qui réunit, en principe, les ambassadeurs des cent quarante-huit États membres. On a vu ce qu'il en est dans les faits.

Le Conseil général siège comme organe compétent pour toutes les affaires relevant de l'OMC, mais également pour donner son acquiescement à l'analyse des politiques commerciales des États membres. Il se transforme enfin en Organe de règlement des différends pour acter les décisions prises dans le cadre du règlement des conflits. Or, les débats de cet organe se déroulent à huis clos, ce qui est contraire à ce principe universel selon lequel la justice doit être rendue en public. Ainsi, les débats de la Cour internationale de justice de La Haye – autre institution intergouvernementale qui, elle, fonctionne selon les principes de base d'une authentique juridiction – sont publics.

La manière dont se préparent et se déroulent les conférences ministérielles est très révélatrice du système oligarchique en vigueur à l'OMC. La conférence ministérielle, son organe suprême, constituée des ministres du Commerce extérieur de tous les États membres, est compétente dans toutes les matières sur lesquelles ils s'accordent et se réunit au moins tous les deux ans. Jusqu'ici, elle s'est tenue chaque fois dans des endroits différents; après Singapour en 1996, ce fut Genève en 1998, puis Seattle en 1999, Doha en 2001 et Cancún en 2003.

La préparation comme le déroulement de la conférence sont l'objet de manipulations où la démocratie est loin de trouver son compte. Pour chacune des cinq conférences tenues jusqu'ici, pas une seule fois les procédures ne furent les mêmes, celles-ci changeant au gré des opportunités. C'est la « Quad » qui, avec ses alliés (Australie, Corée, Hong Kong[11], Nouvelle-Zélande, Suisse), convient des règles, selon les circonstances.

Après la IIIe conférence ministérielle, celle de Seattle, où aucun accord n'était intervenu, on a vu les pays industrialisés se multiplier en formules concédant qu'il fallait tirer les leçons de l'échec et accorder la priorité à la transparence des procédures et à une participation effective de tous les membres à la décision. L'Union européenne avança même, pour l'occasion, quelques propositions qui furent vite oubliées une fois que commencèrent les préparatifs de la IVe conférence. Et les représentants de l'Europe, avec leurs partenaires nord-américains et japonais, continuèrent à user et à abuser de pratiques qu'ils avaient déclaré vouloir réformer.

À l'OMC, les pays en développement, pourtant les plus nombreux, sont en permanence victimes de manipulations et de pressions très précisément décrites dans un livre récent[12]. Ce qu'ils subissent là est en totale contradiction avec le discours convenu dans les sphères occidentales quant à l'importance du commerce pour le développement.

Ainsi, par exemple, à l'ouverture de la conférence de Doha, M. Lamy annonçait que l'Union européenne offrait 50 millions d'euros aux pays en développement afin de leur permettre de respecter leurs engagements à l'égard de l'OMC. Pendant la conférence, il retardait la demande de dérogation requise pour que puisse être appliqué l'accord de Cotonou, passé entre l'Union européenne et les pays d'Afrique, des Caraïbes et du Pacifique (ACP), jusqu'au moment où ceux-ci eurent appuyé la demande européenne d'ouverture de négociations sur les matières dites de Singapour*. De même, peu avant la conférence de Cancún, l'Union européenne usait de promesses d'octroi et de menaces de retrait du système des préférences généralisées (SPG**) vis-à-vis de tel ou tel pays en développement. Lors d'une réunion à Bruxelles, six semaines avant Cancún, M. Lamy annonçait aux pays ACP le lancement d'un programme d'aide financière en leur faveur afin d'accroître leur capacité à mettre en œuvre les accords commerciaux internationaux.

Manipulations et pressions de la part des pays occidentaux se manifestent tout particulièrement à l'occasion de la préparation de chaque conférence ministérielle. Cette préparation consiste à mettre au point un texte qu'on appelle « projet de déclaration ministérielle ». L'objectif de la « Quad » est que ce texte exprime le point de vue des pays industrialisés. Il est atteint grâce à une procédure qui, dans toute autre institution, serait considérée comme un véritable coup de force.

Tout d'abord, le texte est préparé de concert par le président en exercice du Conseil général et le directeur général de l'OMC qui travaillent sur instruction de la « Quad ». L'essentiel des demandes exprimées par les pays en développement et formulé dans des documents officiels, en particulier leur souhait de corriger les déséquilibres les plus criants qui caractérisent les accords existants, n'est pas repris dans le projet de déclaration ministérielle. Par contre, l'essentiel des attentes des pays industrialisés fait l'objet de multiples paragraphes.

Ensuite, de sa propre autorité, avec le soutien de la « Quad » et du directeur général, au terme de réunions informelles, le président du Conseil général décide que son projet de déclaration ministérielle, bien qu'il ne réunisse pas le consensus, sera envoyé comme tel à la conférence ministérielle, sans l'accord

---

* Voir chapitre 5, « Matières de Singapour = AMI », p. 174 *sq*.

** Voir note 60, p. 277.

du Conseil général et sous sa propre responsabilité. Toutes les indications susceptibles d'informer la conférence sur les réserves ou les oppositions de certains pays qui ont pu être enregistrées pendant les débats sont supprimées. Si d'aventure l'un ou l'autre État membre a formellement exprimé son désaccord, le document qui en fait mention n'est pas annexé. Grâce à cette violation manifeste des procédures de décision prévues par l'accord instituant l'OMC, et en dépit des protestations formulées par plusieurs États membres, la conférence, à Doha comme à Cancún, a pu commencer sur la base d'un texte qui, pour l'essentiel, convenait parfaitement aux pays les plus riches et ne traduisait nullement le consensus pourtant requis.

À Doha, la conférence ministérielle a offert un spectacle dont les hérauts occidentaux de la démocratie ne se sont guère vantés. Les participants n'ont pu délibérer de l'ordre du jour de la conférence et de son organisation. Ils ont été forcés d'en accepter la présentation faite au cours de la cérémonie officielle d'ouverture. Les groupes de travail chargés de faciliter la négociation étaient animés par des ambassadeurs acquis aux propositions américano-européennes. Sur instruction de l'Union européenne et des USA, des réunions informelles ont été organisées, d'où certains ministres, malgré leurs protestations, ont été exclus ; à d'autres, l'accès n'était autorisé qu'à la condition qu'ils ne soient pas accompagnés d'experts – même pas leur ambassadeur à Genève ! –, tandis qu'Européens et Américains disposaient de leurs équipes de juristes ; certains étaient admis à condition qu'ils se taisent. La conférence a été prolongée, sans l'accord formel des délégations, au moment où les représentants de plusieurs pays en développement étaient obligés de partir avec les vols spéciaux organisés à leur intention par le pays hôte. Des documents préparés par la « Quad » ont été soumis à la séance plénière finale sans avoir fait l'objet de consultations[13].

Tirant les leçons de Doha, quinze pays[14] ont proposé un ensemble de règles permanentes afin que les procédures ne relèvent plus de l'arbitraire des pays riches. Selon ces pays l'OMC devrait, comme la plupart des organisations internationales, garantir que la préparation et le déroulement de la conférence ministérielle seront transparents, non discriminatoires et prévisibles. Ils ont demandé que les décisions adoptées dans le cadre de réunions informelles soient sans valeur et ne soient en aucun cas considérées comme faisant partie du processus formel de préparation. Ils ont présenté une série de réformes techniques permettant d'associer pleinement tous les États membres à toutes les phases de préparation de la conférence ministérielle. Ils ont proposé qu'il soit impossible d'interdire au représentant d'un État membre de participer à une réunion au sein de l'OMC. Et surtout, ils ont demandé que le projet de déclaration ainsi que l'ordre du jour à soumettre à la conférence aient fait l'objet du consensus du Conseil général et que, à défaut de consensus, les différentes options formulées soient soumises à la conférence. Enfin, ils ont suggéré que la conférence ministérielle se tienne systématiquement au siège de l'OMC, à Genève, ce qui faciliterait grandement la participation de tous les pays.

Leurs propositions ont reçu l'accueil encourageant de plusieurs délégations[15]. Mais elles ont été combattues au nom de la flexibilité – qui profite toujours aux puissants – par l'Union européenne et les USA. Des propositions allant dans le même sens ont été déposées en août 2003[16]. Elles ont connu le même accueil de la part des Occidentaux. Et certaines pratiques observées à Doha se sont ainsi répétées à Cancún.

Contrairement aux discours officiels et aux efforts de communication des gouvernements occidentaux et de la Commission européenne, une conférence ministérielle de l'OMC ne consacre jamais la victoire du droit sur la force. Au contraire, comme l'observe à juste titre le député Jean-Claude Lefort[17] :

> Les membres de l'OMC, et les plus pauvres d'entre eux, peuvent se demander, en toute légitimité, si cette organisation est bien fondée sur la règle du droit et non sur les rapports de forces.

L'Union européenne, acteur décisif à l'OMC

On vient de le voir, en sa qualité de membre de la « Quad », l'Union européenne est un acteur décisif dans les négociations commerciales internationales. Et si M. Lamy a pu qualifier l'OMC d'institution « médiévale » lors de sa conférence de presse à l'issue de l'échec de Cancún, il n'est pas disposé pour autant à débattre de sa réforme. Bien au contraire.

Dans une récente communication au Conseil des ministres sur les négociations à l'OMC[18], la Commission considère que « l'OMC n'est pas un système structurellement inéquitable qui a besoin d'être rééquilibré ».

M. Lamy, qui connaît ses classiques, n'ignore pas cette formule célèbre de Lamennais : « Entre le riche et le pauvre, entre le fort et le faible, c'est la liberté qui opprime et la loi qui protège. » Et pourtant, il refuse la loi, il refuse les règles quand il s'agit du fonctionnement de l'OMC. Il est, selon ses propres termes, partisan de la flexibilité. C'est au nom de la flexibilité que son représentant à l'OMC a rejeté toutes les propositions de réforme dont il vient d'être question.

En fait, le commissaire européen entend user pleinement de la puissance que confère l'importance économique de l'Union européenne non pas au profit d'un rééquilibrage mondial des richesses et d'une plus grande solidarité entre les peuples, mais bien pour satisfaire les ambitions des milieux d'affaires européens.

Il s'agit dès lors d'user de tous les moyens de la persuasion : annoncer l'octroi ou le retrait d'aides ; de même pour l'assistance technique ; faire miroiter ou non des promesses de réduction de la dette (on comprend pourquoi l'Union européenne refuse de soutenir l'abolition d'une dette des pays du Sud pourtant déjà remboursée huit fois – elle perdrait un formidable moyen de pression) ; laisser poindre la perspective d'un accord commercial bilatéral avantageux, évoquer des initiatives possibles de la Banque mondiale et du Fonds monétaire international…

Alors que les États-Unis exercent des pressions en signalant qu'ils peuvent placer leur interlocuteur sur une liste de pays amis ou sur une « liste noire », les méthodes de l'Union européenne sont plus subtiles ; on peut parler d'une approche où l'on marie alternativement la carotte et le bâton. Cette approche se pratique « tous azimuts ». Ainsi, en vue de la conférence ministérielle de Doha, Pascal Lamy et ses collaborateurs ont déployé une stratégie à plusieurs niveaux.

La Commission européenne s'est tout d'abord assuré le soutien des pays qui souhaitent adhérer à l'Union européenne. Pour l'essentiel, il s'agit des pays d'Europe centrale qui ont été, après la chute de l'empire soviétique, reformatés à l'économie de marché par les experts du FMI et de la Banque mondiale et sont devenus aujourd'hui des adeptes des thèses néolibérales.

Par sa présence incontournable dans le noyau initial de la « Quad » et grâce aux réunions informelles, aux « mini-ministérielles » et à la méthode décrite ci-avant pour la rédaction du projet de déclaration ministérielle, la Commission a obtenu l'agenda désiré pour la conférence.

La Commission a ensuite ciblé un certain nombre de pays en développement dont l'économie émerge peu à peu, l'Afrique du Sud, le Brésil, le Chili et le Mexique, afin d'obtenir leur soutien pour l'ouverture des négociations sur les matières dites de Singapour. Chacun de ces pays est lié à l'Union européenne par un traité bilatéral de libre-échange qui était alors déjà négocié ou en cours de négociation. À ces quatre pays Pascal Lamy a promis ce qu'ils souhaitaient le plus : une réduction des subventions aux exportations agricoles européennes. En échange de cette promesse non tenue, ces quatre pays, à Doha, ont rompu avec l'immense majorité des pays en développement opposés aux matières de Singapour et ont adopté une attitude neutre.

Une quatrième cible, dans la stratégie européenne, fut l'ensemble des pays qualifiés de PMA : les pays les moins avancés, c'est-à-dire les plus pauvres. Et donc les plus faibles. Ce sont ces pays qui ont subi avec le maximum d'intensité les pressions décrites plus haut et sur lesquels la Commission européenne a usé et de la carotte et du bâton. Lors de la IIIe conférence des PMA, à Bruxelles, en mai 2001, Pascal Lamy reçut tour à tour les délégations des vingt-neuf pays qui, parmi les quarante-neuf PMA, sont membres de l'OMC. Il ne manqua pas de rappeler, au cours de ces entretiens bilatéraux, les accords préférentiels passés avec l'Union européenne dont bénéficiaient ces pays. Le gouvernement de chacun de ceux-ci reçut ensuite de la Commission une demande explicite de soutien à ses positions. La Tanzanie, qui présidait alors le groupe des PMA à l'OMC, eut droit à un traitement spécial : une décision concernant une prise en charge d'une partie de sa dette, qui était en attente depuis plus d'un an, fut annoncée par le FMI et la Banque mondiale deux semaines avant Doha. Pur hasard, bien entendu…

Enfin, pendant la conférence ministérielle elle-même, l'Union européenne s'est employée à présenter aux médias de manière très négative ceux qui s'opposaient à elle. Ainsi, l'Inde fut qualifiée de pays pratiquant une obstruction systématique. À lire les journaux français au terme de la conférence, ce n'était pas la tâche la plus ardue.

Le fossé entre la rhétorique de l'Union européenne en faveur du développement et sa pratique à la table des négociations est tel que, après la conférence ministérielle de Doha, un ambassadeur originaire d'un des PMA m'a déclaré :

> Ce que je regrette le plus, c'est de ne pas avoir proposé à mon ministre qu'il demande la suppression de tous les termes faisant référence au développement des pays les plus pauvres dans la déclaration ministérielle. Cela n'aurait rien changé quant au fond, mais cela aurait empêché l'Union européenne d'user de ce texte auprès de ses médias, de ses opinions publiques et des responsables politiques pour faire croire à son prétendu attachement à l'amélioration de notre sort.

5

L'Europe et les pays du Sud

LE PROFIT AVANT LA SANTÉ

Bruxelles, 21 février 2000, au Parlement européen. La commission du Développement tient une audition sur les principaux dossiers du commerce international à laquelle ont été invités Mike Moore, alors directeur général de l'OMC, Pascal Lamy et P. Gakuna, du secrétariat des pays ACP (organisation qui regroupe les pays d'Afrique, des Caraïbes et du Pacifique). Ce dernier soulève les problèmes posés dans ces pays par un des accords les plus importants gérés par l'OMC . l'Accord sur les droits de propriété intellectuelle (ADPIC), qui a généralisé et étendu la durée des brevets. Avant l'ADPIC, signé en 1994, chaque pays était libre de décider de sa législation sur les brevets en matière de médicaments. Ici le brevet n'était pas applicable à certains médicaments, là sa durée était limitée à cinq ou dix ans, ailleurs il n'y avait pas de législation du tout. Avec l'ADPIC, rédigé sous la pression de l'industrie pharmaceutique et imposé par les gouvernements des pays industrialisés, tous les pays membres de l'OMC sont obligés d'adopter une législation imposant un brevet sur tous les médicaments pour une durée de vingt ans – tout en laissant libre la fixation des prix, bien entendu. Et comme le souligne le porte-parole des pays ACP, la conséquence majeure de l'adoption de l'ADPIC, c'est l'augmentation considérable du prix des médicaments. Se soigner n'est plus à la portée de la majorité : le prix des médicaments tue les malades. Ce à quoi Pascal Lamy réplique brutalement : il n'y a aucune incidence des brevets sur les prix[1].

Pourtant, les équipes de Médecins sans frontières (MSF) qui travaillent en Afrique du Sud confirment les propos du représentant des pays ACP :

> Tous les jours, des douzaines de personnes atteintes du HIV/sida viennent à nos cliniques, situées dans les *townships* démunis en dehors de la ville du Cap, à la recherche de médicaments dont les prix soient abordables. Mais le coût élevé des médicaments ne nous permet de traiter qu'un nombre très limité de personnes. Les personnes atteintes du HIV/sida en Afrique du Sud meurent, car les prix des médicaments sont trop élevés à cause de la protection sur les brevets.

Pretoria, Afrique du Sud, 1er mars 2000. Dans une lettre internationale envoyée aux sièges de plusieurs compagnies, Médecins sans frontières et Oxfam appellent trente-neuf compagnies pharmaceutiques à arrêter immédiatement et sans condition leur procès contre une loi votée en Afrique du Sud visant à réduire le prix des médicaments pour les patients (loi d'amendement portant sur le contrôle des médicaments et substances connexes, loi 90 de 1997).

Le gouvernement sud-africain a en effet hérité du régime d'apartheid un système de prix élevés pour les médicaments, vu l'absence de mécanismes de solidarité dans le domaine de la couverture des soins de santé. Afin de pouvoir apporter des soins à plus de quatre millions de personnes atteintes par le virus HIV, chiffre le plus élevé du monde, il a essayé de gérer ce fardeau, en permettant au ministère de la Santé d'avoir recours à des procédures telles que l'importation parallèle, la licence obligatoire et la substitution générique[2]. Mais pendant plus de trois ans l'industrie pharmaceutique a bloqué la mise en œuvre de cette loi, portant ainsi une terrible responsabilité dans la mort de dizaines de milliers de personnes. Le procès a commencé le 5 mars devant la Haute Cour de Pretoria. Oxfam affirme alors :

> Cette affaire symbolise l'hypocrisie de l'industrie pharmaceutique. Ils disent qu'ils veulent améliorer l'accès aux médicaments pour les gens – mais seulement selon leurs conditions. Quand le gouvernement sud-africain a essayé d'appliquer la législation pour ce faire, l'industrie a immédiatement réagi pour la bloquer. C'est un message glacial de la part des compagnies pharmaceutiques aux gouvernements des autres pays en développement : jouez le jeu selon nos règles ou subissez les conséquences.

Le Brésil a fait de même avec un succès certain : il a autorisé la production nationale de médicaments génériques qui ont fait baisser les prix des remèdes de 70 %, le taux de mortalité de moitié, et qui ont permis l'économie de 400 millions de dollars en dépenses de santé.

Les mesures prises dans ces deux pays sont légales et respectent l'Accord sur les droits de propriété intellectuelle de l'Organisation mondiale du commerce. Elles sont couramment utilisées en Europe ainsi qu'aux États-Unis. Ce qui n'a pas empêché ces derniers, au printemps 2000, d'attaquer le Brésil devant l'OMC.

Parmi les entreprises pharmaceutiques qui ont intenté l'action contre le gouvernement de Pretoria, treize sont américaines. Mais quatorze sont européennes et quatre suisses : Bayer (Allemagne) ; Byk Madaus (Allemagne) ; Boehringer-Ingelheim International GmbH (Allemagne) ; Boehringer-Ingelheim KG (Allemagne) Byk Gulden Lomberg Chemische Fabrik GmbH (Allemagne) ; Dr. Karl Thomae GmbH (Allemagne) ; Hoffmann-La Roche AG (Suisse) ; GlaxoSmith KlineBeecham (Grande-Bretagne) ; Hoechst Marion Roussel/

Aventis (France) ; Boehringer Ingelheim Pharmaceuticals (Allemagne) ; Janssen-Cilag Pharmaceutica (Suisse) ; Knoll Pharmaceuticals (Allemagne) ; Lundbeck (Danemark) ; Novartis (Suisse) ; Novo Nordisk (Danemark) ; Rhône-Poulenc Rorer (France) ; Roche Products (Suisse) ; Zenecca (Grande-Bretagne).

Plus que le commerce, la santé est un indice du niveau réel de développement. Et, de ce point de vue, le contraste est criant entre les pouvoirs de la toute-puissante OMC et ceux de l'Organisation mondiale de la santé (OMS), réduite à fournir une comptabilité sans rapport avec les propos des partisans du tout au marché : onze millions de personnes meurent chaque année de maladies infectieuses faute d'avoir accès aux médicaments essentiels, soit un peu plus de trente mille par jour. Deux milliards d'êtres humains n'ont pas accès aux soins de santé de base, essentiellement parce que ceux-ci sont trop coûteux. Le droit à la santé du plus grand nombre passe après le droit aux profits de quelques-uns. Ce constat semble pourtant de peu de poids face aux arguments avancés par les sociétés pharmaceutiques et les gouvernements occidentaux qui les soutiennent.

Premier argument. L'industrie pharmaceutique opérant dans un marché global, un système global de brevets et une politique unique des prix sont indispensables, affirment-ils. On notera que la préoccupation première n'est pas sanitaire, mais mercantile. Il faut quand même rappeler que l'industrie pharmaceutique est l'activité qui dégage les taux de profit nets les plus élevés, qu'elle est concentrée dans les pays industrialisés et que ses actionnaires perçoivent de manière constante des dividendes qui dépassent la moyenne. En 2000, GlaxoSmith-Kline a enregistré des bénéfices de près de 9 milliards de dollars US, soit 13 % de plus qu'en 1999. Ces profits considérables, générés par l'usage systématique du brevet, proviennent pour l'essentiel de la clientèle des pays industrialisés capable dans sa grande majorité de supporter le prix élevé dû à l'exclusivité octroyée par le brevet. Le marché global de l'industrie pharmaceutique est en fait le marché des pays riches. En étendant ses pratiques – brevet généralisé, prix unique – à l'ensemble des pays du Sud, elle augmente à peine ses gains, mais elle ferme l'accès aux soins à des centaines de millions de personnes.

Deuxième argument. Sans le brevet et les ressources qu'il garantit, la recherche et développement (R&D) ne seraient plus financés et les investissements qui en découlent ne seraient plus assurés. Cet argument, très largement défendu par les gouvernements occidentaux, ne résiste pas à une analyse sérieuse.

Tout d'abord, quelle est la crédibilité de cette argumentation quand on sait que les dépenses de publicité et de marketing des groupes pharmaceutiques atteignent en moyenne 35 % de leurs budgets, soit le double des moyens accordés à la recherche ? Cet argument véhicule une affirmation totalement fausse selon laquelle seule la R&D privée aurait fait avancer la science, alors que, même aux États-Unis, l'essentiel des progrès technologiques réalisés au XXe siècle résulte de travaux financés directement ou indirectement par des fonds publics. C'est en effet l'argent public qui le plus souvent est à l'origine des progrès scientifiques dont le secteur privé a ensuite tiré profit. Dans le domaine de la santé, les citoyens des pays industrialisés paient donc deux fois les médicaments : comme contribuables, dont les impôts ont servi en partie au financement de la recherche, et comme patients lorsqu'ils se rendent à la pharmacie.

En second lieu, comme l'a démonré le Programme des Nations unies pour le développement, le budget des dix plus importantes firmes pharmaceutiques du monde pour la recherche sur la tuberculose, le paludisme et le sida (les trois pandémies les plus meurtrières) est inférieur à 5 % du montant total de leur budget recherche (il est inférieur à 1 % en ce qui concerne GlaxoSmithKlineBeecham et Pfizer, les deux premières firmes mondiales). De même, les chiffres fournis par l'OMS présentent une réalité bien éloignée des affirmations formulées par les producteurs occidentaux de médicaments et leurs protecteurs : seulement 0,2 % des travaux de R&D sont consacrés à combattre les infections respiratoires, la malaria et la tuberculose, à l'origine de 18 % des décès chaque année, soit dix-sept millions de personnes dont 90 % vivent dans des pays en développement. Sur les mille deux cent trente-trois nouvelles entités chimiques à la base de médicaments mis sur le marché entre 1975 et 1997, seulement treize sont spécifiquement destinées aux maladies tropicales et aux infections respiratoires.

Bref, la logique qui prévaut n'est pas celle de la santé, mais bien celle du profit. On n'investit pas dans des médicaments dont la rentabilité n'est pas assurée : l'an passé, l'Amérique latine n'a représenté que 4 % du total des ventes de médicaments, et l'Afrique subsaharienne moins de 1 %.

Troisième argument. La propriété doit être protégée contre le vol, et cette protection, lorsqu'il s'agit de la propriété intellectuelle, est garantie par le brevet. Mais la protection de la propriété individuelle (même lorsque l'individu est une association de personnes) ne s'arrête-t-elle pas là où commencent la protection de l'intérêt général et le respect de droits fondamentaux ? La protection des droits commerciaux conférés par les brevets ne s'arrête-t-elle pas là où commencent la protection du droit fondamental à la santé dont les gouvernements ont la responsabilité ? Les gouvernements, en reconnaissant le brevet, concèdent un droit à l'exclusivité qui permet à son détenteur de pratiquer des prix artificiellement élevés. Cette concession ne devrait-elle pas être limitée dans sa portée comme dans son application, au nom de l'intérêt général ? Il est manifeste qu'en faisant ratifier les accords gérés par l'OMC et en particulier l'ADPIC, les gouvernements ont abandonné à la « main invisible » du marché, c'est-à-dire aux entreprises privées, la protection de droits au moins aussi importants, sinon plus, que les droits de propriété intellectuelle. Quand un traitement fabriqué sous licence par une firme occidentale coûte 12 000 dollars alors qu'il est vendu 400 dollars lorsqu'il est fabriqué par une entreprise du Sud qui fait fi du brevet, on comprend clairement que ledit brevet et son impact sur le prix du médicament font toute la différence entre la santé et la maladie, entre la vie et la mort.

En fait, ce qui est en cause, c'est un monopole : celui des entreprises pharmaceutiques occidentales, qui voient comme une menace la naissance d'une industrie pharmaceutique en Afrique du Sud, au Brésil, en Inde, en Thaïlande, dont les médicaments sont accessibles au plus grand nombre grâce à des prix cent fois moins élevés que ceux des médicaments occidentaux.

Le scandale provoqué par la plainte des trente-neuf firmes pharmaceutiques contre l'Afrique du Sud a suscité une émotion considérable dans le monde entier. Informées par les ONG, les opinions publiques ont très massivement exprimé leur refus de voir le profit passer avant la santé. Les entreprises pharmaceutiques ont retiré leur plainte. En Europe, les entreprises pharmaceutiques, les gouvernements et la Commission européenne ont été forcés de tenir compte de l'indignation générale. Ils ont changé leur discours. Mais pas leur politique. D'une même voix, ils se sont mis à parler d'une application « flexible » de l'ADPIC, et en particulier des exceptions prévues par son article 31, tout en continuant de refuser sa révision. Et pour atténuer les effets trop spectaculaires d'une politique qu'ils veulent maintenir, ils ont proposé des actions charitables en lieu et place du respect du droit fondamental à la santé et à l'accès aux médicaments. Plutôt que de modifier un ADPIC qui protège les bénéfices des firmes transnationales, ils ont proposé des dons de médicaments, des réductions de prix, la création d'un fonds financé par l'argent de la collectivité.

Lorsque commence la conférence ministérielle de l'OMC, à Doha, en novembre 2001, à la grande surprise des médias, la question de l'accès aux médicaments est d'emblée mise sur la table. Après vingt-quatre heures d'âpres négociations une « Déclaration sur les brevets et la santé publique » est adoptée, dont les États-Unis et la Suisse s'empressent de souligner l'absence de valeur juridique.

Si ce texte n'offre pas les contraintes d'un engagement de droit, il constitue néanmoins un acte politique important qui permet de mesurer le chemin parcouru depuis la déclaration de Pascal Lamy devant le Parlement européen, vingt et un mois plus tôt : la Déclaration reconnaît l'impact négatif de l'ADPIC sur les prix des médicaments. Elle reconnaît le droit des États à protéger la santé publique et à prendre les mesures appropriées, y compris le droit de fabriquer des médicaments génériques afin de permettre leur accès à tous. Elle va jusqu'à reconnaître aux États le droit de déterminer eux-mêmes ce qui constitue une situation d'urgence nationale et la liberté de déterminer les motifs pour lesquels ils utilisent un brevet sans l'accord de son détenteur, ce qu'on appelle la « licence obligatoire ». Mais celle-ci n'est valable que sur le territoire de l'État qui l'accorde ; elle exclut toute forme d'exportation. Ce qui pose le problème de l'immense majorité des pays qui, n'ayant pas de capacité de production, ne peuvent délivrer une telle licence et doivent bénéficier de ce qu'on appelle l'« importation parallèle », c'est-à-dire le droit d'importer des médicaments fabriqués dans un pays qui a émis une licence obligatoire. Il aurait donc fallu trouver une dérogation à l'interdiction d'exporter des médicaments fabriqués en vertu d'une licence obligatoire. C'est là la grande faiblesse de la Déclaration de Doha, car en fait aucune solution n'a été apportée pour l'immense majorité des pays concernés.

Le problème fut alors renvoyé à des négociations qui font honte à la classe politique de tous les pays industrialisés. L'échéance fixée pour un accord, la fin de décembre 2002, est arrivée sans qu'un accord se soit dégagé. Les États-Unis et la Suisse ont procédé à un blocage systématique des négociations.

L'Union européenne a rejeté une proposition avancée par douze pays du Sud qui consistait en une formule interprétative de l'article 30 de l'ADPIC permettant dans certains cas de lever le droit des détenteurs de brevets, alors que l'idée de prendre appui sur cet article 30 avait le soutien de l'Organisation mondiale de la santé, du Parlement européen, du Parlement belge, de la présidence de la République française, et de la commission britannique des Droits de propriété intellectuelle. L'Union européenne est revenue sur la Déclaration de Doha, en présentant des propositions extrêmement restrictives qui en limitaient la portée et rendaient l'accès aux médicaments essentiels peu aisé. Elle s'est évertuée à restreindre la portée de certaines définitions : un pays ayant une capacité de production, un pays sans capacité de production, une situation de crise sanitaire grave. Elle a exigé que chaque demande de licence obligatoire pour la fabrication de médicaments génériques soit soumise à l'OMC préalablement à toute autorisation d'exporter. Cette demande devait fournir la preuve de sa pertinence, les types de molécules concernés, les quantités fabriquées et exportées, les pays destinataires. Le pays exportateur devait fournir la preuve que ces médicaments ne seraient pas vendus à d'autres pays en développement. L'idée d'une liste de pays interdits d'importation parallèle a même été avancée, tout pays demandeur considéré par l'OMC ou par un État membre de l'OMC comme disposant d'une capacité de production suffisante pouvant être ajouté à cette liste. En totale contradiction avec les principes arrêtés à Doha, l'Union européenne, dans un effort pour se rapprocher des positions américaines, s'est livrée elle aussi à une tentative de limiter le nombre des maladies concernées, en dressant comme les États-Unis sa propre liste des maladies méritant d'être soignées. Entre la belle formule médiatique – de Pascal Lamy – « Le droit à la santé doit parfois primer sur le droit des brevets[3] » et les propositions qu'il a déposées s'est glissée l'influence décisive de l'industrie pharmaceutique[4].

Ainsi a-t-il fallu attendre le 30 août 2003, à dix jours de la conférence ministérielle de Cancún qui s'annonçait assez mal, pour qu'un accord soit trouvé. Cependant il a fallu déchanter. Cet accord n'apporte pas de solution à la question dramatique de l'accès aux médicaments essentiels et ce pour cinq raisons au moins.

1. Il ne touche pas à l'ADPIC. Or, tout le mal vient de l'ADPIC : il uniformise, généralise et étend le droit des brevets, en particulier dans le domaine des médicaments. Comme si un médicament était une marchandise comme les autres.

2. Cet accord trahit la Déclaration de Doha, qui stipulait que « chaque membre a le droit d'accorder des licences obligatoires et la liberté de déterminer les motifs pour lesquels de telles licences sont accordées ». Elle ajoutait : « Chaque membre a le droit de déterminer ce qui constitue une situation d'urgence nationale ou d'autres circonstances d'extrême urgence. » Ces droits ont été niés dans l'accord intervenu. Ils ont été remplacés par une obligation de justifier le recours à la licence obligatoire ou à l'importation parallèle et par l'obligation de prouver l'existence d'une situation de crise.

3. Cet accord est impraticable. Car il ne suffit pas d'affirmer, pour les pays du Sud ayant une capacité de production, leur droit à exporter des médicaments génériques vers d'autres pays du Sud dans le besoin ; encore faut-il rendre ce droit applicable. Or ses modalités de mise en œuvre, telles qu'elles sont inscrites dans l'accord et précisées dans une déclaration du président du Conseil général de l'OMC (qui fait partie intégrante de l'accord), sont extrêmement contraignantes et restrictives. On peut les résumer comme suit :

a) le pays qui souhaite importer des médicaments génériques doit fournir la preuve qu'il fait face à une situation de crise sanitaire ;

b) tout Etat membre de l'OMC peut contester la pertinence des arguments avancés par le pays demandeur ;

c) le pays demandeur doit fournir la preuve qu'il ne dispose pas de capacités de production propres ;

d) le pays demandeur doit soumettre à l'OMC la dénomination et la quantité des médicaments qu'il souhaite importer;

e) le pays demandeur doit mettre en place un dispositif administratif et douanier très sophistiqué de nature à prévenir toute réexportation vers les marchés occidentaux des médicaments génériques importés : cette exigence est tout simplement inapplicable, vu le manque de ressources humaines, les faiblesses institutionnelles et administratives, la pauvreté des moyens financiers de certains pays;

f) le pays fournisseur ne peut utiliser cet accord «comme un instrument de politique industrielle ou commerciale»; cet interdit pourrait être invoqué dans un éventuel conflit provoqué par les multinationales pharmaceutiques alors qu'un pays ayant recours à la licence obligatoire aurait été motivé par la nécessité de faire face à une situation de monopole; comment séparer les besoins sanitaires d'une stratégie forcément industrielle et commerciale d'approvisionnement en médicaments?

g) le pays producteur doit limiter la licence obligatoire aux types de médicaments et aux quantités souhaitées par le pays demandeur; ces informations (types de médicaments et quantités) doivent être portées par le pays producteur à la connaissance de tous les États membres de l'OMC;

h) le recours aux importations parallèles est limité à des «circonstances exceptionnelles» ; cette expression est à assimiler à la notion d'aide d'urgence, ponctuelle, qu'on distingue de l'aide au développement, plus permanent, ce qui restreint la liberté des pays n'ayant pas de capacités de production pharmaceutique à importer des médicaments à bas prix lorsqu'ils ne sont pas confrontés à une catastrophe sanitaire; cette limite est en complète contradiction avec la déclaration adoptée à Doha où il était question de «santé publique»;

i) cet accord est révisable chaque année; il reste en vigueur aussi longtemps que l'ADPIC n'a pas été amendé.

4. Cet accord a été obtenu sous la contrainte : tous les moyens à la disposition des pays riches ont été mobilisés pour

l'imposer. La Banque mondiale et le Fonds monétaire international sont intervenus auprès d'un certain nombre de gouvernements pour qu'ils renoncent à leur opposition. L'Union européenne, comme par hasard, le 21 août, alors que les pays d'Afrique, des Caraïbes et du Pacifique manifestaient leur désaccord sur les propositions américano-européennes, a décidé d'un programme d'assistance en leur faveur pour les négociations commerciales d'un montant de 50 millions d'euros.

En outre, l'Union européenne et les États-Unis ont pratiqué ce qu'ils appellent l'« offensive vers les capitales » : lorsque les délégués (les ambassadeurs) des pays du Sud à l'OMC, forcément rompus aux arcanes des négociations et donc moins aptes à s'en laisser conter, manifestent une résistance trop forte, les représentants des pays riches informent leur gouvernement (et, pour les pays européens, la Commission européenne) qu'il convient de s'adresser directement aux ministres du Sud dans leurs pays respectifs. Les ministres maîtrisent moins la technicité des dossiers et sont plus sensibles aux promesses comme aux menaces.

Le 30 août, c'est donc la mort dans l'âme et les larmes aux yeux que les ambassadeurs africains à l'OMC ont, sur instruction de leur gouvernement, demandé à leurs collègues des autres pays du Sud de mettre fin à leur opposition aux propositions américano-européennes. Alors qu'ils défendaient avec pugnacité les intérêts prioritaires de leur peuple, ils ont été lâchés par leurs propres gouvernements soumis à des pressions occidentales devenues intolérables.

5. Cet accord menace l'existence même des médicaments génériques. En effet, le médicament étant traité avant tout comme un produit marchand par les entreprises pharmaceutiques, celles-ci se soucient au premier chef de l'évolution du marché dans ce domaine. Or le succès grandissant des médicaments génériques, l'apparition de nouvelles entreprises produisant exclusivement ces derniers, l'émergence dans certains pays du Sud (Afrique du Sud, Brésil, Inde, Thaïlande…) d'une

industrie performante capable de produire du générique de très bonne qualité, sont des phénomènes nouveaux qui inquiètent beaucoup les *majors* de la production pharmaceutique. De ce point de vue, l'accord du 30 août, largement inspiré par elles, peut être interprété comme leur réponse à cette inquiétude. Elles ont pu compter sur le gouvernement des États-Unis et sur la Commission européenne pour protéger leurs immenses intérêts, à tel point que cet accord constitue en fait un véritable encadrement mondial du marché du générique : avec les limites qu'il impose à la fabrication et à l'exportation de médicaments génériques, ce marché est désormais sous contrôle. Les multinationales pharmaceutiques disposent à présent d'un instrument juridique pour l'assécher si elles y voient leur intérêt.

En fait, le dossier de l'accès aux médicaments essentiels est emblématique du double langage et du cynisme des décideurs européens. Alors que la vie de centaines de milliers de personnes est en cause, l'Union européenne, en contradiction avec son discours officiel, fait passer l'argent avant la santé.

COMMENT L'EUROPE ENTEND PRIVATISER LES SERVICES DANS LE SUD

«Aucun État n'est obligé d'engager un secteur de services dans un processus de libéralisation», répètent à satiété les défenseurs de l'AGCS, au premier rang desquels on trouve le commissaire européen Pascal Lamy. Pendant les négociations de l'Uruguay Round, les pays en développement, incapables de bloquer un accord sur les services, ont accepté un compromis en vertu duquel chaque pays conserverait le droit de décider d'entrer ou non dans un processus de libéralisation des services, en déterminant secteur, ampleur, rythme et limites éventuelles de celui-ci. Mais qu'en est-il vraiment de cette autonomie des États par rapport à l'AGCS ? Que reste-t-il du droit souverain de chaque pays à réglementer chez lui conformément aux vœux des populations ? Qu'en est-il de cette prétendue « flexibilité » de l'AGCS sans cesse invoquée par M. Lamy ?

Observons d'abord que chaque État, une fois membre de l'OMC, est tenu d'en appliquer tous les accords. Notons également que l'AGCS impose à tous les gouvernements le respect d'obligations générales qui ne souffrent aucune exception. Relevons enfin que depuis son adoption, l'AGCS a été inclus dans les conditionnalités imposées par la Banque mondiale et le FMI dans le cadre de leurs programmes d'ajustement structurel avec pour conséquence qu'à ce jour les pays soumis à ces programmes sont bien davantage avertis des effets dévastateurs de l'AGCS que les pays riches.

Dans le même temps où il tient les propos précités, Pascal Lamy, avec le soutien des quinze gouvernements européens, propose, conformément au mandat adopté par le Conseil des ministres en octobre 1999 et confirmé le 8 décembre 2003, d'*élever le niveau des engagements*, ce qui signifie pousser un maximum de pays à engager un maximum de secteurs de services dans un processus de libéralisation, c'est-à-dire un processus qui vise non pas à protéger les réglementations internes, mais bien à les démanteler. Ainsi, à l'initiative de l'Union européenne, la conférence ministérielle de l'OMC réunie à Doha en novembre 2001 a décidé d'un calendrier incitant les pays à entrer dans ce processus. L'affirmation du commissaire européen relève donc désormais de la théorie, puisque chaque État est soumis aux demandes de libéralisation des autres et est lui-même obligé d'offrir (on a vu que c'est le terme utilisé) des secteurs de services au Moloch du libre-échange absolu. On notera que cette procédure de demandes et d'offres implique des négociations bilatérales dont l'OMC, organisation multilatérale, était censée protéger des inconvénients.

Le 30 juin 2002, en application des décisions prises à Doha, la Commission européenne, au nom des peuples d'Europe, a demandé à cent neuf pays de s'engager à libéraliser chez eux un certain nombre de secteurs de services. On a vu que profitant de la complicité ou de l'indifférence des quinze gouvernements de l'Union, la Commission a imposé, sans s'appuyer sur la moindre base légale, le secret absolu[5]. Grâce à des citoyens courageux, ces cent neuf documents ont fort heureusement été divulgués depuis lors[6]. Il en va de même pour les propositions de la Commission en matière d'offres[7]. On peut ainsi se rendre compte de l'ampleur du processus de libéralisation que ces demandes vont générer si les négociations sur les demandes-offres, bilatérales d'abord, multilatérales ensuite, aboutissent.

Une flexibilité toute théorique

Le paragraphe 2 de l'article 19 de l'AGCS stipule qu'« une flexibilité appropriée sera ménagée aux différents pays en développement membres pour qu'ils puissent ouvrir moins de secteurs, libéraliser moins de types de transactions, élargir progressivement l'accès à leurs marchés en fonction de la situation de leur développement [...] à des fournisseurs de services étrangers... ».

En vertu de cette flexibilité, chaque pays du Sud serait libre de choisir quand, comment et quels secteurs il veut libéraliser. On a déjà vu qu'il s'agit là d'une affirmation de principe contredite par la négociation sur la mise en œuvre de l'AGCS. La flexibilité est directement liée à une négociation, c'est-à-dire à un contexte où jouent à plein les rapports de forces. Or, ce contexte est toujours défavorable aux pays en développement et les représentants de ces pays à l'OMC en fournissent des témoignages tous les jours[8].

En outre, le processus des demandes-offres soumet les pays qui ne sont pas industrialisés à la pression des pays riches qui disposent d'atouts majeurs pour imposer leurs choix. Les négociateurs ne sont jamais sur un pied d'égalité. La procédure demandes-offres est intrinsèquement inégalitaire dans la mesure où seuls les pays riches sont équipés pour y avoir recours : eux seuls disposent des informations de base que ne possèdent presque jamais les pays pauvres sur leur propre pays ; eux seuls disposent des indispensables instruments sophistiqués d'étude et d'analyse, et des experts nécessaires en nombre. Établir des listes d'engagements et de limitations pour l'accès au marché, le traitement national, les réglementations intérieures, tout en sachant que les choix sont irréversibles, réclame des capacités d'anticipation et de prévision dont la majorité des pays du Sud sont dépourvus. Comment peut-on parler de flexibilité alors que les gouvernements doivent engager l'avenir avec une forte dose d'inconnues, les contraintes définies par les disciplines relevant de négociations ultérieures à l'engagement et les négociations étant continues ?

De plus, les pays en développement ne possèdent pas sur les pays riches les informations de base qui leur permettraient de formuler également des demandes pertinentes et de faire « jeu égal » avec eux.

Enfin, lorsque l'Union européenne exige de certains pays qu'ils suppriment certaines restrictions générales mises, en 1994, au processus de libéralisation afin de préserver des capacités d'agir directement sur leur développement, elle met fin à la flexibilité prévue par l'AGCS.

Dans un tel contexte, cette flexibilité relève de la poudre aux yeux pour faire accepter l'inacceptable : empêcher les pays en développement d'élaborer leurs propres politiques et accorder aux firmes privées occidentales le droit d'y opérer à leur guise.

Une agression massive contre les pays du Sud

Sauf s'il s'agit du développement des entreprises européennes, le discours officiel de l'Union européenne sur un prétendu « agenda pour le développement » est contredit par les initiatives mêmes de la Commission. Les listes envoyées à cent neuf pays, adaptées à chacun des destinataires, de services qu'elle veut voir privatisés dans ces pays ont pour but d'obtenir de ceux-ci qu'ils ouvrent les services visés par la Commission à la concurrence des fournisseurs européens, en mettant fin aux protections conférées par des législations et des réglementations nationales.

Aussi longtemps que ces listes ont été secrètes, on a entendu la Commission européenne et certains ministres tenir des propos tout à fait apaisants : « on n'adresse aucune demande aux pays les plus pauvres[9] », « on ne demande jamais la privatisation des services publics », « le droit national de réglementer les services est préservé[10] ». Misant sur la complexité des textes, l'opacité des procédures, et l'ignorance de la plupart des décideurs politiques et des journalistes, Pascal Lamy a même osé affirmer que « les négociations de l'OMC concernent le commerce des services, pas la régulation de ces services comme tels[11] ». La volonté de tromper les opinions publiques sur les potentialités de l'AGCS est à la mesure des enjeux financiers concernés par sa mise en œuvre.

Ces cent neuf demandes sont connues depuis février 2003. La désinformation orchestrée par la Commission européenne avec le concours d'un certain nombre de relais politiques et médiatiques est alors apparue au grand jour[12].

Sur ces 109 pays, 94 sont classés comme pays en développement. Parmi ceux-ci, 41 sont désignés comme « pays à faible revenu » et 30 figurent parmi les « pays les moins avancés » (PMA)[13]. Les demandes européennes, par services, pour les 94 pays en développement se présentent comme suit :

– services professionnels : 63/94 dont 9 PMA ;

– services aux entreprises : 94 dont 24 PMA ;

– télécommunications, y compris les services publics : 91 dont 30 PMA ;

– poste/courrier, y compris les services publics : 23 ;

– construction : 66 dont 5 PMA ;

– distribution : 46 ;

– services environnementaux, y compris services publics : 62 dont 7 PMA ;

– services financiers, y compris les services publics : 71 dont 21 PMA ;

– tourisme : 48 dont 5 PMA ;

– agences de presse : 45 ;
– transport : 77 dont 18 PMA ;
– énergie : 31 dont 1 PMA.

Lors du sommet de Bruxelles des PMA, en mars 2002, ceux-ci avaient expressément demandé qu'ils ne soient pas tenus de prendre des engagements dans plus de quatre secteurs de services. Pour la seule Union européenne (d'autres pays peuvent également avoir adressé des demandes aux PMA), le nombre de demandes adressées aux PMA se présente comme suit : Angola : 7 ; Bangladesh : 6 ; Bénin : 3 ; Burkina-Faso : 3 ; Birmanie : 5 ; Burundi : 4 ; Djibouti : 4 ; Gambie : 3 ; Guinée : 4 ; Guinée-Bissau : 4 ; Haïti : 3 ; îles Salomon : 2 ; Lesotho : 3 ; Madagascar : 6 ; Malawi : 3 ; Maldives : 4 ; Mali : 3 ; Mozambique : 6 ; Niger : 3 ; Ouganda : 5 ; République centrafricaine : 3 ; République démocratique du Congo : 5 ; Rwanda : 3 ; Sénégal : 5 ; Sierra Leone : 2 ; Tanzanie : 7 ; Tchad : 3 ; Togo : 4 ; Zambie : 4.

Abolir la souveraineté des États en imposant des dérégulations tous azimuts

Quand on passe en revue les différentes demandes adressées par l'Union européenne, on ne peut s'empêcher d'être effrayé par l'ampleur des dérégulations exigées. C'est un démantèlement massif des lois et des règlements d'intérêt public des pays ciblés que réclament les Européens. Voici quelques exemples tirés d'une étude réalisée par le World Development Movement, une importante ONG britannique. Il s'agit de réglementations que l'Union européenne demande de supprimer :

– à la Barbade : taxe calculée sur la valeur de la transaction lorsque des investisseurs étrangers achètent ou vendent un terrain ou des valeurs immobilières ;
– à la Bolivie : obligation faite aux investisseurs étrangers d'établir une filiale dans le pays s'ils veulent effectuer des opérations commerciales ;
– au Botswana : priorité accordée aux ressortissants natio-

naux lorsqu'il est possible d'acquérir des actifs détenus par des étrangers; monopole de la gestion publique de l'eau;

– au Brésil : limitation des transferts vers l'étranger de fonds réalisés dans le pays par des entreprises étrangères;

– au Cameroun : obligation, pour chaque investissement d'une valeur d'au moins 10 000 euros, de créer un emploi;

– au Chili : obligation faite aux investisseurs d'engager 85 % de personnel chilien et obligation pour les investisseurs étrangers de maintenir le capital investi dans le pays pendant au moins trois ans;

– au Chili et au Mexique : interdiction faite aux étrangers de posséder des terres le long des côtes;

– à Cuba et à l'Indonésie : participation étrangère dans les sociétés mixtes ou dans les joint-ventures limitée à 49 % ;

– à l'Égypte : monopoles publics sur l'eau, l'énergie, le transport et la construction;

– au Honduras : monopole public de la gestion de l'eau;

– à la Jordanie : obligation faite aux agences de voyages étrangères de faire appel aux fournisseurs locaux pour l'organisation de circuits touristiques;

– au Kenya : limitation des investissements étrangers à 30 % dans le secteur des télécommunications;

– à l'Inde : obligation faite aux agences de voyages étrangères de faire appel à une entreprise équivalente locale, afin qu'en cas d'infraction les autorités indiennes puissent identifier un responsable;

– à la Malaisie : limitation à 51 % de la participation d'actionnaires étrangers dans les sociétés d'assurances; critères de diffusion de la publicité dans l'audiovisuel;

– à Taïwan : interdiction aux entreprises étrangères d'acquérir ou de louer des terres contenant des sources d'eau ou destinées à l'agriculture, à la sylviculture, au pâturage, à la chasse, à la production de sel, à l'exploitation minière;

– à la Thaïlande : réglementation des implantations de grandes surfaces dans le secteur de la distribution;

– à la Tunisie : monopole de la gestion publique de l'eau.

Et ainsi de suite sur plusieurs centaines de pages…

Après cela, Pascal Lamy et les néolibéraux de droite et de gauche osent encore affirmer sans rire que les États gardent un droit de réglementer ! Les propos anesthésiants des partisans de l'AGCS ne changeront rien à la réalité des textes : cet accord ne contribue en rien au développement des pays du Sud. Il les transforme en proies pour les sociétés du Nord.

Les propositions de Cancún

Outres les deux dispositions déjà indiquées[14], le paragraphe consacré à l'AGCS dans le projet de déclaration ministérielle soumis à la conférence de Cancún voulait forcer les pays qui n'avaient pas présenté d'offres de libéralisation de services à le faire et certains autres dont les offres étaient limitées à les augmenter. Il voulait en outre imposer un délai pour le dépôt de ces offres de dérégulation et de privatisation[15].

Ce texte, soutenu par l'Union européenne, démentait les affirmations répétées de Pascal Lamy selon lesquelles aucun pays n'est obligé à s'engager dans un processus de libéralisation des services. Le texte appelait à « un engagement total de tous les participants pour l'échange continu de demandes et d'offres ».

Il est important de noter que le texte consacré à l'AGCS soumis à la conférence de Cancún n'a fait l'objet d'aucune critique. Il n'a même pas été débattu et encore moins négocié. Trois initiatives font craindre que ce texte inspire les futurs travaux à l'OMC. Tout d'abord, l'appel à une reprise rapide des négociations sur l'AGCS lancé le 30 octobre 2003 par les six plus importantes organisations représentatives des prestateurs privés de services ne doit laisser aucun doute à cet égard[16]. Ensuite, l'adoption le 8 décembre 2003, par le Conseil européen des ministres, d'un document de la Commission très agressif sur la question des services, qui reprend à son compte les propositions faites à Cancún et en particulier sur la nécessité d'« exiger de tous les membres de l'OMC un niveau d'engagement beaucoup plus grand qui devrait se refléter dans la présentation, par les membres qui ne l'ont pas encore fait, d'offres valables, ainsi que dans l'amélioration sensible des offres déjà présentées. [...] Les pays en développement doivent participer pleinement à cet effort[17]... ».

La suite des négociations va porter sur la définition des disciplines, ces listes, on l'a vu, de subventions ou de normes légales considérées comme des entraves à la libre concurrence. Les négociations vont également se traduire par un énorme troc entre demandes et offres, d'abord de pays à pays, de manière bilatérale. Ensuite, les résultats de ce marchandage planétaire, où les pays riches vont une fois de plus user et abuser de leur puissance politique, économique et financière, vont faire l'objet d'un accord entre tous les États membres de l'OMC. Cette phase de négociations doit s'accompagner d'une évaluation du commerce des services prévue au paragraphe 3 de l'article 19 de l'AGCS. Cette évaluation doit porter sur l'ensemble des services, mais également sur chaque secteur. Elle doit en particulier prendre en compte les particularités des pays en développement et, parmi eux, des pays les plus pauvres. À ce jour, cette évaluation n'a pas été fournie par l'OMC. Une autre manière pour les pays riches de ne pas se soumettre aux engagements pris lorsqu'ils risquent de remettre en question les dogmes qui dissimulent la défense de leurs intérêts.

Nul ne peut prévoir ce qui sortira de ce marchandage global. Une seule certitude cependant : s'il y a un accord au 1er janvier 2005, comme initialement prévu, ou plus tard, une autre série de négociations commencera dès que les pays riches en prendront l'initiative pour libéraliser les services qui ne l'auront pas été dans le cadre des négociations actuelles.

En forçant les pays du Sud à renoncer à toutes les législations et réglementations concernant les services, en les obligeant à renoncer à leur politique économique et aux instruments qu'ils se choisissent eux-mêmes, c'est à une recolonisation que l'AGCS ouvre la voie. Pas à leur développement. Ils ne seront pas nécessairement sous la dépendance des États du Nord, mais ils seront certainement sous la coupe des firmes du Nord. Pour le bien de qui ? Une évaluation consacrée à cinq pays d'Europe centrale a conclu que « la libéralisation du commerce des services dans le cadre de l'AGCS n'a apporté aucun résultat tangible dans les économies en transition ». M. Bhagirath Lal Das, ancien ambassadeur de l'Inde auprès de l'OMC, constatait que « les bénéfices du processus de libéralisation revenaient surtout aux principaux pays industrialisés vu leurs énormes capacités dans le domaine des services[18] ».

Le retour de l'Accord multilatéral sur l'investissement (AMI)

Singapour, 9 décembre 1996. Depuis la création de l'OMC, c'est la première fois que se réunit la conférence ministérielle. L'encre des accords fondateurs de Marrakech (15 avril 1994) est à peine sèche, certains de ces accords ne sont même pas encore applicables à nombre de pays, et pourtant les gouvernements des pays industrialisés proposent le lancement d'un nouveau cycle de négociations. Ils avaient pourtant promis que la création de l'OMC allait mettre fin à des cycles périodiques de négociations sur de nouveaux accords. C'est d'ailleurs la raison d'être de cet « agenda incorporé », qui limite en les énumérant les accords demeurant ouverts à des négociations permanentes (agriculture, droits de propriété intellectuelle et accord sur les services).

À Singapour, les pays riches proposent d'entamer des négociations sur l'investissement, les marchés publics, la concurrence et la facilitation des échanges. Les pays en développement opposent un refus catégorique et ces questions – appelées depuis « matières de Singapour » ou encore « nouvelles matières » – sont dès lors renvoyées à des groupes de travail pour discussions et non pas pour négociations.

Le précédent de l'AMI

Refusant de respecter la décision de Singapour, les gouvernements des pays industrialisés, dont les gouvernements de l'Union européenne, entamèrent, dans le secret le plus absolu, des négociations sur ces matières au château de la Muette, à Paris, siège bien nommé de l'Organisation de coopération et de développement économique (OCDE), ce centre d'études des thèses néolibérales. Le projet élaboré s'appelait « Accord multilatéral sur l'investissement » (AMI). Une horreur : un accord qui imposerait le démantèlement des politiques publiques dans tous les pays afin de réaliser le rêve des firmes transnationales tel que formulé en 1995 par le président du groupe industriel helvético-suédois ABB[19] :

> [...] la liberté pour mon groupe d'investir où il veut, le temps qu'il veut, pour produire ce qu'il veut, en s'approvisionnant et en vendant où il veut, et en ayant à supporter le moins de contraintes possible en matière de droit du travail et de conventions sociales[20].

Mettant en œuvre cette liberté voulue par les milieux d'affaires, ce projet imposait aux États sept dispositions favorables aux investisseurs.

1. L'investissement était entendu dans sa définition la plus extensive : il ne s'agissait pas seulement des moyens de production, mais bien de l'« actif », c'est-à-dire « tout type d'actif détenu ou contrôlé, directement ou indirectement, par un investisseur, notamment une entreprise, mais aussi les actions, parts de capital ou autres formes de participation au capital et les droits en découlant, les obligations, titres d'emprunts, prêts et autres formes de créance et les droits en découlant, les créances monétaires et les droits à prestations ». Le texte ajoutait que l'investissement incluait aussi « les droits de propriété intellectuelle, les concessions, licences et permis et tout autre bien corporel ou incorporel, meuble ou immeuble, et tous

droits connexes de propriété». L'investissement, selon l'AMI, allait donc jusqu'à inclure les placements et les opérations spéculatives.

2. Le statut juridique de l'AMI devait être celui d'un traité contraignant pour les États signataires, dans le droit fil des accords de l'OMC, les règles de l'AMI devant avoir, comme celles de l'OMC, prééminence sur le droit national.

3. Les mesures de libéralisation devaient être irréversibles; à la signature de l'accord, les États devaient énumérer toutes leurs règles non conformes à l'AMI, désignées comme des «réserves» (l'équivalent, en quelque sorte, des exemptions de l'AGCS). Il était interdit d'en ajouter de nouvelles par la suite. Par contre, les États étaient vivement invités à éliminer progressivement ces réserves, toute nouvelle libéralisation ne pouvant être ni abrogée, ni invalidée (c'est ce qu'on appelle l'«effet de cliquet»).

4. Ces réserves devaient être libellées de manière très précise afin d'éviter des réserves trop générales qu'on appelle généralement «réserves de précaution» et qui sont d'un usage fréquent dans le droit international.

5. L'AMI mettait en place son propre système juridictionnel. Il permettait aux groupes industriels et financiers de citer les États devant des instances d'arbitrage; il permettait aussi à un État de citer un autre État. Par contre, il ne permettait pas à un État de citer un groupe industriel ou financier. Les arbitres appelés à siéger auraient été, comme à l'OMC, des «experts commerciaux».

6. Les États devaient reconnaître aux investisseurs les bénéfices cumulés du traitement national et du traitement de la nation la plus favorisée, c'est-à-dire que les investisseurs étrangers (on pense en particulier à ceux des pays les plus riches) devaient bénéficier non seulement du traitement accordé aux investisseurs nationaux, mais également du traitement accordé à des investisseurs de pays du Sud bénéficiant d'avantages dans le cadre d'une politique d'aide au développement.

7. Les États n'auraient plus eu le droit d'imposer des obligations aux investisseurs ; une liste de douze obligations interdites figurait dans le projet, dont : privilégier des produits ou des services nationaux ; lier valeur des exportations et valeur des importations ; transférer une technologie, recruter un niveau donné de nationaux… On croirait lire la liste des demandes de libéralisation faite par la Commission européenne à cent neuf pays dans le cadre de l'AGCS !

Ces dispositions, qu'il était lui-même en train de négocier, n'empêchaient pas le ministre français Dominique Strauss-Kahn de déclarer que l'AMI n'aurait « aucune influence sur notre législation, sur le droit du travail, sur le secteur public[21] ».

Lorsque, en février 1998, une ONG canadienne divulgua le contenu de cet AMI, l'indignation et la colère que suscita ce projet furent si fortes qu'elles donnèrent naissance à un mouvement planétaire qui n'a pas cessé de s'amplifier depuis lors, une internationale citoyenne rassemblant ceux qui refusent le modèle néolibéral de mondialisation. Les campagnes d'information et de sensibilisation, auxquelles prennent part un nombre peu à peu grandissant d'organisations syndicales, mettent alors en lumière ce qui ne pouvait vivre que dans l'ombre du secret. Révélées, les dispositions de l'AMI sont intolérables pour ceux qui ont de la démocratie une conception qui ne se limite pas à l'exercice électoral. Finalement, des mandataires s'émeuvent. Le 14 octobre 1998, le Premier ministre français, Lionel Jospin, ne peut résister plus longtemps aux protestations de ses alliés de la gauche plurielle et annonce le retrait de la France de ces négociations au motif qu'elles se déroulent dans un cadre inadéquat et doivent être transférées à l'OMC.

L'AMI autrement présenté : une priorité européenne

Un an plus tard, la Commission européenne fait approuver par le Conseil des ministres un ensemble de propositions qui constituent le mandat du négociateur unique de l'Union européenne en vue de la IIIe conférence ministérielle de l'OMC, à

Seattle. Ce mandat donne à Pascal Lamy un chèque en blanc pour pousser les feux afin que les matières de Singapour fassent partie du programme de négociations qui doit être décidé à Seattle. L'objectif est manifeste : les dispositions de l'AMI doivent faire l'objet d'un accord à l'OMC au travers de ces quatre matières.

Alors que, publiquement, les gouvernements – même de droite – dénoncent les outrances de l'AMI qu'ils étaient en train de négocier quelques mois plus tôt, ils usent des procédures opaques de l'Union européenne pour donner mandat d'intégrer l'AMI dans de nouveaux accords à négocier à l'OMC.

La conférence ministérielle de Seattle se terminant par un constat d'échec et donc par l'impossibilité de commencer des négociations sur ces quatre matières nouvelles, la Commission européenne a entamé une campagne en faveur de leur inclusion dans le programme de négociations qu'elle espérait voir adopter lors de la conférence ministérielle suivante, à Doha, en novembre 2001. Elle dépense des efforts innombrables pour inscrire ces quatre matières dans un nouveau cycle de négociations multilatérales. Avec une agressivité inégalée – les États-Unis ont sur ces matières des ambitions multilatérales plus modestes – l'Union européenne n'a négligé aucun moyen pour faire inscrire ces matières dans le programme négocié à Doha.

Pendant les mois qui ont précédé la conférence de Doha, Pascal Lamy a mené une campagne internationale d'une ampleur inédite pour convaincre les gouvernements du bien-fondé de négociations sur ces questions. Il a tenté de détourner de préoccupations plus vitales le sommet des PMA organisé par le PNUD à Bruxelles, en mai 2001, afin d'obtenir de leur part une déclaration favorable aux thèses européennes. En vain. Lors des débats préparatoires au siège de l'OMC, les représentants de l'immense majorité des pays du Sud ont opposé une résistance obstinée à tout texte incluant la décision de négocier sur ces matières. Au point que, à la fin de juin, le représentant de l'Union européenne, soutenu par son collègue américain, a déclaré qu'il fallait désormais discuter directement avec les ministres dans les capitales de ces pays et non plus avec leurs représentants à l'OMC, manifestement trop avertis, aux yeux des diplomates occidentaux, des arcanes de la discussion en cours. Mais ce fut en vain que les pays occidentaux lancèrent ce qu'ils n'hésitèrent pas à appeler « une offensive vers les capitales ». À la fin de septembre, réunis en conférence ministérielle à Zanzibar, ces mêmes PMA ont confirmé leur refus catégorique. Le groupe des pays africains (à Abuja en octobre 2001), puis trente-trois pays d'Asie et du Pacifique, conduits par l'Inde, et enfin le groupe des pays d'Afrique, des Caraïbes et du Pacifique[22], ont exprimé un même refus. Ce n'est qu'au prix du coup de force décrit plus haut[23] que la conférence ministérielle a entamé ses travaux sur la base d'un projet de texte incluant ces matières. Et c'est par le recours aux manipulations déjà décrites, à l'instrumentalisation du 11 septembre[24], ainsi qu'à un chantage européen sur la demande de dérogation pour l'accord de Cotonou, que furent imposées les dispositions relatives à ces quatre matières telles qu'elles ont été inscrites dans le programme de travail arrêté à Doha.

Toutefois, grâce à la résistance des pays du Sud, les ministres sont convenus, pour chacune des quatre matières, que « des négociations auront lieu après la cinquième session de la conférence ministérielle sur la base d'une décision prise, par consensus explicite, à cette session, sur les modalités des négociations[25] ». Les négociations n'ont donc pas commencé après Doha. Il était prévu qu'elles commencent après la Ve conférence ministérielle qui allait se tenir à Cancún, si tous les États membres manifestaient explicitement leur accord sur les modalités de ces négociations.

Avec une agressivité permanente, la Commission a mis tout en œuvre pour contourner les concessions faites à Doha. Elle a tenté de transformer en prénégociations les discussions sur ces matières des groupes de travail créés à Singapour en 1996. Elle a demandé que ces questions soient examinées par le comité spécial constitué pour les négociations du programme de Doha. Elle s'est employée à orienter les débats vers la question des « modalités des négociations » à adopter par « consensus explicite », afin que cette question soit réduite à une simple formalité. Elle a rappelé que ces quatre matières font partie de l'« engagement unique » (il n'y a d'accord sur rien aussi longtemps qu'il n'y a pas d'accord sur tout) convenu à Doha, et qu'elles devaient donc être négociées comme des parties intégrantes du programme de Doha. À la veille de Cancún, Pascal Lamy répétait que « le lancement des négociations sur les matières de Singapour est la priorité absolue de l'Union européenne[26] ».

Les pays du Sud, quant à eux, malgré ces intenses pressions de la part de la Commission européenne, ne cessent de répéter, à Genève comme lors de rencontres internationales, qu'ils sont opposés à toute négociation sur ces matières et qu'il n'y a donc aucun consensus explicite pour les commencer.

En dépit de cette opposition constante et massive d'une écrasante majorité d'États membres de l'OMC, représentant plus de 60 % de la population mondiale, Pascal Lamy, fort du soutien renouvelé des quinze gouvernements[27], va ignorer cette opposition. Il va se présenter à Cancún avec la ferme volonté d'imposer l'ouverture de négociations sur ces quatre matières. Ce n'est que quelques heures avant la fin de la conférence qu'il proposera de différer l'ouverture des discussions sur les marchés publics et sur la facilitation des échanges en signe de flexibilité. Mais il en résultera pour l'Union européenne, qui se sera montrée fort arrogante depuis le début de la conférence, une énorme perte de crédit. Ses efforts pour prolonger, comme à Doha, la conférence d'une nuit et d'une journée se heurteront au refus des pays en développement, avertis par une expérience qu'ils ne veulent pas revivre.

À Cancún, les Européens ont donc fortement sous-estimé l'exaspération de pays en développement lassés et révoltés après des années d'engagements non tenus, d'humiliations répétées, de diktats subis. Un front du refus, cristallisé au moment des travaux préparatoires de la conférence sur le dossier agricole, s'est conforté pendant celle-ci au vu de l'intransigeance des pays riches. Il a tenu bon dans l'espoir de créer un nouveau rapport de forces grâce auquel les attentes légitimes des pays du Sud seraient prises en compte au-delà de déclarations d'intention jamais confirmées dans les faits[28].

Toutefois, l'échec de l'Union européenne à Cancún ne met pas fin à sa volonté d'imposer des négociations sur ces questions. Elle s'appuie notamment sur le fait que la négociation de ces matières fait partie du programme de négociations arrêté à Doha. L'engagement unique doit donc, selon la Commission européenne, inclure un accord sur ces sujets. Le 8 décembre 2003, Pascal Lamy a fait approuver par le Conseil des ministres un texte qui, tout en reconnaissant qu'il « subsiste un profond désaccord entre les membres de l'OMC en ce qui concerne l'utilité d'établir des règles sur ces quatre sujets dans le cadre de l'OMC », affirme que « l'UE ne voit aucune raison d'abandonner l'objectif fondamental et à long terme d'élaboration de règles pour ces quatre sujets ». En conséquence, l'Union européenne privilégie des négociations sur les quatre matières dans le cadre du programme de Doha, mais explorera les possibilités de négocier certains, voire la totalité, des quatre sujets dits de Singapour en dehors de ce programme, si l'impossibilité de trouver un accord dans ce cadre persiste. Dans cette hypothèse, l'Union européenne envisage donc des négociations dites « plurilatérales », c'est-à-dire des négociations entre les pays intéressés. Le 16 décembre 2003, quatre-vingt-dix pays membres de l'OMC ont répété leur hostilité à l'ouverture de négociations sur ces matières et ont rejeté l'idée de négociations plurilatérales, dont le principe même est contraire aux statuts de l'OMC.

Matières de Singapour = AMI

Il est important d'apporter la démonstration qu'effectivement ces quatre matières dites de Singapour reproduisent, en les tronçonnant, les dispositions les plus contestables qui se trouvaient dans le projet d'Accord multilatéral sur l'investissement.

L'investissement

L'objectif des pays riches, en voulant inclure dans les règles de l'OMC un accord sur l'investissement, est de garantir et de renforcer les droits des investisseurs étrangers dans le pays d'accueil, et de limiter la capacité du gouvernement de ce pays à imposer des conditions à l'entrée des investisseurs étrangers et à leurs activités. Comme pour l'AMI, l'intention ne souffre aucune équivoque : il s'agit de donner des droits aux investisseurs et d'en enlever aux États.

On pense évidemment en premier lieu aux pays en développement, qui ont un grand besoin d'investissements et ont le droit le plus légitime de définir des priorités économiques et des politiques industrielles, ainsi que le devoir de protéger leurs populations contre les abus et les nuisances des entreprises étrangères. On oublie trop souvent que ces règles de l'OMC s'appliqueront aussi aux pays riches, où les entreprises se livrent à une compétition féroce dont les victimes sont rarement les cadres dirigeants et les actionnaires principaux.

La Déclaration ministérielle de Doha (§ 20, 21, 22) a donné mandat au groupe de travail de l'OMC sur « commerce et investissement » de clarifier les points suivants :

a) portée et définition de la notion d'investissement ;

b) transparence des législations, réglementations et procédures nationales ;

c) non-discrimination (traitement national et traitement de la nation la plus favorisée) ;

d) modalités pour des engagements reposant sur une approche fondée sur des listes positives de type AGCS ;

e) dispositions relatives au développement ;

f) exceptions et sauvegardes concernant la balance des paiements ;

g) consultations et règlement des différends entre les membres.

Plusieurs pays défendent l'idée que cette liste n'est qu'exemplative et qu'il doit être possible de discuter également de questions comme la préservation du droit des gouvernements à formuler un certain nombre d'exigences à l'égard des investisseurs : participation au capital, embauche de personnel local, salaires, etc. ; mais cette idée n'est pas soutenue par les pays riches.

L'examen des propositions et des discussions en cours permet de dégager le profil d'un accord sur l'investissement tel que le veulent les pays riches. Les propositions les plus importantes et les plus nombreuses ont été déposées par l'Union européenne[29]. Le Canada[30], la Chine[31], la Corée[32], l'Inde[33], le Japon[34], le Mexique[35] et Taïwan[36] ont également déposé plusieurs propositions sur tout ou partie des sujets. Les États-Unis[37] se sont limités à la portée de l'accord et à la définition de l'investissement ; ils n'ont avancé aucune proposition sur les autres questions. Mais toutes les options restent ouvertes dans la mesure où Taïwan et, sur la plupart des sujets, le Canada proposent le retour intégral de l'AMI.

a) Portée et définition de la notion d'investissement. Les États-Unis proposent la définition la plus large, celle de l'AMI, qui inclut tous les actifs. Il en va de même du Canada, de Taïwan et du Japon, ce dernier demandant même d'intégrer les services et donc l'AGCS dans le nouvel accord. L'Union européenne privilégie la notion d'investissement direct (FDI : *Foreign Direct Investment*) – une notion qui s'appuie à la fois sur le Code sur la libéralisation des mouvements de capitaux de l'OCDE et sur le Manuel de la balance des paiements du FMI. Un FDI est un investissement de longue durée dans lequel l'investisseur dispose en tout état de cause des moyens de contrôler l'entreprise. Un FDI concerne également les filiales, les participations et les branches si elles répondent au même critère : l'investisseur doit posséder les moyens (le nombre de parts, les pouvoirs lors des votes) de contrôler l'entreprise. Le concept de FDI inclut toutes les contributions et transactions en capital relatives à l'investissement, sous quelque forme que ce soit.

L'Union européenne accorde beaucoup d'importance à cette question, voulant donner l'impression que son *Multilateral Framework on Investment* est moins ambitieux que l'AMI, mais son approche alambiquée ne vise qu'à dissimuler le fait qu'elle écarte seulement les mouvements de capitaux à court terme. Dès lors que cet accord sur l'investissement implique le traitement de la nation la plus favorisée et le traitement national, les subtiles distinctions mises en avant par la Commission européenne sont de peu d'importance. D'ailleurs l'Union européenne s'est déclarée disposée à élargir la notion de FDI et à inclure, par exemple, les joint-ventures et les alliances stratégiques.

La Chine exclut toute définition de l'investissement basée sur les actifs. La Chine, l'Inde et plusieurs autres pays rejettent la définition de l'AMI et demandent une définition très précise du FDI qui « aide à la promotion du commerce et au développement économique des pays hôtes ». Dans le même document, ces pays ont rappelé les différentes tentatives d'élaborer des codes de conduite, tant à l'égard des firmes multinationales qu'en ce qui concerne les transferts de technologie, tentatives sabotées par les pays développés. Ils ont aussi rappelé la déclaration de principes tripartite, sur les entreprises multinationales et la politique sociale, adoptée le 16 novembre 1977 dans le cadre de l'Organisation internationale du travail. Ils ont rappelé également le Guide de l'OCDE sur l'investissement international et les entreprises multinationales. Ils ont enfin demandé le respect de quatre principes :

– le respect par les investisseurs étrangers de la souveraineté nationale du pays hôte et du droit de chaque gouvernement à réglementer et à surveiller leurs activités ;

– la non-ingérence dans les affaires intérieures du pays hôte et dans les choix de ses priorités économiques et autres ;

– l'adhésion et la participation active, par une contribution positive, aux buts économiques et aux objectifs de développement, aux politiques et aux priorités du pays hôte ;

– l'adhésion aux objectifs et aux valeurs socioculturels, et l'abstention de toute pratique, de tout produit ou service qui pourrait leur être préjudiciable.

b) Transparence. L'Union européenne, le Canada, le Japon et Taïwan demandent les mêmes dispositions que dans l'AGCS : publication et envoi à l'OMC de toutes les législations, réglementations et procédures relatives à l'investissement, notification des nouveautés et des changements dans des délais précis, obligation de fournir des réponses aux questions posées par tout État membre. La Chine, tout en proposant de s'inspirer du modèle AGCS, formule des demandes particulières :

– la transparence devrait faire l'objet, en faveur des pays en développement, d'un traitement spécial et différencié ;

– des exigences de transparence devraient être formulées à l'égard du pays d'origine de l'investisseur/investissement ;

– la transparence devrait être exigée également pour les investisseurs et les investissements ;

– la transparence exigée du pays hôte devrait exclure les procédures relatives aux pouvoirs législatif et judiciaire ainsi qu'à l'administration de ce pays.

c) Non-discrimination. Le Canada et Taïwan proposent que le traitement de la nation la plus favorisée et le traitement national soient appliqués comme des obligations générales. C'est le système de l'AMI. L'Union européenne, la Corée, le Mexique et, avec une formulation plus vague, le Japon proposent une application modulée à la manière de l'AGCS : une obligation générale pour le traitement de la nation la plus favorisée, et des obligations spécifiques pour le traitement national. L'Union européenne distingue une obligation générale pour le traitement national (avec de possibles exceptions) lorsqu'il s'agit d'investissements respectant les lois et obligations du pays hôte, et des obligations spécifiques dans les secteurs où des engagements spécifiques ont été pris par le pays hôte. L'Inde rejette le principe de non-discrimination en matière d'investissements et considère que le pays hôte doit conserver le plein droit d'établir et de modifier sa législation sur les investissements étrangers.

d) Modalités pour des engagements reposant sur une approche fondée sur des listes positives de type AGCS. Parfaitement cohérents, les États qui ont avancé des propositions sur la non-discrimination défendent la même approche : Canada et Taïwan rejettent l'approche AGCS ; Union européenne, Corée, Japon et Mexique lui sont favorables. Les États-Unis ont rejeté cette approche en ce qui concerne la présentation des engagements : alors que l'AGCS impose la présentation d'une liste positive d'engagements, ils veulent pour l'investissement une liste négative, c'est-à-dire une liste des exceptions. Une telle approche est plus favorable à la libéralisation. L'Inde conteste l'interprétation faite par ceux qui présentent le traitement national dans l'AGCS comme une obligation générale, et qui, sous cette présentation, veulent le transposer dans un accord sur l'investissement, alors qu'il s'agit, dans le cadre de l'AGCS, d'une obligation spécifique limitée aux engagements pris.

e) Dispositions relatives au développement. Hormis le Canada, qui se contente d'une vague formule de phasage pour les pays en développement, les autres propositions font explicitement référence à l'AGCS. L'Inde souligne la nécessité de permettre aux pays en développement d'imposer des exigences de résultats aux investisseurs étrangers. Elle fait observer à ceux qui veulent imposer le modèle AGCS que celui-ci n'interdit pas de telles exigences qu'ils contestent par ailleurs.

f) Exceptions et sauvegardes concernant la balance des paiements. Toutes les propositions avancées soulignent la nécessité de respecter les accords existants et le caractère exceptionnel et temporaire de telles exceptions et sauvegardes.

g) Consultations et règlement des différends entre les membres. Taïwan reprend la proposition de l'AMI visant à permettre à une entreprise privée d'introduire une action contre un État. L'Union européenne, le Canada et le Japon proposent de confier la résolution des conflits à l'Organe de règlement des différends (qui ne connaît, à ce jour, que des plaintes entre États et devant lequel les pays en développement sont en position de faiblesse). Aucun pays n'a proposé qu'un État puisse introduire une plainte contre un investisseur.

On s'en rend compte, ce qui sera proposé à la négociation, si elle a lieu, ce sera au pire le retour de l'AMI tel quel, au mieux un AMI par étapes. Sans compter que ce qui n'est pas abordé dans l'accord sur « commerce et investissement » pourra l'être dans les trois autres matières de Singapour.

La concurrence

Le mandat de Doha (§ 23, 24, 25) au groupe de travail de l'OMC sur « commerce et concurrence » porte sur la clarification des points suivants :

– les principes fondamentaux de la concurrence ;

– la transparence dans les législations, réglementations et procédures nationales ;

– la non-discrimination (traitement national et traitement de la nation la plus favorisée) et l'équité sur le plan de la procédure ;

– les dispositions relatives aux ententes injustifiables (les cartels) ;

– les modalités d'une coopération volontaire.

Les propositions européennes sont les plus élaborées. Elles s'appuient sur un véritable corps de doctrine formulé dans un document déposé le 12 avril 1999 et intitulé « The relevance of fundamental WTO principles of national treatment, transparency and most favoured nation treatment to competition policy and vice-versa[38] ». Ce document n'a bien entendu jamais fait l'objet du moindre débat parlementaire, tant dans les quinze Parlements nationaux qu'au Parlement européen.

Il s'agit en fait d'accorder aux firmes commerciales une totale liberté d'opérer sur les marchés de tous les pays membres de l'OMC. Dans le même temps où on veut protéger les droits des investisseurs contre ceux des États, on s'emploie à imposer aux États les droits des firmes commerciales. En fait, il s'agit d'imposer que soient mis en concurrence tous les acteurs commerciaux et qu'ils soient soumis à des règles identiques. L'Union européenne veut élargir au monde les pratiques ultralibérales de la concurrence commerciale qui sont mises en œuvre en interne, au titre, en particulier, de l'harmonisation, avec les résultats qu'on connaît en termes de disparitions de firmes et de destructions massives d'emplois.

Personne ne conteste la nécessité de règles en matière de concurrence. Tout le débat porte sur le niveau auquel elles doivent être adoptées et s'appliquer. Placer sous des règles de concurrence identiques des économies de niveaux différents, c'est organiser la plus déloyale des concurrences dont seuls les plus forts tireront profit. Or, c'est exactement ce que l'Union européenne entend réaliser en imposant à chaque État membre de l'OMC les principes centraux de celle-ci que sont la transparence et la non-discrimination (c'est-à-dire le traitement national et le traitement de la nation la plus favorisée).

Essayant de conférer une forme de légitimité à ses propositions, la Commission européenne a récemment affirmé que son souci était surtout de lutter contre les noyaux durs des cartels. Mais étrangement, depuis 1995, l'Union européenne n'a jamais tenté quoi que ce soit contre ces noyaux durs. Par exemple, on n'a rien observé venant de M. Lamy pour empêcher que les firmes pharmaceutiques détentrices de brevets sur les médicaments n'adoptent des comportements assimilables à ceux des cartels. Quelle crédibilité accorder aux intentions affichées par l'Union européenne quand on sait que les règles de l'OMC s'imposent aux États et non aux entreprises, que rien en matière de transparence n'est exigé des firmes transnationales et que l'Union européenne n'a jamais fait la plus petite proposition en vue de soumettre les entreprises à des contraintes d'intérêt général ?

Les travaux préparatoires au sein de l'OMC ont fait apparaître un fossé immense entre l'Union européenne, le Japon et quelques pays demandeurs d'un accord multilatéral sur la concurrence, et les autres pays, industrialisés ou en voie de développement, qui tous insistent sur la nécessaire flexibilité et les indispensables différenciations (entre les pays, les secteurs et les entreprises) que devrait comporter un tel accord. Un très grand nombre de pays doutent de la possibilité pour leur firmes de survivre si les propositions de l'Union européenne leur sont imposées. L'Inde[39] et la Thaïlande[40], en particulier, ont réagi aux propositions de l'Europe et du Japon en exigeant un traitement spécial et différencié pour les pays en développement. Aucun consensus n'a émergé à ce jour.

Les marchés publics

Le mandat de Doha (§ 26) précise que les négociations sur ce point devraient porter uniquement sur la transparence des législations, réglementations et procédures nationales, et ne pourraient pas restreindre la possibilité pour les pays d'accorder des préférences aux fournitures et fournisseurs nationaux.

La question de la transparence dans les marchés publics est déjà abordée dans l'AGCS à l'article 13. Elle est renvoyée à des négociations qui ont commencé en 1997 et qui n'ont pas encore abouti. Il existe à l'OMC un accord plurilatéral sur la transparence des marchés publics, mais, comme son nom l'indique, il ne concerne que les pays qui l'ont signé[41].

Ce que les pays riches recherchent en proposant un accord sur cette question, c'est l'accès pour leurs entreprises aux marchés publics de tous les pays membres de l'OMC. Or, les marchés publics représentent un outil important pour un gouvernement. Cet outil lui permet de favoriser des entreprises nationales ; il permet aussi, dans le cadre d'un accord bilatéral, de négocier un arrangement profitable avec un autre pays. C'est un instrument décisif de la souveraineté nationale.

Les deux partisans d'un accord sur cette question sont les États-Unis et l'Union européenne. À Singapour, leurs propositions dépassaient la seule transparence et couvraient l'ensemble de la problématique. Ils voulaient que la pratique des marchés publics soit soumise à la transparence, mais également au traitement national et au traitement de la nation la plus favorisée. Devant l'hostilité massive des pays en développement, ils ont ramené l'ambition immédiate d'un tel accord à la question de la transparence. Mais il ne fait l'ombre d'aucun doute que, une fois un accord engrangé sur un aspect, ils demanderont de l'étendre aux autres. Une nouvelle fois, comme pour l'investissement, une stratégie graduelle est adoptée. Mais le but reste identique : ouvrir toutes les économies aux firmes des pays riches.

C'est devenu tout à fait perceptible en 2002, lorsque les États-Unis, l'Union européenne, le Japon et la Suisse ont tenté de sortir du mandat fixé à Doha. Ils veulent qu'un accord impose une adaptation des législations nationales aux principes qui seront arrêtés et qui tendent à réglementer les marchés publics et non pas seulement à imposer la transparence. Les États-Unis ont avancé un plan pour un accord qui va dans ce sens[42]. Le Japon demande même qu'un accord incorpore la possibilité d'une procédure devant l'ORD[43].

Les débats portent également sur le contenu des obligations en termes de transparence. Faut-il communiquer toutes les législations, réglementations et procédures, nationales et locales ? Dans l'affirmative, doivent-elles être traduites dans une langue officielle de l'OMC ? Doivent-elles concerner tous les marchés publics ou seulement ceux d'un certain niveau ?

D'après les réponses fournies à ces questions par les États-Unis et l'Union européenne, il est manifeste que les pays riches veulent, par l'intermédiaire des règles de l'OMC, imposer à tous les pays, y compris les plus pauvres, de fournir un volume d'informations qui sera ainsi mis gratuitement à la disposition des entreprises transnationales.

Le Brésil et l'Inde sont opposés à l'obligation de traduire les législations, réglementations et procédures ainsi que les appels d'offres des entités fédérales et des entités fédérées dans une langue officielle de l'OMC (anglais, français ou espagnol). Ils s'opposent à l'obligation d'avoir à notifier à l'OMC les appels d'offres ainsi que les modifications apportées à leurs législations, réglementations et procédures. Aucun consensus n'a émergé à ce jour.

La facilitation des échanges

Le mandat de Doha (§ 27) indique que les négociations devraient porter sur l'amélioration de la mise en œuvre d'un certain nombre de dispositions du GATT 1994, et en particulier de trois aspects :

– la liberté de transit,

– les redevances et les formalités liées aux importations et exportations,

– la publicité et l'administration des règles commerciales.

Sous cette formulation se cache en fait la volonté des pays occidentaux de voir généralisées les législations et réglementations en vigueur chez eux, sans considération pour l'immense fossé existant entre ces pays et les autres en termes de ressources administratives, financières et humaines. Ainsi, les pays riches proposent de limiter la vérification physique des marchandises par les douanes afin d'accélérer le dédouanement. Mais c'est ne pas tenir compte du fait que, dans bon nombre de pays en développement, les risques de pertes sont infiniment plus élevés que dans les pays occidentaux. Suivre cette proposition, ce serait condamner les pays en développement à des pertes de recettes douanières.

Une fois de plus l'Union européenne est la plus agressive dans ses propositions. En matière de liberté de transit, l'Europe[44] demande que les procédures ne soient pas plus onéreuses que celles prévues pour les importations. En matière de redevances et de formalités liées aux importations et exportations, elle réclame des règles opérationnelles et des réformes graduelles, mais irréversibles. En ce qui concerne la publicité, avec le Canada, la Corée et le Japon, elle demande une augmentation des informations qui doivent être fournies, une consultation obligatoire de l'OMC avant l'adoption de règles douanières, une possibilité de recours juridique contre des décisions de douane.

Les pays en développement défendent leur droit à des législations et réglementations autonomes, et demandent un traitement spécial et différencié pour ces questions qui sont si intimement liées à leurs niveaux de développement respectifs.

Invoquant l'esprit du paragraphe 27 de la Déclaration de Doha, Cuba, l'Inde, l'Indonésie, la Malaisie, le Pakistan et l'Uruguay ont rappelé qu'il doit s'agir, au niveau du groupe de travail, plus d'une évaluation des problèmes que d'une négociation. Ils ont mis en doute la nécessité d'établir de nouvelles règles. Aucun consensus n'a émergé à ce jour.

À qui profiterait un accord sur ces quatre matières ?

Une nouvelle fois, à l'origine de la pression des pays riches en faveur de négociations sur les quatre questions de Singapour se trouve un dogme : l'investissement direct étranger (FDI) conduit automatiquement à la croissance et au développement. Ce dogme est fortement poussé par les lobbies industriels et financiers. Au point qu'on le retrouve même inscrit dans les propositions pour la future Constitution européenne comme un des objectifs de l'Union européenne (art. III-216 du projet de Constitution) !

Car il s'agit bien d'un dogme, d'une vérité proclamée et non vérifiée : affirmer qu'un accord qui libéralise le régime des investissements et augmente les droits des investisseurs provoque un accroissement des FDI dans les pays en développement ne repose sur aucune réalité vérifiable.

Alors qu'un très grand nombre de pays en développement ont libéralisé leur législation en matière d'investissements étrangers, alors qu'a été passé un nombre impressionnant d'accords bilatéraux dans ce domaine, les pays en développement et les pays les moins avancés attirent toujours moins d'un quart du flux mondial des FDI. Toutes les études (Banque mondiale, CNUCED, OCDE, PNUD) concordent pour constater que la libéralisation des investissements imposée par le biais d'accords bilatéraux ou régionaux n'a pas conduit à une augmentation du flux des FDI. Cela a notamment été vérifié en examinant les flux de FDI entre les pays de l'OCDE et trente et un pays en développement pour les vingt dernières années et en les comparant en fonction de l'existence ou de l'absence d'un accord bilatéral sur l'investissement[45]. Rien n'est plus faux que le slogan de la Chambre de commerce internationale selon lequel « des règles de l'OMC sur l'investissement seront profitables au monde en développement[46] ».

Même la Commission européenne, certes dans la confidentialité d'une réunion interne à l'OMC, reconnaissait qu'« il n'y a pas de relation mécanique entre la présence de FDI et des transferts de technologie », et elle ajoutait, en commentant ses propres propositions en faveur d'un cadre multilatéral sur l'investissement, qu'« il n'a jamais été suggéré que l'établissement de telles règles était essentiel pour l'attractivité d'un pays hôte à l'égard des FDI. Tout au plus elles apporteraient une contribution limitée mais appréciable en améliorant la sécurité juridique pour les investisseurs[47] ».

Si surprenant que cela puisse paraître à des personnes de simple bon sens, à ce jour, dans les groupes de travail de l'OMC, *aucune* démonstration n'a été faite sur la question de savoir dans quelle mesure un accord sur ces quatre matières contribuera à réguler le commerce mondial et sera profitable aux pays en développement.

Si tels étaient les objectifs, certaines questions préjudicielles devraient être posées :

1. Jusqu'à quel point peut-il y avoir compatibilité entre les exigences de transparence et de non-discrimination (traitement national et traitement de la nation la plus favorisée) inscrites dans les accords de Marrakech et le droit fondamental de chaque pays à réguler sa politique économique, industrielle, sociale, environnementale et culturelle ?

2. Comment peut-on, en appliquant les principes de l'OMC, éviter que des entreprises locales ne soient écrasées par la concurrence des firmes transnationales, compte tenu de la taille, du potentiel technologique (protégé par l'accord sur les ADPIC), de l'accès privilégié aux marchés des pays riches et des protections (aucun cartel n'étant remis en cause) dont bénéficient ces firmes ?

3. Comment qualifier une régulation du commerce mondial qui se caractérise par des obligations imposées exclusivement aux États et qui ne comporte aucune contrainte à l'égard des firmes privées ? Pourquoi l'obligation de transparence s'adresse-t-elle uniquement aux États ?

On arrive ainsi à une double conclusion :

1. Un accord sur les nouvelles matières dans le cadre de l'OMC ne va pas contribuer au bien-être des pays en développement ; un accord multilatéral sur l'investissement qui aurait un tel but tendrait à encadrer les droits des investisseurs pour les rendre compatibles avec les besoins de ces pays.

2. Un accord sur les nouvelles matières n'a pas sa place à l'OMC. Parce que le but n'est pas de mettre l'investissement au service de la croissance ou du développement, mais bien de maximiser les profits des investisseurs.

On peut sans difficulté partager la conclusion de l'Inde dans une de ses contributions aux débats :

> L'argent n'entre ni dans la catégorie des biens, ni dans celle des services. L'OMC est un forum de négociations commerciales : ce n'est ni un forum de banquiers, ni un forum d'économistes monétaristes. Les pays les moins développés au sein de

l'OMC n'ont pas l'expertise et la compétence des pays riches. La meilleure contribution qui peut sans doute être faite à la cause du développement est de comprendre les limites des pays en développement et, au sein de l'OMC, de se concentrer exclusivement sur les questions commerciales[48].

Cotonou ou la recolonisation des pays d'Afrique, des Caraïbes et du Pacifique

L'accord de Cotonou[49] entre l'Union européenne et soixante-dix-sept pays d'Afrique, des Caraïbes et du Pacifique (ACP) formalise le stade actuel des relations entre l'Europe et ses anciennes colonies.

Lorsque le traité de Rome instituant la Communauté économique européenne est signé en 1957, la Belgique et la France sont encore des puissances coloniales. Le traité prévoit un régime d'association avec les «pays et territoires d'outre-mer». Six ans plus tard, la décolonisation est terminée. Un accord est signé à Yaoundé entre la CEE et dix-huit États africains et malgache associés. Il porte sur le commerce (essentiellement des préférences tarifaires) et la coopération financière et technique (avec, surtout, des projets d'infrastructures économiques et sociales). En 1968, l'accord de Yaoundé est prorogé quasi à l'identique.

En 1975, suite à l'entrée de la Grande-Bretagne dans la CEE et à l'arrivée des pays du Commonwealth, le concept de pays ACP est consacré dans la convention de Lomé. Cet accord concerne quarante-six pays et entend réaliser un modèle de développement fondé sur le partenariat et la solidarité. Un secrétariat des pays ACP est créé. Cet accord, qui doit beaucoup à la générosité, à l'inventivité et à la ténacité de Claude Cheysson, commissaire européen au Développement, confirme l'octroi de préférences tarifaires non réciproques pour les exportations des pays ACP vers la CEE. Il crée le Stabex, un système de compensation du déficit des recettes d'exportation, suite à la fluctuation des prix sur les marchés mondiaux. Il prévoit le financement de travaux d'infrastructures et de programmes agricoles. Des protocoles additionnels favorisent les exportations des pays ACP dans des secteurs comme le sucre, la viande bovine et la banane. En 1979 est signé l'accord Lomé II. Il est identique à Lomé I, mais il est signé par cinquante-huit pays ACP. Il crée le Sysmin qui est un Stabex adapté aux produits miniers. En 1984, soixante-six pays signent Lomé III. Cinq ans plus tard, soixante-huit pays signent Lomé IV. La grande nouveauté de cet accord réside dans l'introduction d'une double conditionnalité pour en bénéficier : le respect des droits humains et le respect des plans d'ajustement structurel du FMI. L'accord comporte un appui au développement du secteur privé. En 1995, lorsque soixante-dix pays signent Lomé IV bis, le respect des droits humains et celui de l'État de droit deviennent des conditions suspensives. Cet accord introduit la notion de développement durable et proclame la nécessité pour les pays ACP de s'insérer dans l'économie mondiale : l'Europe commence à lier sa politique de développement à sa politique étrangère et de sécurité.

En 1996, dans un «Livre vert» consacré à la politique d'aide au développement, la Commission européenne estime qu'il faut prendre en compte la fin de la guerre froide, la création de l'OMC, l'impact des conflits et des catastrophes naturelles et le contexte institutionnel interne des pays ACP. Elle propose de négocier un nouvel accord. Il est signé à Cotonou le 23 juin 2000.

L'accord de Cotonou est un enfant des accords de Marrakech. On y retrouve la même foi dogmatique dans les vertus du libre-échange, la même confiance absolue dans l'initiative privée, la même volonté d'affaiblir la puissance publique et de limiter la souveraineté des peuples, la même organisation des déséquilibres Nord/Sud et la même consolidation d'un rapport de dépendance entre les pays industrialisés occidentaux et le reste du monde.

Les conditions de sa négociation ont présenté, elles aussi, des similitudes fort grandes avec les conditions dans lesquelles les pays du Sud ont été contraints de participer aux négociations de l'Uruguay Round. Ce qui autorise le constat de Mme Séverine Rugumamu, professeur à l'université de Dar es-Salaam :

> Du fait qu'elle possédait des ressources institutionnelles et économiques intrinsèquement supérieures, l'Union européenne a été clairement en mesure de peser sur l'ordre du jour de la négociation et de définir les critères de la coopération au sens où elle l'entendait[50].

L'accord de Cotonou est l'instrument par lequel l'Union européenne contraint soixante-dix-sept pays à se soumettre aux accords de Marrakech. Les préférences commerciales non réciproques qui caractérisaient, de 1963 à 1995, les accords avec les pays ACP sont condamnées par l'accord de Cotonou, qui en organise le démantèlement à l'horizon de la fin de 2007. De même, les mécanismes de compensation du déficit des recettes d'exportation suite à la fluctuation des prix sur les marchés mondiaux, le Stabex et le Sysmin, sont supprimés. Enfin, les protocoles organisant des systèmes de quota avec prix garantis sur des produits de base comme la banane, le sucre, la viande bovine sont promis à terme au démantèlement. L'accord de Cotonou, c'est d'abord la destruction des mécanismes de solidarité mis en place tout au long des quarante années écoulées.

Les Européens justifient l'abandon de ces pratiques interventionnistes à la fois par le caractère décevant des résultats obtenus, par des facteurs propres aux pays ACP (guerres civiles, mauvaise gouvernance, corruption) et par la prééminence des accords de Marrakech dans l'ordre juridique international. Cette justification ne résiste pas à l'analyse. Elle ignore :

a) la responsabilité directe des pays de l'Union européenne qui maintiennent un niveau élevé de protectionnisme, lequel s'est traduit par une diminution de la part des pays ACP dans le total des importations de l'Union européenne, ramené de 6,7% en 1976 à 3,4 % en 1998;

b) la diminution des aides européennes, passées de 0,37% du PNB en 1988 à 0,23% en 1998;

c) l'impact des programmes d'ajustement structurel du FMI;

d) l'impact de la charge de la dette, qui inverse les flux financiers du Sud vers le Nord;

e) la détérioration continue des termes de l'échange au détriment des pays ACP.

De plus, lorsqu'elle invoque les « facteurs propres aux pays ACP », l'Europe passe totalement sous silence le rôle des États membres et de leurs firmes privées dans le déclenchement et l'alimentation des guerres civiles, dans les effets de la colonisation sur la gouvernance des anciennes colonies et dans l'incitation à la corruption. On montre du doigt les corrompus, mais on se tait sur les corrupteurs.

En outre, l'Europe, qui se flatte si souvent d'être le premier donateur mondial, oublie de mettre en lumière que 60 à 80% de l'aide à destination des pays ACP reviennent dans l'Union sous la forme d'acquisition d'équipements, de services et d'honoraires somptueux versés à des experts qui en sont issus.

Enfin, l'Union européenne est tout à fait mal placée pour prétexter la prééminence des accords de Marrakech, puisqu'elle est un des auteurs les plus importants de ces accords.

La finalité de l'accord de Cotonou, c'est le remplacement de mécanismes et de politiques de solidarité par la compétition économique et commerciale. L'article 34,2 est limpide à cet égard, quand il stipule que « le but ultime de la coopération économique et commerciale est la transition vers l'économie mondiale libéralisée ». Cotonou, ce n'est rien d'autre que l'application du « consensus de Washington » aux pays ACP sous la pression de l'Union européenne, au nom des anciennes puissances coloniales.

On dit souvent que l'Union européenne n'a pas de politique étrangère. C'est une erreur. Dans le domaine du commerce mondial, elle développe une politique étrangère extrêmement active, agressive même. Le contenu le plus significatif de cette politique consiste à proposer, partout où elle se trouve en position de le faire, la création d'accords de libre-échange. Cette politique a été formulée dès l'entrée en vigueur des accords de Marrakech. Dans une communication de la Commission européenne, en 1995, on pouvait lire :

> Les accords de libre-échange sont profitables économiquement, en particulier là où ils promeuvent notre présence dans les économies du monde en croissance rapide [...]. À ces justifications économiques s'ajoutent des considérations stratégiques relatives à la nécessité de renforcer notre présence sur certains marchés et d'atténuer la menace potentielle que représentent ceux qui établissent des relations privilégiées avec des pays économiquement importants pour l'Union européenne [...] il est manifestement de notre intérêt de persuader les nouveaux pays industrialisés et les pays en développement d'entrer dans des accords de libre-échange avec l'Union européenne qui nous donnent la capacité d'encourager l'élimination des barrières douanières et la dérégulation[51].

Cette franchise, qu'on s'est bien gardé d'exprimer publiquement lors de la négociation de l'accord de Cotonou, on la retrouve dans un document interne de la Commission, un an plus tard, à propos du futur accord de libre-échange avec l'Afrique du Sud :

> L'Union européenne a beaucoup à gagner d'un accord de libre-échange avec l'Afrique du Sud. L'ouverture prochaine du marché sud-africain dans le cadre d'un tel accord créera des avantages compétitifs pour les exportateurs européens[52]...

La perspective de tels profits est à l'origine de la volonté européenne d'imposer dans l'accord de Cotonou des dispositions qui inscrivent les relations économiques et commerciales des pays ACP dans le cadre de ce qui est hypocritement appelé «accords de partenariat économique régionaux» (APER). On notera l'évolution sémantique. Depuis ses commentaires de 1995-1996 sur les avantages qu'elle escompte tirer des zones de libre-échange, l'Union européenne préfère habiller son radicalisme libéral d'un langage humaniste et parler de partenariat. Ce sera sans doute, notons-le au passage avant que les historiens le confirment, l'apport original de Pascal Lamy aux politiques ultralibérales initiées par son prédécesseur. Convenons qu'il excelle dans ce double langage.

L'Union européenne a donc voulu remplacer le système des préférences non réciproques par un ensemble d'accords commerciaux entre elle et des entités régionales organisées en zones de libre-échange. Elle propose à cette fin de diviser l'ensemble ACP en six zones et on ne peut s'empêcher de se poser la question : que restera-t-il du groupe ACP une fois ce travail de division effectué ? Une nouvelle fois, l'adage *divide ut imperes* est à l'œuvre.

La Commission européenne considère que la création de telles zones économiques sera profitable en termes d'exploitation des économies d'échelle, de développement des spécialisations, d'augmentation de la compétitivité, d'attraction des investissements étrangers, d'augmentation des flux interrégionaux, d'augmentation du commerce avec l'Union et le reste du monde. Ces progrès devraient à terme favoriser des formes durables de développement économique et social. On ne peut s'empêcher de comparer ce discours avec la rhétorique libérale qu'on retrouve dans les brochures des lobbies d'affaires, de la Banque mondiale, du FMI et de l'OMC. Une nouvelle fois, le libre-échange est érigé en panacée universelle. Certes, la Commission a sans nul doute raison lorsqu'elle affirme que ces APER vont accroître les relations commerciales avec l'Union européenne, puisque leur principal avantage est d'offrir aux entreprises européennes des espaces où elles bénéficieront pleinement des possibilités offertes par l'existence garantie dans la durée de larges marchés accessibles à terme sans la moindre restriction. Mais quel profit vont en tirer les premiers concernés ?

L'unilatéralisme européen est si manifeste dans ses relations avec les pays ACP, les positions défendues par l'Union européenne à l'OMC sont à ce point éloignées des attentes exprimées par les pays en développement, qu'il est devenu clair pour un grand nombre de gouvernements ACP que l'objectif réel poursuivi par l'Europe n'est pas la solidarité, mais la création d'opportunités nouvelles et durables pour ses propres entreprises. L'ouverture des marchés est le but que cherchent à atteindre les Européens, lesquels manifestent une nouvelle fois leur volonté d'aller plus vite et plus loin que les accords de l'OMC.

Le 27 septembre 2002 ont commencé des négociations ACP-UE sur ces APER. Un grand nombre de gouvernements ACP ont exprimé des réserves. Celles-ci portent sur le respect, dans les APER, d'une différenciation positive qui prenne en compte la vulnérabilité des économies ACP, et sur la nécessité du maintien d'un véritable partenariat tel qu'il était voulu par le premier accord de Lomé en 1975. Les pays ACP pensent que les négociations ne peuvent pas se limiter à l'accès au marché, mais doivent prendre en compte la nécessité de diversifier et de développer leurs économies. Ils ont proposé que la négociation se fasse au travers de groupes spécialisés (accès au marché, agriculture, services, questions de développement, questions en rapport avec le commerce et problèmes juridiques). L'Union européenne a rejeté l'idée de négociations spécifiques sur l'agriculture et les services. Les pays ACP demandaient un accord global sur ces matières avant que débutent des négociations entre l'Union européenne et chaque région, ce que la Commission européenne a refusé.

Un an plus tard, au moment où doit commencer la deuxième phase des négociations, c'est-à-dire des négociations bilatérales entre la Commission européenne et chacune des régions ACP visées, les divergences des interlocuteurs sur les modalités des négociations APER demeurent profondes. Elles n'ont pas empêché les commissaires Lamy et Nielsen de presser les États membres de certaines régions d'entamer les discussions sur le fond. En principe, ces négociations avec les différentes régions concernées doivent être terminées au plus tard à la fin de 2007, au moment où le système des préférences tarifaires non réciproques doit prendre fin.

Ce qui est central dans l'accord de Cotonou, c'est l'alignement sur les règles de l'OMC. Il est explicitement formulé à l'article 34,4. Or les règles, les disciplines et les décisions de l'OMC ne favorisent pas la réalisation des objectifs proclamés lors de la création de cette organisation, à savoir que les relations économiques doivent contribuer à l'amélioration des standards de vie, au plein-emploi et à un accroissement des revenus tout en permettant une utilisation optimale des ressources compatible avec un développement durable qui protège et préserve l'environnement, et prend en compte les besoins respectifs des pays au niveau de développement où ils se trouvent.

Les pays ACP ne sont pas dupes[53]. Ils ont vérifié que « les règles qui régissent le commerce international ne visent qu'à favoriser les intérêts politiques et économiques des grands acteurs de l'économie mondiale[54] ». Ils ont compris que lorsque l'Union européenne parle de partenariat, elle parle d'un calendrier pour la réduction des barrières tarifaires en faveur des exportations européennes. Ils ont compris qu'elle met en œuvre, vis-à-vis d'une série de pays avec lesquels elle entretient des liens historiques de domination, un mécanisme qui doit lui garantir une application rapide des règles de l'OMC. Aussi demandent-ils, eux, une révision de ces règles, afin qu'elles cessent de leur imposer des contraintes dont s'exonèrent les pays industrialisés.

Cette contradiction entre les objectifs poursuivis par les Européens et les attentes des pays ACP explique sans doute pourquoi l'Union européenne a imposé, dans l'accord de Cotonou, les dispositions inscrites aux articles 41, 46 et 67 :

– Le premier article impose aux pays ACP le respect de l'Accord général sur le commerce des services (AGCS).

– Le deuxième impose le respect de l'Accord sur les droits de propriété intellectuelle en rapport avec le commerce (ADPIC) géré par l'OMC. Il s'agit de l'instrument le plus sophistiqué du colonialisme moderne : plus besoin de contrôler des territoires et des populations pour s'approprier leurs ressources naturelles, le brevet suffit. La double obligation contenue dans l'ADPIC – les États membres de l'OMC sont obligés d'adopter une législation sur les brevets conforme à l'ADPIC et obligation leur est faite de breveter toutes les espèces et variétés animales et végétales – fournit le cadre légal à la biopiraterie[55], au brevetage du vivant[56] et à la perpétuation d'un rapport inégal entre le Nord, qui détient 97 % des brevets, et le Sud, où se trouve la biodiversité. Les pays africains dans leur ensemble ont demandé et continuent à demander la révision de l'ADPIC – en vain jusqu'à présent.

– Quant au troisième article susmentionné, il impose le respect des plans d'ajustement structurel du FMI, dont on sait à quel point ils sont destructeurs des politiques sociales, des politiques d'éducation et des politiques de santé. L'Union européenne se transforme ainsi en gardienne vigilante des conditionnalités imposées par le FMI.

Lors de la conférence ministérielle de l'OMC à Doha, en 2001, les Européens ont fait payer leur soutien à la dérogation que devait accorder l'OMC pour que les préférences tarifaires de l'Accord de Cotonou puissent survivre jusqu'à la fin de 2007. Ce prix, ce fut l'acquiescement des pays ACP à l'ouverture d'un nouveau cycle de négociations en vue de nouvelles avancées néolibérales. Deux ans plus tard par contre, à Cancun, le groupe des pays ACP est resté solidaire des deux autres groupes (PMA et groupe africain) dans leur opposition commune à l'ouverture de négociations sur les matières dites de Singapour. Avec le succès que l'on sait.

Le Parlement européen, pour sa part, s'est comporté en complice actif de la Commission, en particulier dans le cadre de l'Assemblée parlementaire paritaire ACP-UE, où se retrouvent parlementaires européens et parlementaires ACP : la droite de sa délégation (chrétiens démocrates, libéraux et radicaux italiens), qui est majoritaire, n'hésite pas à briser le partenariat affiché chaque fois qu'un projet de résolution déposé par la délégation des pays ACP exprime un point de vue contraire aux pratiques et objectifs de la Commission. En effet, une disposition du règlement de cette assemblée[57] permet, à la demande de cinq parlementaires, de procéder à un vote « par chambres séparées », au sein des parlementaires ACP d'une part et au sein des parlementaires européens d'autre part ; pour que le texte soit adopté, il faut qu'il obtienne la majorité dans les deux groupes. C'est le retour à l'Ancien Régime : le vote par ordre plutôt que le vote par tête. Ainsi, avant la conférence ministérielle de l'OMC à Cancun, les parlementaires ACP voulaient exprimer leur refus de voir des négociations commencer sur les matières dites de Singapour. Ils étaient parfaitement fondés à formuler une opinion sur ce sujet puisque, comme on l'a vu, l'accord de Cotonou leur fait obligation de respecter les règles de l'OMC. La droite européenne a alors exigé un vote par chambres séparées afin de bloquer une telle résolution. De même, après Cancún, en usant de cette procédure, elle est parvenue à bloquer un projet de résolution soutenu par tout le groupe ACP et la gauche européenne qui demandait à la Commission européenne de tirer les leçons de son échec à Cancún et de l'impasse provoquée par sa volonté d'imposer ses choix, de renoncer à imposer une négociation sur les matières de Singapour, et de mettre fin à ses pressions en faveur de la dérégulation des pays en développement et de la privatisation des services.

Comme l'observe très justement Hubert Védrine, ancien ministre français des Affaires étrangères :

Nous, Occidentaux, avons oublié notre passé, celui que restitue l'irréfutable *Livre noir du colonialisme* (sous la direction de Marc Ferro), avec un peu de repentance, beaucoup d'amnésie et d'auto-amnistie ; les autres, non[58].

Aussi longtemps que les peuples d'Europe seront incapables d'abolir les politiques néocoloniales voulues par ceux qui les représentent et qui mandatent la Commission européenne, les peuples d'Afrique, des Caraïbes et du Pacifique n'auront rien à attendre de celle-ci qui aille dans le sens d'un développement dont ils définiraient eux-mêmes les termes et les modalités.

Un cadeau empoisonné : l'initiative «Tout, sauf les armes»

Depuis qu'ils ont acquis leur indépendance politique, les pays du Sud prennent au mot le discours des pays industrialisés sur le libre-échange et demandent l'ouverture des marchés, et en particulier du marché européen, aux produits des pays en développement. Mais l'Union européenne s'est employée à imposer l'ouverture des marchés du Sud pour ses propres produits tout en protégeant son marché intérieur. Certes, on l'a vu, les accords passés avec les pays ACP ont constitué un progrès dans la mesure où ils ont mis en place des mécanismes de prix garantis et des quotas d'importation en Europe en faveur de certains produits du Sud. On était toutefois encore loin de l'ouverture du marché européen à tous les produits.

Depuis Seattle, le commissaire européen au Commerce, Pascal Lamy, s'est livré à une intense campagne en vue d'infléchir l'attitude des pays en développement, espérant les rallier à la position européenne en faveur d'un large cycle de négociations, et d'imposer, *via* l'Organisation mondiale du commerce, une libéralisation plus poussée de tous les secteurs de la vie économique, sociale et culturelle. Il a multiplié les propositions susceptibles d'allécher ces pays. La plus spectaculaire d'entre elles s'intitule « Tout, sauf les armes ». Elle a été adoptée par le Conseil des ministres européens, le 26 février 2001[59].

Il s'agit d'autoriser, sans limites quantitatives et sans taxe, l'accès au marché européen de « tous » les produits susceptibles d'être exportés par les quarante-neuf pays les moins avancés (PMA), à l'exception des armes et des munitions. Ce qui signifie que tous les produits agricoles et dérivés provenant des pays les plus pauvres (dont trente-neuf sont des pays ACP) bénéficient d'un accès totalement libre au marché européen. Formellement, il s'agit d'un amendement au système des préférences généralisées[60]. Cette initiative, présentée comme traduisant la volonté des Européens de contribuer au développement économique de ces pays, offre toutes les apparences de la générosité. La Commission affirme qu'elle va « augmenter de manière significative les possibilités d'exportation et par conséquent les possibilités de recettes et de croissance pour ces pays ».

Mais une étude approfondie de cette initiative et une évaluation de son impact sur l'agriculture des PMA confirment qu'il ne s'agit que d'apparences. On se trouve en fait devant une entreprise de séduction dont les effets positifs pour ces pays seront, pour les huit premières années, très limités, et dont les conséquences à terme contribueront à renforcer leur état de dépendance. Il s'agit en fait de séduire les secteurs de l'opinion publique occidentale qui réclament avec insistance des efforts réels de la part des pays riches pour corriger les déséquilibres sociaux et économiques qui affectent la planète. Il s'agit aussi de séduire les PMA afin qu'ils cèdent à l'OMC et mettent fin à la résistance qu'ils opposent à tout nouveau cycle de négociations avant qu'on ait procédé à une évaluation et une adaptation des accords existants et à la nécessaire réforme de l'OMC. Au moment de l'adoption de cette mesure, la présidence suédoise de l'Union européenne n'a même pas cherché à en dissimuler les véritables intentions en indiquant qu'elle fournit « un important signal aux PMA pour les négociations à venir à l'OMC[61] ».

Quel signal ? Assurément celui de la duplicité européenne. Car derrière les apparences de la générosité, une autre réalité s'impose. Tout d'abord, cette proposition est mise en œuvre par étapes s'étendant jusqu'en 2009, avec des modalités particulières pour la banane (l'ouverture du marché européen se fait entre 2002 et 2006), pour le riz (ouverture étalée entre 2006 et 2009) et pour le sucre (ouverture entre 2006 et 2009). Mais, en échange, les PMA ont été invités à soutenir dès 2001 les propositions de l'Union européenne à l'OMC.

L'initiative de Lamy procède d'un choix fondamental : la préférence donnée au libre-échange sur le développement durable. Pour les trois produits dont l'ouverture est différée, l'initiative de la Commission européenne met fin au mécanisme des accords passés avec les pays ACP qui offraient la garantie du prix européen à leurs produits. Au nom de l'aide au développement, on va remplacer des importations à prix garanti venant des ACP par des importations sans prix garanti. Pour les mêmes quantités, les pays ACP vont vendre moins cher : ils sont donc perdants. Cette initiative met fin au protocole sur le sucre, unique instrument régulant le marché de ce produit. Tous les paysans, ceux des PMA comme ceux de l'Union européenne, en sortiront perdants. Ce qui triomphe, c'est le dogme du libre-échange. On va inciter les PMA à exporter des produits agricoles déficitaires pour les réimporter ensuite à partir du marché mondial. C'est exactement le contraire du développement durable. Mais, par ce biais, une intense pression politique est exercée sur les PMA afin qu'ils se montrent souples à l'OMC. C'est le seul but de l'opération. Comme le rapporte le journal *Le Monde* citant un fonctionnaire de la Commission, « dans ce genre de situation, les dirigeants regardent moins les chiffres que le fait politique[62] ».

Pascal Lamy ose écrire[63] que son « initiative "Tout, sauf les armes" » s'inscrit dans le droit fil de ce que la Commission avait tenté dans les années soixante-dix sous l'impulsion de

Claude Cheysson. C'est là dissimuler le fait qu'elle s'inscrit dans une logique diamétralement opposée à celle des accords de Lomé, dont Claude Cheysson, alors commissaire européen au Développement, fut le père. La logique de Lamy, c'est faire dépendre le bien-être des peuples des aléas des lois du marché. Ce n'était pas, loin s'en faut, la vision à l'œuvre dans les accords de Lomé. N'est pas Claude Cheysson qui veut.

Paul Brenton, expert auprès du département du commerce international de la Banque mondiale, a procédé à une évaluation de l'impact direct de cette initiative de la Commission européenne sur l'année 2001. Celui-ci s'est avéré négligeable sinon nul, puisqu'en moyenne les exportations depuis les PMA vers l'Europe ont baissé en 2001. Un changement interviendra une fois que les marchés européens seront ouverts à la banane, au sucre et au riz, mais cette ouverture ne concerne qu'une minorité de PMA. L'effort consenti par l'Europe restera bien dérisoire puisqu'en 2001 ces trois produits ne représentaient que 0,5 % du total des exportations des PMA vers l'Europe[64].

Brenton explique l'insignifiance de l'impact de l'initiative « Tout, sauf les armes » par le fait que 99,5 % (en 2001) des importations européennes depuis les PMA bénéficiaient déjà d'un accès libre de taxes et de quotas sur le marché européen. Brenton estime également qu'un frein à l'exportation depuis les PMA vers l'Europe se situe au niveau des règles d'origine très strictes contenues dans le système des préférences généralisées dont relève cette initiative et auxquelles il n'a pas été dérogé. En l'absence de toute modification de ces règles, l'initiative « Tout, sauf les armes » est condamnée, selon Brenton, à jouer un rôle très marginal dans l'intégration des PMA dans l'économie mondiale.

On se rend compte à quel point cette initiative européenne n'était pas destinée à réaliser les objectifs proclamés mais bien à remplir une fonction politique dans le cadre des négociations à l'OMC.

OBSCÉNITÉS OCCIDENTALES : L'ACCESSION DU CAMBODGE À L'OMC

Le Cambodge est un tout petit pays d'Asie du Sud-Est qui a connu un grand destin et subi une terrible tragédie. De son passé glorieux il lui reste, parmi un patrimoine monumental fabuleux, le célèbre parc des temples d'Angkor, une des merveilles de l'humanité. Mais, au cours des cinquante années de son indépendance retrouvée, le Cambodge a connu vingt années d'horreurs et de souffrances sans fin. La guerre qui lui a été imposée par les États-Unis entre 1970 et 1975 l'a totalement anéanti. La barbarie, arrivée au pouvoir avec Pol Pot et ses tueurs en 1975, a fait disparaître dans les charniers l'essentiel de la population éduquée et qualifiée. L'isolement infligé ensuite par l'Occident aux Cambodgiens, pour les punir d'avoir été libérés, en 1979, d'un des régimes les plus cruels qu'ait connus le XXe siècle par un Vietnam qui n'appartenait pas au camp des « bons », a empêché pendant plus de dix ans la société cambodgienne d'entamer sa recomposition et le pays sa reconstruction.

Plus de dix ans après la signature des accords de paix, en 1991, le Cambodge demeure un des pays les plus pauvres du monde : le revenu moyen annuel par habitant y est de 268 euros, et près de 40 % de sa population vit en dessous du seuil de pauvreté ; il ne survit que grâce à une aide internationale massive. C'est un pays sous perfusion, donc dépendant. Chaque année, les pays donateurs déterminent les montants qui lui sont alloués pour sa reconstruction. Les principaux d'entre eux sont, dans l'ordre, l'Union européenne et ses États membres, le Japon, les États-Unis, l'Australie.

Pourquoi et comment adhérer à l'OMC ?

On rétorque souvent aux adversaires du modèle néolibéral de mondialisation que si l'OMC et les accords qu'elle administre étaient aussi injustes qu'ils le disent, il n'y aurait aucune candidature nouvelle pour faire partie d'une telle organisation. La remarque est tout à fait pertinente. Une fois de plus, c'est dans la complexité des mécanismes de l'OMC que se trouve la réponse.

Quand l'Uruguay Round se termine, en 1994, à Marrakech, cent vingt-trois pays font partie du GATT et deviennent de ce fait automatiquement membres de l'OMC. Environ quatre-vingt-dix autres n'en font pas partie, soit parce qu'ils étaient peu auparavant des pays à économie dirigée, soit – comme un certain nombre de pays producteurs de pétrole – parce qu'ils n'avaient pas vu d'intérêt à faire partie du GATT, soit parce qu'ils étaient plongés dans un conflit majeur, soit, tout simplement, parce qu'ils n'existaient pas encore.

Les accords de Marrakech intègrent tous les accords du GATT passés depuis 1948. Depuis le 1er janvier 1995, pour bénéficier de ces derniers, il faut obligatoirement adhérer à l'OMC. En dehors des accords du GATT, c'est la loi de la jungle : les pays membres de l'OMC qui le souhaitent peuvent librement bloquer ou taxer les produits exportés par un pays hors OMC et donc hors GATT. Et certains pays riches ne s'en privent pas lorsque leurs intérêts sont en cause. Le dogme du libre-échange est alors suspendu[65]... Les pays exportateurs qui ne sont pas membres de l'OMC peuvent voir à tout instant les marchés vers lesquels ils exportent se fermer ou subir des mesures discriminatoires.

Bien des pays candidats le sont aussi parce qu'ils y ont été poussés par les grandes puissances économiques que sont les États-Unis et l'Union européenne. Cette pression se traduit par l'inscription, dans bon nombre d'accords commerciaux bilatéraux négociés par ces deux puissances, de l'engagement du pays partenaire à adhérer à l'OMC. Pour leur part, la Banque mondiale et le Fonds monétaire international, à l'origine du Programme pour une stratégie de réduction de la pauvreté (PRSP), font de l'adhésion à l'OMC une condition pour l'accès à ce PRSP[66].

Entrer à l'OMC, c'est non seulement adhérer aux accords du GATT mais aussi se mettre en situation d'espérer : espérer offrir un profil attractif pour les investisseurs (un pays membre de l'OMC est en principe tenu de respecter les règles de l'organisation, surtout s'il est pauvre) ; espérer profiter des conséquences du principe de la nation la plus favorisée ; espérer en entrant dans cette organisation modifier l'injustice et le déséquilibre des accords qu'elle administre : vu la taille prise d'emblée lors de sa création, il n'y a pas d'autre issue pour changer l'OMC que d'en faire partie. L'entrée de la Chine dans l'OMC, en 2001, a donné un poids nouveau à cette espérance. À Cancún, l'opposition victorieuse aux nouvelles avancées néolibérales voulues par les pays riches lui a donné de la crédibilité.

En 1994, vingt-neuf pays parmi les quarante-neuf aujourd'hui qualifiés de PMA – pays les moins avancés – font déjà partie du GATT. Les autres PMA vont peu à peu introduire une demande d'adhésion.

Comme souvent dans cette institution, qui prétend pourtant fonctionner sur la base de règles, les dispositions relatives au processus d'adhésion sont extrêmement vagues et ne figurent que dans le seul article XII de l'accord instituant l'OMC[67]. Aucun critère n'est déterminé, aucune procédure n'est précisée. Les termes de l'adhésion sont laissés à la négociation entre les États membres de l'OMC désireux de s'impliquer dans une candidature et le pays candidat. Non seulement celui-ci doit s'engager à respecter les règles de l'OMC, mais il doit également se soumettre aux exigences des pays déjà membres, qui peuvent ainsi conditionner l'adhésion à la satisfaction de leurs propres exigences. C'est un des exemples par lesquels il est possible d'affirmer que l'OMC est une institution multilatérale qui rend contraignantes des négociations bilatérales. Elle organise cette fameuse « loi de la jungle » dont ses défenseurs assurent qu'elle en est l'alternative !

Car ce sont les pays les plus puissants qui font la loi à l'OMC, c'est d'eux que dépend l'adhésion d'un pays candidat.

Aussi est-il inévitable pour ce dernier d'en passer par la satisfaction de leurs exigences. En définitive, c'est donc bien sur un rapport de forces et non sur des règles de droit que s'opère le processus d'adhésion – un démenti de plus à tous ceux qui affirment que l'OMC garantit l'égalité de tous devant des règles communes.

Lorsqu'un pays sollicite l'adhésion à l'OMC, celle-ci met en place un groupe de travail, composé des États membres qui souhaitent en faire partie. Le pays candidat n'a pas le droit de formuler une objection à la présence d'un État membre dans ce groupe[68] qui constitue l'instance d'accompagnement du processus de négociation de l'adhésion.

Ce processus comporte deux séries de négociations. La première concerne des négociations entre l'OMC et le pays candidat. Il s'agit de prendre connaissance des législations et réglementations de celui-ci dans tous les domaines couverts par les accords de l'OMC, et d'identifier les adaptations et innovations nécessaires. La seconde série, la plus longue et la plus opaque, est constituée de négociations bilatérales, entre le pays candidat et chaque État membre de l'OMC qui le demande. Elles portent sur les engagements de libéralisation et d'ouverture commerciale du pays candidat dans le cadre des accords de l'OMC. Le groupe de travail tient des réunions régulières au cours desquelles il est informé des résultats des différentes tractations. Lorsque l'OMC et les États membres estiment avoir obtenu satisfaction, un rapport final est rédigé, soumis aux parties, et, une fois approuvé, présenté à la prochaine conférence ministérielle.

Le cas du Cambodge

Le Cambodge n'avait pas adhéré au GATT avant 1970. D'abord par souci de neutralité, alors qu'il se trouvait sur une portion très chaude de la ligne de fracture de la guerre froide. Ensuite parce que les pays récemment décolonisés n'ont commencé à adhérer au GATT qu'à partir des années soixante-dix.

Or, dès mars 1970, le Cambodge s'est trouvé plongé dans une tragédie qui l'a isolé du reste du monde à un point rarement connu au XXe siècle pour des raisons qu'il serait trop long d'expliquer ici.

Les motivations du Cambodge pour entrer à l'OMC sont multiples. La première est liée à cette histoire récente. Après vingt années du plus total isolement, son peuple aspirait à ne plus être traité en paria de la communauté internationale. Il voulait offrir de lui une image différente de celle des *killing fields*. Dès qu'une souveraineté internationale lui fut reconnue, à la fin de 1991, il s'empressa de réintégrer toutes les organisations internationales ou régionales ou d'y adhérer. C'est ainsi qu'il introduisit sa demande d'adhésion à l'OMC en octobre 1994, avant même que cette institution entre en fonction, le 1er janvier 1995. Il suffit de constater avec quelle fierté on souligna à Phnom Penh que le Cambodge était le premier PMA à entrer à l'OMC depuis sa création pour être convaincu de la force de cette première motivation.

La deuxième raison est la même que pour tous les autres pays candidats : entrer dans les accords commerciaux internationaux du GATT dans la perspective de redevenir un jour un gros exportateur de riz, comme il l'était avant la tragédie lorsqu'on le qualifiait de « grenier à riz de l'Asie du Sud-Est ».

La troisième raison est liée au souci du gouvernement de maintenir et même d'améliorer ses relations avec les pays donateurs, qui sont tous des pays occidentaux, par ailleurs très insistants pour faire entrer de nouveaux pays dans l'OMC.

Ces pays, comme par hasard, se sont tous retrouvés dans le groupe de travail constitué à l'OMC pour accompagner le processus d'adhésion du Cambodge. Il s'agissait de l'Australie, du Canada, de la Chine, des États-Unis, de l'Inde, du Japon, de la République de Corée, de la Malaisie, de la Nouvelle-Zélande, du Panama, de Singapour, de la Thaïlande, de Taïwan, de l'Union européenne et du Venezuela. C'est le représentant de l'Italie à l'OMC qui présidait ledit groupe.

Le processus de négociation a commencé en juin 1999 et s'est terminé le 22 juillet 2003. Le Cambodge a été tenu de participer à d'importantes négociations bilatérales avec l'Australie, les États-Unis et l'Union européenne qui ont formulé les exigences les plus incompatibles avec le statut de PMA du Cambodge. D'autres négociations bilatérales, moins complexes mais aussi contraignantes, ont eu lieu avec cinq autres pays, dont l'Inde, le Japon et le Panama. Les résultats des négociations sont consignés dans trois documents mis à la disposition de chaque État membre[69].

Genève, 19 juin 2003. Les négociations bilatérales entre l'Union européenne et le Cambodge viennent de se terminer. Écoutons ce qu'en dit Pascal Lamy : « L'Europe affiche clairement sa détermination à faciliter l'accession des pays les moins avancés à l'OMC[70]. »

Écoutons maintenant ce que dit M. Cham Prasidh, ministre cambodgien du Commerce, un mois plus tard, toujours à Genève, alors que se terminent les négociations d'adhésion du Cambodge à l'OMC. Il évoque d'abord l'ensemble du processus d'adhésion : « Supposé être le chemin vers le jardin d'Éden, en réalité ce n'est qu'un sentier dans la jungle, bourré de mines, d'embuscades de guérillas, de tigres et de piranhas[71]. » Il aborde ensuite le résultat final de ces négociations :

> Voici un ensemble de concessions et d'engagements qui va bien au-delà de ce qui est proportionné avec le niveau de développement d'un PMA comme le Cambodge[72].

Un propos que confirmait, le même jour, l'ambassadeur de Malaisie auprès de l'OMC, au nom des pays de l'ASEAN déjà membres de cette organisation en exprimant « de profonds regrets pour les demandes coûteuses faites par des États membres à des pays candidats comme le Cambodge ». La Chine et plusieurs autres pays du Sud se sont associés à cette dernière déclaration. Ces protestations étaient fondées sur des décisions de l'OMC.

Lors de la signature des accords de Marrakech en 1994, dans une « Décision sur les mesures en faveur des pays les moins avancés », il avait été convenu que ces pays « ne seront tenus de contracter des engagements et de faire des concessions que dans la mesure compatible avec les besoins du développement, des finances et du commerce de chacun d'entre eux, ou avec leurs capacités administratives et institutionnelles » (point 1 de la décision). Lors de la conférence ministérielle de Doha, les ministres avaient décidé de faciliter l'adhésion des PMA : « L'accession des PMA demeure une priorité pour les membres. Nous convenons d'œuvrer pour faciliter et accélérer les négociations avec les PMA accédants » (§ 42 de la déclaration ministérielle).

En conséquence de quoi le Conseil général de l'OMC avait adopté une série de décisions :

– simplifier et rationaliser les procédures d'adhésion ;

– modérer les demandes faites aux PMA candidats de concessions et d'engagements en matière de commerce des biens et des services, et prendre en considération le niveau des concessions et des engagements déjà acceptés par les PMA membres de l'OMC ;

– permettre aux pays candidats de limiter l'ouverture de leurs marchés à leurs besoins en matière de développement, de financement et de commerce ;

– appliquer immédiatement aux PMA accédants toutes les dispositions déjà adoptées afin d'accorder un traitement spécial et différencié aux pays en développement ;

– respecter, lors des négociations d'adhésion, les périodes de transition et les dispositions transitoires prévues par les accords de l'OMC en faveur des PMA.

Mais ces principes n'ont pas été respectés par les pays riches lorsqu'ils ont négocié avec le Cambodge. Les principaux donateurs se sont livrés, à l'égard de ce pays totalement soumis à leur bonne volonté, à un véritable abus de position dominante, qui a atteint dans certains domaines un degré dans l'odieux qui fait honte en particulier à tous les Européens. Qu'on en juge par ces quelques exemples :

Brevets sur les médicaments. Une décision a été prise à Doha, en 2001, à propos de l'application par les PMA de l'accord sur les droits de propriété intellectuelle en ce qui concerne les produits pharmaceutiques (point 7 de la « Déclaration sur l'accord sur les ADPIC et la santé publique »). Il a été décidé de reporter pour les PMA le respect de cet accord à 2016. Mais, lors des négociations d'adhésion, le Cambodge a été contraint d'accepter de l'appliquer à partir de 2007. Or, c'est un pays dont le système de santé publique reste fortement marqué par les destructions et la disparition du personnel qualifié ; c'est un pays qui connaît un des pourcentages de personnes séropositives les plus élevés d'Asie ; c'est un pays durement frappé aussi par le paludisme et la tuberculose ; c'est, enfin, un pays qui ne dispose d'aucune capacité de production pharmaceutique. Les malades vont continuer d'y mourir puisque les médicaments resteront à des prix inabordables. C'est ainsi que Pascal Lamy conçoit la manière européenne de « faciliter l'accession des pays les moins avancés ».

Droits de propriété intellectuelle. Le Cambodge a été obligé d'introduire immédiatement une protection des données sur les produits pharmaceutiques et les produits chimiques destinés à l'agriculture. Ainsi, le Cambodge se voit nié le droit d'avoir recours aux flexibilités prévues à ce propos dans l'Accord sur les droits de propriété intellectuelle et dans la Déclaration de Doha. Le Cambodge a en outre été obligé d'adhérer au Patent Cooperation Treaty (PCT), qui soumet l'administration des brevets aux intérêts des pays les plus riches.

Réductions tarifaires. Le Cambodge a été contraint à des réductions de ses tarifs douaniers sur une série de produits (riz, blé, tabac, produits laitiers, alcool), affaiblissant ainsi sa capacité à protéger et à valoriser ses propres productions. Or, en vertu des accords existants, les pays en développement ne sont pas tenus de procéder à de telles réductions.

Agriculture. Alors que 80 % de sa population vit de l'agriculture, le Cambodge, en matière d'accès au marché, a été obligé de renoncer à une protection de ce secteur que l'Union européenne et les USA maintiennent chez eux. En outre, il a été obligé de s'engager à ce qu'il n'y ait aucune subvention sur toutes les exportations agricoles. Ainsi, le Cambodge ne pourra pas bénéficier de dispositions inscrites dans l'accord sur l'agriculture qui lui auraient permis de donner des impulsions au développement rural ou à la protection des fermiers pauvres. L'Union européenne, quant à elle, n'envisage de supprimer ses subsides à l'exportation que sur certains produits et selon une progression s'étalant sur cinquante ans ! Manifestement, Européens et Cambodgiens ne sont pas soumis à une conception identique de l'égalité devant les règles.

Traitement spécial et différencié en faveur des PMA. Les délais obtenus par le Cambodge pour mettre intégralement en œuvre quatre accords sont extrêmement courts : six ans pour l'évaluation en douane ; cinq ans pour les mesures sanitaires et phytosanitaires ; quatre ans pour les obstacles techniques au commerce et pour les droits de propriété intellectuelle. De tels délais ne prennent aucunement en compte la situation réelle du pays.

Assistance technique. La demande d'une assistance technique spécifique pour la mise en œuvre des quatre accords précités, vu les délais très courts concédés, a été refusée.

Services. Sous la pression européenne, le Cambodge a pris des engagements spécifiques dans soixante secteurs de services. Un record mondial !

À la conférence ministérielle de Cancún, où l'entrée du Cambodge fut officiellement acceptée, M. Cham Prasidh devait exprimer la déception de son pays en rappelant qu'il avait été convenu à Marrakech, et répété à Doha, que « les membres de l'OMC modéreront les demandes faites aux PMA candidats de concessions et d'engagements en matière de commerce des biens et des services, et prendront en considération le niveau des concessions et des engagements déjà acceptés par les PMA membres de l'OMC». Or, devait-il ajouter, «certains pays membres de l'OMC ont tout simplement oublié cette promesse de Doha lorsqu'ils ont négocié avec le Cambodge. Dans certains cas, le statut de PMA du Cambodge a été ignoré». Et, pour connaître le prix payé par le Cambodge, le ministre a «demandé à tous les ministres présents à cette conférence ministérielle de Cancún de trouver le temps et le courage de lire jusqu'à la fin le document publié par l'ONG Oxfam International sous le titre *Cambodia's Accession to the WTO. How the law of the jungle is applied to one of the world's poorest countries*[73]».

On peut ainsi se rendre compte de ce que valent les textes de l'OMC et les déclarations de l'Union européenne lorsqu'il s'agit des pays les plus pauvres. Quant à «la détermination de l'Europe à faciliter l'accession des pays les moins avancés à l'OMC», dont se flattait Pascal Lamy le 19 juin 2003, ce n'est rien d'autre que la détermination à soumettre ces pays aux exigences d'une Europe qui n'a rien renié de sa rapacité coloniale.

6

Reviens, Jaurès, ils nous ont trahis !

Chaque fois qu'il m'est donné d'expliquer un des thèmes abordés dans ce petit ouvrage, à l'occasion d'une conférence ou d'un colloque, immanquablement, au moment du débat, vient la question : « Qu'est-ce qu'on peut faire ? »

Une question à la fois lourde d'un certain sentiment d'impuissance, mais porteuse aussi d'une volonté de réagir, quand ce n'est pas d'un élan d'indignation, voire de révolte. Chaque fois, je sens bien à quel point mon auditoire est désemparé. Mais tout aussitôt, je le sens prêt à relever le nouveau défi imposé par ce dévoiement du projet européen, par cette trahison des élites.

Le désenchantement est considérable

C'est Robert Cox, lui-même ancien fonctionnaire européen, qui constate : « Que manque-t-il à l'Europe ? Il lui manque le soutien de son opinion publique. Malgré ses discours, l'Union européenne n'a jamais été une Europe des citoyens[1]. »

Une génération est née au lendemain de la dernière guerre mondiale. Elle a été nourrie du récit des luttes politiques et sociales qui l'ont précédée et qui ont abouti, dans l'après-guerre, à de substantielles réformes qui consacraient le rôle de l'État comme instrument décisif de la solidarité. Cette génération s'est avancée dans la vie au rythme de l'espérance européenne. Elle a cru à la construction d'un projet politique, tendant à établir au-delà de l'objectif, combien nécessaire, de la paix un espace européen où s'épanouirait un modèle de société original fondé sur les valeurs des Lumières et de 1789, mais aussi sur les aspirations de 1848 et de la Commune, une Europe humaniste, solidaire et généreuse, une Europe qui incarnerait les idéaux de liberté, d'égalité et de fraternité. Moi qui suis de cette génération, je suis forcé d'avouer, en dressant le bilan des cinquante années écoulées : nous avons été piégés, nous avons été trahis.

Nous avons été piégés par ces aristocrates qui grouillent et grenouillent dans les cercles diplomatiques et les conseils d'administration, et qu'on a crus, à tort, résignés à la démocratie politique et à l'égalité des chances. Nous avons été piégés par ces experts, ces techniciens qui nous parlaient d'Europe des peuples tout en construisant une Europe des banquiers et des marchands. Nous avons été piégés par ces chrétiens-démocrates si présents dans la construction européenne et qui, de tout temps, ont excellé à parler d'une Europe chère à ceux qui y vivent et y travaillent. Mais à en parler seulement.

Pis encore, nous avons été trahis. Trahis par ceux qui avaient bien des titres à porter notre espérance européenne, née dans les rêves de Victor Hugo et dans les combats de Jaurès, dans la solidarité internationale de ceux qui n'ont que leur force de travail, dans la résistance aux fascismes qui ont un temps dominé l'Europe. Trahis par ceux qui ont renié l'idéal au nom duquel des millions de femmes et d'hommes, et parmi les plus humbles, leur ont fait confiance. Trahis par ceux qui ont séparé la démocratie de la justice sociale, sans laquelle la démocratie n'est qu'un rite institutionnel. Trahis par ceux qui ont fait choix d'adhérer au discours dominant, créé par ceux dont les gains ne sont jamais suffisants, relayé par l'immense majorité des médias, pour faire croire à la contrainte incontournable de réformes qui tendent à privatiser la vie sociale.

En dépit des avertissements lancés dès 1972 par Willy Brandt, ceux qui avaient la responsabilité historique d'être les gardiens vigilants et les promoteurs créatifs de la puissance publique sont devenus, au gré des transferts de pouvoirs vers l'Europe, les complices de son affaiblissement et de son démantèlement.

En 1999, lorsque le Conseil européen des ministres confie à la Commission européenne le mandat extrêmement néolibéral pour les négociations à l'OMC, c'est un social-démocrate qui se trouve à la tête du gouvernement en Allemagne, en France, en Grande-Bretagne et en Italie, sans compter les gouvernements de coalition, dans les autres pays, où se trouvent également des sociaux-démocrates.

Les Fabius et les Strauss-Kahn, les Rocard et les Jospin, les Delors et les Lamy, tous porteurs de cette tradition judéo-chrétienne qui fait de l'humain un objet de pitié et de charité et non un être de droit, ont tous – ce n'est pas un hasard – mis en œuvre des politiques qui se détournent de la société solidaire qu'ils avaient pour mandat de bâtir. Ils incarnent à la perfection le renoncement de la social-démocratie à défendre les siens. La construction européenne telle qu'on la subit est le plus puissant révélateur de ce renoncement.

Au moment historique de l'échec du modèle bolchevique, la social-démocratie a été incapable d'offrir une capacité de résistance et de constituer une force de propositions pour empêcher que l'idéologie victorieuse n'use de sa victoire et n'entreprenne la reconquête du terrain concédé depuis deux siècles. La signature des accords de Marrakech, cinq ans après la chute du mur de Berlin et trois ans après l'effondrement du système soviétique, donne la mesure de l'impuissance social-démocrate : la régulation du commerce mondial ne s'applique pas aux acteurs commerciaux, mais à chaque État requis de déréguler. Comme l'observe le philosophe Michel Onfray :

> La gauche qui traditionnellement s'installait du côté des pauvres, parlait pour eux, avançait à leurs côtés, celle qui en vertu de sa mystique et de son génie colérique – selon la superbe expression de Michelet – se nourrissait du peuple, cette gauche a massivement trahi. En ralliant les thèses libérales, elle affirme une vision du monde identique à celle des prédateurs de droite[2].

Des alternatives existent

Il n'y a pas de fatalité. Il n'est pas inévitable que la majorité s'appauvrisse pour qu'une minorité puisse s'enrichir toujours plus et que des institutions comme celles de l'Union européenne soient au service de cette ambition égoïste et criminelle.

Aux choix qui nous sont imposés depuis une vingtaine d'années on peut, pourvu que nous soyons assez nombreux à le vouloir, s'opposer – et imposer d'autres choix. Des alternatives existent. Les idées foisonnent. Les propositions abondent qui permettent d'adapter aux réalités du temps présent la nécessité d'assurer l'indispensable équilibre entre liberté et solidarité afin de réaliser la justice.

Affirmer et conforter, en l'adaptant aux évolutions, le triple rôle régulateur, redistributeur et opérateur de la puissance publique, renforcer la démocratie représentative par la pratique généralisée de la démocratie participative, telles sont les lignes de force d'une action en faveur de cet équilibre.

Ce qui fait défaut, ce ne sont pas les projets crédibles, c'est la volonté politique. La défaillance du politique a provoqué un effacement de la volonté populaire traduite en choix politiques, au profit de la domination des groupes de pression représentant les plus puissants intérêts particuliers. Restaurer la primauté du politique sur l'économique, c'est imposer la priorité de l'intérêt général sur les intérêts particuliers. Mais qui le veut avec le courage et la créativité, la détermination et la constance que requiert une telle mutation ?

D'aucuns avancent que le «réformisme de gauche» peut nous y conduire. Ils définissent ce «réformisme de gauche» comme la volonté d'assurer, outre un minimum de survie, une sécurité sociale minimale garantie à côté d'un salaire minimum garanti, le droit à être soigné, le droit à un logement, le droit à l'éducation et à des prestations décentes en cas de cessation d'activité. À cette aune-là, qui semble pourtant bien modeste, les sociaux-démocrates qui soutiennent le projet de Constitution européenne nous indiquent clairement que la social-démocratie, dans les actes, n'a pas la volonté de réformer à gauche.

Réformer à gauche, ce n'est pas, comme l'ont fait ceux qui ont apporté leur soutien aux propositions de la Commission européenne et aux accords de l'OMC, démanteler la solidarité, affaiblir l'État et réduire la démocratie. Réformer à gauche, c'est proposer une alternative crédible et globale à la restauration conservatrice qu'on nous impose depuis vingt ans. Réformer à gauche, c'est pratiquer une indéfectible fidélité aux engagements pris devant le peuple. Ce n'est pas la recherche électoraliste d'une alternance au pouvoir.

Après l'échec dramatique de la social-démocratie à contenir la mondialisation néolibérale, avec les revers électoraux qui en ont été, ici et là, l'inévitable conséquence, il est navrant d'observer l'incapacité des dirigeants sociaux-démocrates à se remettre en cause et de constater leur propension à attribuer les raisons de leur défaite à des facteurs extérieurs (message mal formulé, division des forces de gauche…) aux choix politiques qu'ils ont opérés lorsqu'ils étaient aux affaires. Ce qui triomphe chez eux, comme chez toutes les élites politico-technocratiques, c'est la conviction de leur infaillibilité. Ils ne se trompent jamais. Leur échec est toujours imputable aux autres. En les entendant, on pense inévitablement à la célèbre question de Bertolt Brecht :

> Si le peuple ne peut dissoudre le gouvernement, ne serait-il pas plus simple pour le gouvernement de dissoudre le peuple et d'en élire un autre ?

Alors que nous venons d'entrer dans le XXIe siècle, à bien des égards les enjeux de société rappellent ceux du XIXe. Les luttes d'alors doivent nous inspirer. Comme les erreurs passées et les solutions en forme d'impasses parfois tragiques qui ont été tentées, voire imposées. Ce qu'on appelait alors le prolétariat n'existe plus dans les mêmes formes, mais qui oserait nier qu'il existe encore et toujours des victimes de l'exploitation et de l'exclusion, et que la globalisation en augmente le nombre chaque année ? Qui oserait nier que la lutte des classes, sous des formes sans aucun doute nouvelles, perdure ? Qui oserait nier que la technocratie, au service des firmes transnationales que rien ne régule, impose, avec la complicité de gouvernements serviles et le bourrage de crâne opéré par les médias, des choix qui nous conduisent à une forme de société où le chacun pour soi devient la règle cardinale ?

Il faut refonder la gauche pour refonder l'Europe.

Il faut d'abord se rappeler, avec Jaurès, que celui ou celle qui ne vit que de son travail est « l'héritier dépouillé d'une immense humanité de revendication et de combat[3] ».

> C'est une idée admirable d'avoir proclamé que, dans l'ordre politique et social d'aujourd'hui, il n'y a pas d'excommuniés, il n'y a pas de réprouvés, que toute personne humaine a son droit. Et ce ne fut pas seulement une affirmation ; ce ne fut pas seulement une formule ; proclamer que toute personne humaine a un droit, c'est *s'engager à la mettre en état d'exercer ce droit* par la croissance de la pensée, par la diffusion des lumières, par l'ensemble des garanties réelles, sociales, que vous devez à tout être humain si vous voulez qu'il soit en fait ce qu'il est en vocation, une personne libre. Et voilà comment, par l'ardeur intérieure du principe de raison, par la revendication des foules éveillées par l'idée du droit à l'espérance, la démocratie politique tend à s'élargir en démocratie sociale, et l'horizon devient tous les jours plus vaste devant l'esprit humain en mouvement[4].

Mettre les femmes et les hommes, partout, en état d'exercer leurs droits, tel est l'engagement fondateur qui devrait fédérer une gauche réinventée. Faire de l'Europe un espace de solidarité, le lieu privilégié d'une commune volonté d'y *construire l'humanité* dans une tension jamais relâchée pour domestiquer les égoïsmes et approcher toujours plus de l'équilibre entre liberté et justice.

Une autre Europe est possible. Le modèle de construction européenne imposé depuis cinquante ans n'est pas notre horizon indépassable. Une Europe des peuples, une Europe citoyenne, unique source du pouvoir et de la légitimité des institutions chargées, sous contrôle, de l'exercer, dépend de nous. De notre détermination à rejeter le modèle qu'on s'emploie à nous imposer.

La résignation n'est pas possible

Il n'y a pas de fatalité.

Nous, les peuples d'Europe, ne sommes pas condamnés au désespoir auquel les libéraux de droite et de gauche nous poussent.

La Commission européenne et l'OMC violent et briment nos droits. Elles sont en mesure de le faire parce qu'elles ont l'appui de nos gouvernements. Sans le mandat donné par nos gouvernements à la Commission européenne, celle-ci est limitée dans sa détermination à privatiser tous les aspects de la vie en société. Sans l'accord des gouvernements des pays membres de l'OMC, celle-ci est incapable de décider ; la conférence ministérielle qui s'est tenue en septembre 2003 à Cancún, au Mexique, en a fourni l'éclatante démonstration. La responsabilité première reste encore – mais pour combien de temps ? – du ressort d'un niveau de pouvoir sur lequel les citoyennes et les citoyens peuvent agir.

Allons-nous les laisser faire ? Allons-nous nous résigner et subir ? Allons-nous accepter la plus formidable régression politique et sociale depuis près de deux siècles ? Allons-nous attendre qu'il soit trop tard ?

Rappelons-nous ce qui fut dit à un moment de l'histoire de l'humanité où femmes et hommes avaient entrepris d'arracher leurs chaînes et d'affirmer la dignité et les droits du peuple souverain. Le 26 août 1789, lorsqu'ils adoptèrent la première Déclaration des droits de l'homme et du citoyen, ceux qui abattaient au même moment la tyrannie affirmaient, à l'article 15, que *« la société a le droit de demander compte à tout agent public sur son administration »*. Deux cent quinze ans plus tard, nous n'avons pas la possibilité de demander des comptes à ceux qui, au Comité 133, décident en notre nom de notre avenir et de celui du monde. Nous n'avons pas la possibilité de demander des comptes à un Pascal Lamy.

Quant à ceux qui sont comptables devant nous, libéraux de droite comme de gauche, ils n'écoutent pas le peuple. Ils écoutent les hommes d'affaires. Ils privatisent. Ils démantèlent les mécanismes de solidarité. Ils amputent nos droits. Ils s'accommodent d'une démocratie de plus en plus formelle qui fait douter de plus en plus de la démocratie elle-même et nourrit les populismes aux extrêmes. Les élections de 2002 en France en ont fourni la plus spectaculaire des démonstrations.

Alors, il nous faut réaffirmer nos fondamentaux et rappeler ce que proclamait, le 26 juin 1793, l'article 35 de la Déclaration des droits de l'homme et du citoyen de l'an I :

> Quand le gouvernement viole les droits du peuple, l'insurrection est pour le peuple et pour chaque portion du peuple le plus sacré des droits et le plus indispensable des devoirs.

Le combat contre la marchandisation de l'Europe et du monde exige une mobilisation sans précédent de toutes les forces associatives et syndicales, de l'ensemble du mouvement social et des acteurs politiques encore trop rares qui en portent, de manière crédible et cohérente, les analyses et les propositions. Il réclame le recours à tous les moyens que l'action non violente met à notre disposition. À tous, sans exception.

Puisque nos gouvernements, ceux de droite tout comme ceux qui se disent de gauche, ont résolument fait le choix de protéger les intérêts des plus puissants, puisqu'ils refusent d'entendre la demande de justice sociale et d'égalité des chances, puisqu'ils acceptent le principe de sociétés duales, puisque ceux qui avaient pour mission de protéger et d'étendre les acquis démocratiques et sociaux conquis de haute lutte y ont renoncé, il ne nous reste qu'une option : la désobéissance civile, c'est-à-dire le recours à toutes les techniques non violentes de la protestation. Il faut mettre la désobéissance civile à l'ordre du jour pour créer ces rapports de forces différents qui ont toujours été nécessaires pour obtenir les changements favorables au plus grand nombre.

Si l'on continue à nous tromper, si l'on continue, à coup de « modernisations » et de « réformes » successives, à nous ramener au XIXe siècle, si l'on continue à vouloir nous imposer ce que nous refusons, il faut dès à présent envisager qu'un jour, après avoir épuisé toutes les autres formes pacifiques de résistance, une grève générale puisse être décidée dans toute l'Europe pour refuser sa marchandisation.

La démocratie est un combat permanent. Elle ne vit que si on la fait vivre. Quand les citoyennes et les citoyens oublient la vigilance démocratique, s'en remettent à d'autres pour garantir la défense des droits, la démocratie s'efface devant la force des intérêts particuliers. C'est, pour chacune et chacun d'entre nous, notre part de responsabilité.

Nous existons parce que nous résistons. Nous, qui sommes les plus nombreux, qui ne détenons ni le pouvoir de l'argent, ni la force des armées et des polices, qui sommes caricaturés et méprisés par le discours dominant qui sévit dans la plupart des médias et à l'université, n'oublions pas cependant ce que l'histoire enseigne : chaque fois que nous avons eu la volonté de nous unir et de nous mobiliser, nous les avons fait reculer.

Le mur de Berlin est tombé parce que chaque semaine, pendant des mois, des dizaines de milliers de citoyennes et de citoyens se sont rassemblés et ont bravé un des empires les plus implacables que le XXe siècle ait engendrés. Nos vies et celles de nos enfants valent bien un tel effort.

Louvain-la-Neuve, Phnom Penh, Mosset,
mars-décembre 2003.

ANNEXES

I

Le Pacte international relatif aux droits économiques, sociaux et culturels

Adopté et ouvert à la signature, à la ratification et à l'adhésion par l'Assemblée générale de l'Organisation des Nations unies dans sa résolution 2200 A (XXI) du 16 décembre 1966.

Entrée en vigueur : le 3 janvier 1976, conformément aux dispositions de l'article 27.

Préambule

Les États parties au présent Pacte,

Considérant que, conformément aux principes énoncés dans la Charte des Nations unies, la reconnaissance de la dignité inhérente à tous les membres de la famille humaine et de leurs droits égaux et inaliénables constitue le fondement de la liberté, de la justice et de la paix dans le monde,

Reconnaissant que ces droits découlent de la dignité inhérente à la personne humaine,

Reconnaissant que, conformément à la Déclaration universelle des droits de l'homme, l'idéal de l'être humain libre, libéré de la crainte et de la misère, ne peut être réalisé que si des conditions permettant à chacun de jouir de ses droits économiques, sociaux et culturels, aussi bien que de ses droits civils et politiques, sont créées,

Considérant que la Charte des Nations Unies impose aux États l'obligation de promouvoir le respect universel et effectif des droits et des libertés de l'homme,

Prenant en considération le fait que l'individu a des devoirs envers autrui et envers la collectivité à laquelle il appartient et est tenu de s'efforcer de promouvoir et de respecter les droits reconnus dans le présent Pacte,

Sont convenus des articles suivants :

Première partie

Article premier

1. Tous les peuples ont le droit de disposer d'eux-mêmes. En vertu de ce droit, ils déterminent librement leur statut politique et assurent librement leur développement économique, social et culturel.

2. Pour atteindre leurs fins, tous les peuples peuvent disposer librement de leurs richesses et de leurs ressources naturelles, sans préjudice des obligations qui découlent de la coopération économique internationale, fondée sur le principe de l'intérêt mutuel, et du droit international. En aucun cas, un peuple ne pourra être privé de ses propres moyens de subsistance.

3. Les États parties au présent Pacte, y compris ceux qui ont la responsabilité d'administrer des territoires non autonomes et des territoires sous tutelle, sont tenus de faciliter la réalisation du droit des peuples à disposer d'eux-mêmes, et de respecter ce droit, conformément aux dispositions de la Charte des Nations unies.

Deuxième partie

Article 2

1. Chacun des États parties au présent Pacte s'engage à agir, tant par son effort propre que par l'assistance et la coopération internationales, notamment sur les plans économique et tech-

nique, au maximum de ses ressources disponibles, en vue d'assurer progressivement le plein exercice des droits reconnus dans le présent Pacte par tous les moyens appropriés, y compris en particulier l'adoption de mesures législatives.

2. Les États parties au présent Pacte s'engagent à garantir que les droits qui y sont énoncés seront exercés sans discrimination aucune fondée sur la race, la couleur, le sexe, la langue, la religion, l'opinion politique ou toute autre opinion, l'origine nationale ou sociale, la fortune, la naissance ou toute autre situation.

3. Les pays en voie de développement, compte dûment tenu des droits de l'homme et de leur économie nationale, peuvent déterminer dans quelle mesure ils garantiront les droits économiques reconnus dans le présent Pacte à des non-ressortissants.

Article 3

Les États parties au présent Pacte s'engagent à assurer le droit égal qu'ont l'homme et la femme au bénéfice de tous les droits économiques, sociaux et culturels qui sont énumérés dans le présent Pacte.

Article 4

Les États parties au présent Pacte reconnaissent que, dans la jouissance des droits assurés par l'État conformément au présent Pacte, l'État ne peut soumettre ces droits qu'aux limitations établies par la loi, dans la seule mesure compatible avec la nature de ces droits et exclusivement en vue de favoriser le bien-être général dans une société démocratique.

Article 5

1. Aucune disposition du présent Pacte ne peut être interprétée comme impliquant pour un État, un groupement ou un individu un droit quelconque de se livrer à une activité ou d'accomplir un acte visant à la destruction des droits ou libertés reconnus dans le présent Pacte ou à des limitations plus amples que celles prévues dans ledit Pacte.

2. Il ne peut être admis aucune restriction ou dérogation aux droits fondamentaux de l'homme reconnus ou en vigueur dans tout pays en vertu de lois, de conventions, de règlements ou de coutumes, sous prétexte que le présent Pacte ne les reconnaît pas ou les reconnaît à un moindre degré.

Troisième partie

Article 6

1. Les États parties au présent Pacte reconnaissent le droit au travail, qui comprend le droit qu'a toute personne d'obtenir la possibilité de gagner sa vie par un travail librement choisi ou accepté, et prendront des mesures appropriées pour sauvegarder ce droit.

2. Les mesures que chacun des États parties au présent Pacte prendra en vue d'assurer le plein exercice de ce droit doivent inclure l'orientation et la formation techniques et professionnelles, l'élaboration de programmes, de politiques et de techniques propres à assurer un développement économique, social et culturel constant et un plein-emploi productif dans des conditions qui sauvegardent aux individus la jouissance des libertés politiques et économiques fondamentales.

Article 7

Les États parties au présent Pacte reconnaissent le droit qu'a toute personne de jouir de conditions de travail justes et favorables, qui assurent notamment :

a) la rémunération qui procure, au minimum, à tous les travailleurs :

1) un salaire équitable et une rémunération égale pour un travail de valeur égale sans distinction aucune ; en particulier, les femmes doivent avoir la garantie que les conditions de travail qui leur sont accordées ne sont pas inférieures à celles dont bénéficient les hommes et recevoir la même rémunération qu'eux pour un même travail ;

2) une existence décente pour eux et leur famille conformément aux dispositions du présent Pacte ;

b) la sécurité et l'hygiène du travail ;

c) la même possibilité pour tous d'être promus, dans leur travail, à la catégorie supérieure appropriée, sans autre considération que la durée des services accomplis et les aptitudes ;

d) le repos, les loisirs, la limitation raisonnable de la durée du travail et les congés payés périodiques, ainsi que la rémunération des jours fériés.

Article 8

1. Les États parties au présent Pacte s'engagent à assurer :

a) le droit qu'a toute personne de former avec d'autres des syndicats et de s'affilier au syndicat de son choix, sous la seule réserve des règles fixées par l'organisation intéressée, en vue de favoriser et de protéger ses intérêts économiques et sociaux ; l'exercice de ce droit ne peut faire l'objet que des seules restrictions prévues par la loi et qui constituent des mesures nécessaires, dans une société démocratique, dans l'intérêt de la sécurité nationale ou de l'ordre public, ou pour protéger les droits et les libertés d'autrui ;

b) le droit qu'ont les syndicats de former des fédérations ou des confédérations nationales et le droit qu'ont celles-ci de former des organisations syndicales internationales ou de s'y affilier ;

c) le droit qu'ont les syndicats d'exercer librement leur activité, sans limitations autres que celles qui sont prévues par la loi et qui constituent des mesures nécessaires, dans une société démocratique, dans l'intérêt de la sécurité nationale ou de l'ordre public, ou pour protéger les droits et les libertés d'autrui ;

d) le droit de grève, exercé conformément aux lois de chaque pays.

2. Le présent article n'empêche pas de soumettre à des restrictions légales l'exercice de ces droits par les membres des forces armées, de la police ou de la fonction publique.

3. Aucune disposition du présent article ne permet aux États parties à la convention de 1948 de l'Organisation internationale du travail concernant la liberté syndicale et la protection du droit syndical de prendre des mesures législatives portant atteinte – ou d'appliquer la loi de façon à porter atteinte – aux garanties prévues dans ladite convention.

Article 9

Les États parties au présent Pacte reconnaissent le droit de toute personne à la sécurité sociale, y compris les assurances sociales.

Article 10

Les États parties au présent Pacte reconnaissent que:

1. Une protection et une assistance aussi larges que possible doivent être accordées à la famille, qui est l'élément naturel et fondamental de la société, en particulier pour sa formation et aussi longtemps qu'elle a la responsabilité de l'entretien et de l'éducation d'enfants à charge. Le mariage doit être librement consenti par les futurs époux.

2. Une protection spéciale doit être accordée aux mères pendant une période de temps raisonnable avant et après la naissance des enfants. Les mères salariées doivent bénéficier, pendant cette même période, d'un congé payé ou d'un congé accompagné de prestations de sécurité sociale adéquates.

3. Des mesures spéciales de protection et d'assistance doivent être prises en faveur de tous les enfants et adolescents, sans discrimination aucune pour des raisons de filiation ou autres. Les enfants et adolescents doivent être protégés contre l'exploitation économique et sociale. Le fait de les employer à des travaux de nature à compromettre leur moralité ou leur santé, à mettre leur vie en danger ou à nuire à leur développement normal doit être sanctionné par la loi. Les États doivent aussi fixer des limites d'âge au-dessous desquelles l'emploi salarié de la main-d'œuvre enfantine sera interdit et sanctionné par la loi.

Article 11

1. Les États parties au présent Pacte reconnaissent le droit de toute personne à un niveau de vie suffisant pour elle-même et sa famille, y compris une nourriture, un vêtement et un logement suffisants, ainsi qu'à une amélioration constante de ses conditions d'existence. Les États parties prendront des mesures appropriées pour assurer la réalisation de ce droit et ils reconnaissent à cet effet l'importance essentielle d'une coopération internationale librement consentie.

2. Les États parties au présent Pacte, reconnaissant le droit fondamental qu'a toute personne d'être à l'abri de la faim, adopteront, individuellement et au moyen de la coopération internationale, les mesures nécessaires, y compris des programmes concrets :

a) pour améliorer les méthodes de production, de conservation et de distribution des denrées alimentaires par la pleine utilisation des connaissances techniques et scientifiques, par la diffusion de principes d'éducation nutritionnelle et par le développement ou la réforme des régimes agraires, de manière à assurer au mieux la mise en valeur et l'utilisation des ressources naturelles ;

b) pour assurer une répartition équitable des ressources alimentaires mondiales par rapport aux besoins, compte tenu des problèmes qui se posent tant aux pays importateurs qu'aux pays exportateurs de denrées alimentaires.

Article 12

1. Les États parties au présent Pacte reconnaissent le droit qu'a toute personne de jouir du meilleur état de santé physique et mentale qu'elle soit capable d'atteindre.

2. Les mesures que les États parties au présent Pacte prendront en vue d'assurer le plein exercice de ce droit devront comprendre les mesures nécessaires pour assurer :

a) la diminution de la mortinatalité et de la mortalité infantile, ainsi que le développement sain de l'enfant ;

b) l'amélioration de tous les aspects de l'hygiène du milieu et de l'hygiène industrielle ;

c) la prophylaxie et le traitement des maladies épidémiques, endémiques, professionnelles et autres, ainsi que la lutte contre ces maladies ;

d) la création de conditions propres à assurer à tous des services médicaux et une aide médicale en cas de maladie.

Article 13

1. Les États parties au présent Pacte reconnaissent le droit de toute personne à l'éducation. Ils conviennent que l'éducation doit viser au plein épanouissement de la personnalité humaine et du sens de sa dignité et renforcer le respect des droits de l'homme et des libertés fondamentales. Ils conviennent en outre que l'éducation doit mettre toute personne en mesure de jouer un rôle utile dans une société libre, favoriser la compréhension, la tolérance et l'amitié entre toutes les nations et tous les groupes raciaux, ethniques ou religieux et encourager le développement des activités des Nations unies pour le maintien de la paix.

2. Les États parties au présent Pacte reconnaissent qu'en vue d'assurer le plein exercice de ce droit :

a) l'enseignement primaire doit être obligatoire et accessible gratuitement à tous ;

b) l'enseignement secondaire, sous ses différentes formes, y compris l'enseignement secondaire technique et professionnel, doit être généralisé et rendu accessible à tous par tous les moyens appropriés et notamment par l'instauration progressive de la gratuité ;

c) l'enseignement supérieur doit être rendu accessible à tous en pleine égalité, en fonction des capacités de chacun, par tous les moyens appropriés et notamment par l'instauration progressive de la gratuité ;

d) l'éducation de base doit être encouragée ou intensifiée, dans toute la mesure possible, pour les personnes qui n'ont pas reçu d'instruction primaire ou qui ne l'ont pas reçue jusqu'à son terme ;

e) il faut poursuivre activement le développement d'un réseau scolaire à tous les échelons, établir un système adéquat de bourses et améliorer de façon continue les conditions matérielles du personnel enseignant.

3. Les États parties au présent Pacte s'engagent à respecter la liberté des parents et, le cas échéant, des tuteurs légaux, de choisir pour leurs enfants des établissements autres que ceux des pouvoirs publics, mais conformes aux normes minimales qui peuvent être prescrites ou approuvées par l'État en matière d'éducation, et de faire assurer l'éducation religieuse et morale de leurs enfants, conformément à leurs propres convictions.

4. Aucune disposition du présent article ne doit être interprétée comme portant atteinte à la liberté des individus et des personnes morales de créer et de diriger des établissements d'enseignement, sous réserve que les principes énoncés au paragraphe 1 du présent article soient observés et que l'éducation donnée dans ces établissements soit conforme aux normes minimales qui peuvent être prescrites par l'État.

Article 14

Tout État partie au présent Pacte qui, au moment où il devient partie, n'a pas encore pu assurer dans sa métropole ou dans les territoires placés sous sa juridiction le caractère obligatoire et la gratuité de l'enseignement primaire s'engage à établir et à adopter, dans un délai de deux ans, un plan détaillé des mesures nécessaires pour réaliser progressivement, dans un nombre raisonnable d'années fixé par ce plan, la pleine application du principe de l'enseignement primaire obligatoire et gratuit pour tous.

Article 15

1. Les États parties au présent Pacte reconnaissent à chacun le droit :

a) de participer à la vie culturelle;

b) de bénéficier du progrès scientifique et de ses applications;

c) de bénéficier de la protection des intérêts moraux et matériels découlant de toute production scientifique, littéraire ou artistique dont il est l'auteur.

2. Les mesures que les États parties au présent Pacte prendront en vue d'assurer le plein exercice de ce droit devront comprendre celles qui sont nécessaires pour assurer le maintien, le développement et la diffusion de la science et de la culture.

3. Les États parties au présent Pacte s'engagent à respecter la liberté indispensable à la recherche scientifique et aux activités créatrices.

4. Les États parties au présent Pacte reconnaissent les bienfaits qui doivent résulter de l'encouragement et du développement de la coopération et des contacts internationaux dans le domaine de la science et de la culture.

Quatrième partie

Article 16

1. Les États parties au présent Pacte s'engagent à présenter, conformément aux dispositions de la présente partie du Pacte, des rapports sur les mesures qu'ils auront adoptées et sur les progrès accomplis en vue d'assurer le respect des droits reconnus dans le Pacte.

2. a) Tous les rapports sont adressés au secrétaire général de l'Organisation des Nations unies, qui en transmet copie au Conseil économique et social, pour examen, conformément aux dispositions du présent Pacte;

b) le secrétaire général de l'Organisation des Nations unies transmet également aux institutions spécialisées copie des rapports, ou de toutes parties pertinentes des rapports, envoyés par les États parties au présent Pacte qui sont également membres desdites institutions spécialisées, pour autant que ces rapports, ou parties de rapports, ont trait à des questions relevant de la compétence desdites institutions aux termes de leurs actes constitutifs respectifs.

Article 17

1. Les États parties au présent Pacte présentent leurs rapports par étapes, selon un programme qu'établira le Conseil économique et social dans un délai d'un an à compter de la date d'entrée en vigueur du présent Pacte, après avoir consulté les Etats parties et les institutions spécialisées intéressées.

2. Les rapports peuvent faire connaître les facteurs et les difficultés empêchant ces États de s'acquitter pleinement des obligations prévues au présent Pacte.

3. Dans le cas où des renseignements à ce sujet ont déjà été adressés à l'Organisation des Nations unies ou à une institution spécialisée par un État partie au Pacte, il ne sera pas nécessaire de reproduire lesdits renseignements et une référence précise à ces renseignements suffira.

Article 18

En vertu des responsabilités qui lui sont conférées par la Charte des Nations unies dans le domaine des droits de l'homme et des libertés fondamentales, le Conseil économique et social pourra conclure des arrangements avec les institutions spécialisées, en vue de la présentation par celles-ci de rapports relatifs aux progrès accomplis quant à l'observation des dispositions du présent Pacte qui entrent dans le cadre de leurs activités. Ces rapports pourront comprendre des données sur les décisions et recommandations adoptées par les organes compétents des institutions spécialisées au sujet de cette mise en œuvre.

Article 19

Le Conseil économique et social peut renvoyer à la commission des Droits de l'homme aux fins d'étude et de recommandations d'ordre général ou pour information, s'il y a lieu, les rapports concernant les droits de l'homme que communiquent les États conformément aux articles 16 et 17 et les rapports concernant les droits de l'homme que communiquent les institutions spécialisées conformément à l'article 18.

Article 20

Les États parties au présent Pacte et les institutions spécialisées intéressées peuvent présenter au Conseil économique et social des observations sur toute recommandation d'ordre général faite en vertu de l'article 19 ou sur toute mention d'une recommandation d'ordre général figurant dans un rapport de la commission des Droits de l'homme ou dans tout document mentionné dans ledit rapport.

Article 21

Le Conseil économique et social peut présenter de temps en temps à l'Assemblée générale des rapports contenant des recommandations de caractère général et un résumé des renseignements reçus des États parties au présent Pacte et des institutions spécialisées sur les mesures prises et les progrès accomplis en vue d'assurer le respect général des droits reconnus dans le présent Pacte.

Article 22

Le Conseil économique et social peut porter à l'attention des autres organes de l'Organisation des Nations unies, de leurs organes subsidiaires et des institutions spécialisées intéressées qui s'occupent de fournir une assistance technique toute question que soulèvent les rapports mentionnés dans la présente partie du présent Pacte et qui peut aider ces organismes à se prononcer, chacun dans sa propre sphère de compétence, sur l'opportunité de mesures internationales propres à contribuer à la mise en œuvre effective et progressive du présent Pacte.

Article 23

Les États parties au présent Pacte conviennent que les mesures d'ordre international destinées à assurer la réalisation des droits reconnus dans ledit Pacte comprennent notamment la conclusion de conventions, l'adoption de recommandations, la fourniture d'une assistance technique et l'organisation, en liaison avec les gouvernements intéressés, de réunions régionales et de réunions techniques aux fins de consultations et d'études.

Article 24

Aucune disposition du présent Pacte ne doit être interprétée comme portant atteinte aux dispositions de la Charte des Nations unies et des constitutions des institutions spécialisées qui définissent les responsabilités respectives des divers organes de l'Organisation des Nations unies et des institutions spécialisées en ce qui concerne les questions traitées dans le présent Pacte.

Article 25

Aucune disposition du présent Pacte ne sera interprétée comme portant atteinte au droit inhérent de tous les peuples à profiter et à user pleinement et librement de leurs richesses et ressources naturelles.

[...]

II

Le partenariat économique transatlantique

On lira ci-dessous le procès-verbal du Conseil des ministres au cours duquel fut adopté, sans discussion, le programme d'action mis au point par la Commission européenne. Si le calendrier prévu initialement n'a pas pu être respecté, vu en particulier l'échec de la conférence ministérielle de Seattle, les objectifs demeurent et sont mis en œuvre progressivement.

2129. Conseil – AFFAIRES GÉNÉRALES

Press Release : Brussels (9/11/1998) – Press : 369 Nr : 12560/98.

Président : M. Wolfgang SCHÜSSEL, ministre des Affaires étrangères de la république d'Autriche.

POINTS DISCUTÉS

[…]

POINTS ADOPTÉS SANS DISCUSSION

RELATIONS EXTÉRIEURES

Relations UE-États-Unis d'Amérique : partenariat économique transatlantique

[…]

AUTRES DÉCISIONS
Adoptées sans discussion

RELATIONS EXTÉRIEURES

Relations UE-États-Unis : partenariat économique transatlantique

Le Conseil a approuvé le partenariat économique transatlantique, qui recense les secteurs dans lesquels des actions communes peuvent être menées avec les États-Unis tant sur le plan multilatéral que sur le plan bilatéral (*cf.* texte de l'annexe, p. IV), et a autorisé la Commission à engager des négociations en vue de la conclusion d'accords bilatéraux avec les États-Unis dans les domaines suivants : obstacles techniques au commerce, services, marchés publics et propriété intellectuelle.

ANNEXE
PARTENARIAT ÉCONOMIQUE TRANSATLANTIQUE
PROGRAMME D'ACTION

1. Introduction

À l'occasion du sommet tenu à Londres le 18 mai 1998, l'Union européenne et les États-Unis ont adopté une déclaration commune sur le partenariat économique transatlantique (PET) dans laquelle ils recensent une série d'éléments visant à développer et à intensifier la coopération bilatérale et multilatérale ainsi que les actions communes dans le domaine des échanges et des investissements. Comme le prévoyait cette déclaration, le présent document définit un programme identifiant les secteurs dans lesquels des actions communes peuvent être menées aux niveaux bilatéral et multilatéral, et fixe un calendrier pour atteindre des résultats spécifiques. Ce programme est le fruit de discussions approfondies et détaillées entre les autorités américaines et la Commission européenne.

Certains volets du programme seront mis en œuvre par le biais d'actions de coopération (meilleure coopération dans le domaine de la réglementation, coopération entre scientifiques, identification des secteurs prioritaires pour l'élimination des obstacles, coordination des positions américaine et communautaire au sein des organisations internationales). D'autres prendront la forme de négociations commerciales. Enfin, le programme prévoit aussi les dispositions structurelles générales requises pour donner corps au partenariat économique transatlantique au moyen des actions figurant dans le présent programme. Dans le cadre des mesures de confiance prévues par le nouvel agenda transatlantique de 1995, nous intensifierons encore nos efforts afin de régler les questions et les différends commerciaux bilatéraux.

2. Actions multilatérales
(paragraphes 7 et 8 de la déclaration sur le PET)

2.1. Dialogue régulier

Nous établirons un dialogue régulier pour renforcer la coopération entre la Communauté européenne et les États-Unis dans la perspective de la conférence ministérielle de l'OMC en 1999, afin de jouer un rôle directeur et de faciliter les préparatifs entamés en mai 1998. Ce dialogue se déroulera d'une manière pragmatique et prendra la forme d'une série de réunions au niveau des ministres et des fonctionnaires dès à présent et jusqu'à la réunion ministérielle de l'OMC en 1999. Outre la déclaration de Londres sur le partenariat économique transatlantique, nous tiendrons compte des déclarations faites par nos dirigeants lors de la conférence ministérielle de l'OMC en 1998 et de la célébration du cinquantenaire. Notre effort de coopération dans le cadre de l'OMC n'exclura pas une collaboration dans d'autres enceintes internationales. En outre, notre coopération se poursuivra par la suite (calendrier des négociations/programmes de travail futurs sur des questions particulières).

En substance, le dialogue, qui aura pour point de départ les objectifs communs fixés au point 8 de la déclaration, comprendra un aperçu général des questions relatives à l'OMC et, progressivement, permettra de définir plus en détail des positions coordonnées sur les divers aspects du processus de l'OMC. Notre concertation ne négligera aucun sujet et tiendra compte des calendriers déjà fixés ainsi que de la nécessité de poursuivre les travaux en cours et à horizon plus lointain menés à Genève. Il s'agira pour nous d'explorer et de comparer nos positions respectives sur les principales questions à l'ordre du jour sur le plan multilatéral, et d'activer les travaux lorsque cela sera nécessaire pour renforcer la crédibilité de l'OMC auprès de tous ceux qui ont un intérêt aux activités de l'organisation, de manière que le système bénéficie d'un soutien accru. Dans certains cas, nous pourrons définir des positions communes ou élaborer ensemble des propositions pour les présenter lors des négociations et des discussions multilatérales.

Nous nous sommes accordés sur un calendrier provisoire de réunions ainsi que sur d'autres arrangements pratiques pour notre dialogue jusqu'en décembre 1999, calendrier et arrangements qui seront progressivement adaptés en fonction des résultats obtenus. Le cas échéant, des programmes de travail plus détaillés seront élaborés.

Pour atteindre les objectifs multilatéraux définis dans le programme d'action, nous nous efforcerons en priorité d'associer étroitement d'autres partenaires commerciaux à nos activités de coopération sur le plan multilatéral, et nous tirerons parti de toutes les occasions de dialogue avec eux.

Nous entendons nous tenir informés mutuellement, sans restriction, de nos consultations respectives concernant l'élaboration de l'ordre du jour de la réunion ministérielle et nous œuvrerons ensemble à la création d'occasions et au lancement d'actions propres à faciliter le dialogue avec tous ceux qui ont un intérêt aux activités de l'OMC.

2.2. Thèmes de dialogue

La liste des questions à aborder dans le cadre de notre dialogue reste, dans une certaine mesure, indicative, puisqu'il faudra peut-être l'adapter en fonction de l'évolution du processus de Genève. Ce dialogue pourra aussi faire ressortir la nécessité d'actions de coopération plus spécifiques.

Modalités et principes de négociation. Nous procéderons à un échange de vues sur les modalités et les principes qui pourraient être retenus pour les négociations, conformément aux points 9, 10 et 11 de la déclaration de mai de l'OMC, selon laquelle les ministres doivent recevoir des recommandations pour toute décision portant sur la poursuite de l'organisation et la gestion du programme de travail de l'OMC, y compris sa portée, sa structure et son calendrier, de manière que ce programme soit entrepris et mené à bien sans délai et permette de parvenir à un équilibre global entre les intérêts de tous les membres. Nous entendons jouer un rôle directeur dans ce processus et, à cet égard, nous chercherons à déterminer si les modalités de négociation sont appropriées et répondent à nos souhaits, en examinant la façon dont ces négociations devraient être menées, eu égard notamment à l'« engagement unique » et à la question de savoir si l'on doit envisager d'autres approches adaptées à la nouvelle économie pour faire en sorte que le système commercial mondial ouvert reste en phase avec l'évolution des marchés. Dans ce cadre, nous réfléchirons à différents principes et techniques, y compris les dispositions de *statu quo*, l'utilisation de seuils de déclenchement et les exigences en matière de masse critique ainsi que d'autres innovations.

Règlement des différends. Dans la mesure du possible, nous harmoniserons nos positions sur l'examen du mémorandum d'accord en matière de règlement des différends, notamment en ce qui concerne le renforcement de la transparence et le fonctionnement des groupes spéciaux.

Transparence. Nous confirmons que nous accorderons un degré élevé de priorité à la promotion d'une plus grande transparence dans le fonctionnement de l'OMC, transparence qui ira de l'accès accru du public aux documents de l'OMC à une meilleure consultation du public, sans remettre en cause le caractère intergouvernemental de l'organisation. Nous consacrerons donc toute l'attention requise aux procédures et dispositions de l'OMC qui, dans ce domaine, doivent être actualisées ou révisées. À la lumière de l'expérience acquise jusqu'à présent, nous chercherons à déclassifier les documents plus rapidement et à les rendre accessibles à toutes les parties intéressées, y compris au moyen des nouvelles technologies.

Mise en œuvre. Nous analyserons la mise en œuvre des divers accords de l'OMC, identifierons les problèmes potentiels et examinerons les mesures éventuelles à prendre, afin de garantir la mise en œuvre intégrale des engagements souscrits dans le cadre de l'OMC par l'ensemble des membres. En outre, nous collaborerons pour préserver et améliorer la transparence et la surveillance dans tous les organes de l'OMC, et pour rationaliser les règles actuelles, afin d'éviter la répétition de travaux déjà accomplis, ainsi que la coopération en matière d'assistance technique et/ou d'autres mesures d'aide. Tous ces efforts devraient aider à faire avancer le programme de travail futur de l'OMC.

Services. Notre coopération mettra l'accent sur la poursuite prévue des négociations sur la base de l'article XIX de l'AGCS, avec pour objectifs :

– d'augmenter les possibilités d'accès au marché partout dans le monde ;

– d'éliminer les obstacles spécifiques existant dans plusieurs secteurs des services ;

– d'améliorer les conditions d'établissement ;

– d'améliorer les engagements transfrontaliers afin de pouvoir pleinement exploiter les possibilités offertes par le commerce électronique ;

– d'examiner les moyens d'améliorer la circulation des personnes nécessaires à la fourniture des services ;

– de mettre en place de nouvelles règles visant à renforcer l'accès au marché et à garantir que les services peuvent être fournis dans un environnement propice à la concurrence.

Agriculture. Nous entendons renforcer notre coopération pour faciliter le lancement des négociations, conformément à l'accord sur l'agriculture, sans oublier le rôle important du processus d'analyse et d'échange d'informations qui fonctionne déjà pour les problèmes actuels, et que le Conseil général est maintenant en mesure de se préparer au lancement des négociations, comme le prévoit l'article 20 de l'accord sur l'agriculture. Nous améliorerons et compléterons nos contacts réguliers pour faciliter le processus de Genève. Nos discussions porteront essentiellement sur le cadre actuel des engagements fixés par l'Uruguay Round et les dispositions de l'article 20.

Facilitation des échanges. Rappelant la décision que nous avons prise à Londres d'intensifier les travaux prospectifs au sein de l'OMC sur la facilitation des échanges, nous œuvrerons ensemble pour développer l'organisation des travaux au sein de l'OMC sur la facilitation des échanges afin de parvenir à des résultats concrets. En outre, nous nous efforcerons de parvenir à un consensus pour améliorer l'environnement commercial en augmentant la transparence et la prévisibilité et en réduisant la bureaucratie, tout en sauvegardant l'intégrité des procédures douanières.

Droits sur les produits industriels. Rappelant l'objectif que nous nous sommes fixé à Londres de promouvoir un vaste programme de travail de l'OMC en vue de réduire, sur la base du régime NPF, les droits applicables aux produits industriels et d'examiner dans quelle mesure il est possible de les supprimer progressivement selon un calendrier à convenir, nous veillerons ensemble à ce que les travaux nécessaires soient réalisés par le secrétariat et les membres de l'OMC en ce qui concerne les bases de données et les travaux du comité de l'accès aux marches, afin de permettre une analyse appropriée de toutes les solutions possibles pour poursuivre la libéralisation. Ce travail devrait nous donner une vision globale de toutes les approches et modalités possibles pour poursuivre la libéralisation.

Pour ce qui est des travaux en cours au sein de l'OMC concernant les produits pharmaceutiques et l'ATI II, nous poursuivrons nos efforts pour aboutir avant la fin de 1998 afin que la mise en œuvre puisse avoir lieu en juillet 1999.

Propriété intellectuelle. La coopération portera en particulier sur toutes les questions liées au programme de travail déjà agréé sur les aspects des droits de propriété intellectuelle qui touchent au commerce (ADPIC), à leur mise en œuvre et à leur observation intégrales, en temps voulu, dans les pays en développement d'ici au mois de janvier 2000, et l'examen des points à négocier pour améliorer l'accord sur les ADPIC. Cette étroite collaboration sera étendue aux questions autres que les ADPIC : veiller à la ratification et à la mise en œuvre des deux traités récents de l'OMPI, promouvoir la signature et l'application du traité sur le droit des marques, encourager les efforts déployés dans d'autres enceintes pour résoudre les conflits entre noms de domaines et marques sur Internet, et prendre des mesures pour lutter contre la piraterie sur support optique.

Investissements. Nous coordonnerons activement notre participation au processus de Genève, en vue de présenter au Conseil général avant la fin de 1998 un rapport factuel rendant compte de façon adéquate des discussions qui ont eu lieu au sein du groupe de travail sur le commerce et l'investissement. Nous nous concerterons aussi au sujet des travaux supplémentaires qui pourraient être réalisés dans ce domaine en 1999, afin de développer notre analyse commune quant à l'inclusion de l'investissement parmi les questions à examiner au sein de l'OMC. Nous essaierons d'obtenir le soutien de tous nos partenaires pour les prochaines étapes en vue de l'établissement, au sein de l'OMC, de règles en matière d'investissement.

Concurrence. Nous unirons nos efforts pour que le groupe de travail sur l'interaction du commerce et de la politique de la concurrence présente au Conseil général un rapport objectif et informatif qui résume de façon factuelle les travaux entrepris, et insiste sur l'importance de veiller activement à l'application des lois sur la concurrence pour accompagner la libéralisation du commerce. Nous coopérerons aussi dans le cadre de la préparation de la réunion ministérielle de l'OMC de 1999 afin que les décisions appropriées puissent être prises sur les prochaines étapes à suivre au sein de l'OMC, y compris éventuellement la tenue de négociations comme le prévoit la déclaration ministérielle de Singapour. À cet égard, nous procéderons à des échanges de vues sur, entre autres, les questions touchant aux règles multilatérales, le droit de la concurrence et son application, et les moyens d'accroître la coopération internationale entre les autorités chargées de faire respecter les règles de concurrence en ce qui concerne les pratiques anticoncurrentielles ayant des effets sensibles sur le commerce et l'investissement internationaux.

Marchés publics. Notre objectif commun est de parvenir, au sein de l'OMC, à un ensemble complet de règles multilatérales en matière de marchés publics. À cette fin, nous continuerons à coopérer étroitement pour accélérer et mener à bien les travaux du groupe de travail sur la transparence des marchés publics afin de parvenir à un accord en 1999, et nous réfléchirons à la manière dont cet accord pourrait s'inscrire dans le cadre des efforts plus larges déployés au sein de l'OMC pour renforcer les pratiques fondées sur le principe d'une bonne gestion des affaires publiques. Nous collaborerons aussi pour encourager une participation accrue à l'accord multilatéral sur les marchés publics et pour faire avancer les travaux de l'AGCS sur les marchés publics de services. En outre, nous collaborerons pour faire avancer l'examen en cours de l'accord multilatéral sur les marchés publics et pour veiller à ce que les obligations qui en découlent soient correctement et intégralement mises en œuvre.

Commerce et environnement. Nous réfléchirons à la manière d'intégrer les questions relatives à l'environnement dans le travail de l'OMC afin de prendre pleinement en compte la dimension écologique dans tous les accords de cette organisation. Dans un premier temps, nous essayons de parvenir à un consensus en faveur de la convocation d'une réunion de haut niveau au cours du premier semestre de 1999, et, dans l'immédiat, nous nous attacherons à faire le nécessaire pour que cette réunion soit un succès afin d'ouvrir la voie à un consensus sur la manière de traiter les questions d'environnement lors de la réunion ministérielle de l'OMC de 1999 et dans le cadre des travaux futurs de l'OMC.

Adhésions. Nous continuerons de collaborer étroitement pour obtenir l'adhésion rapide des pays candidats, petits et grands, sur la base d'engagements en ce qui concerne l'accès aux marchés qui soient à la fois mutuellement acceptables et viables du point de vue commercial, et de l'acceptation des règles de l'OMC, étant entendu que le rythme de progrès en matière d'adhésion dépend dans une large mesure des efforts déployés par les pays candidats eux-mêmes. Nous nous efforcerons ensemble de mieux coordonner notre assistance technique.

Pays en développement. Nous nous efforcerons de garantir une plus large participation des pays en développement aux travaux de l'OMC, dans le cadre du programme de travail futur de cette organisation, en raison des bienfaits importants qui en découleront pour leur développement et leur croissance économiques. En ce qui concerne les pays les moins avancés, nous continuerons de réfléchir aux moyens d'améliorer sensiblement leurs débouchés commerciaux et de mieux les intégrer, en particulier par la mise en œuvre des résultats de la réunion de haut niveau sur les pays les moins avancés. Nous déterminerons aussi si les contraintes particulières des pays les moins avancés, notamment, sont correctement évaluées et dûment prises en considération.

Commerce électronique. Nous nous concerterons pour assurer l'application du programme de travail de l'OMC concernant les aspects du commerce électronique qui touchent au commerce international, y compris l'examen par les conseils et les comités compétents des aspects recensés dans le programme de travail. Nous œuvrerons à la codification, d'ici à la fin de 1999, de l'engagement de maintenir le *statu quo* quant à l'inapplicabilité des droits de douane.

Normes de travail de base. Nous nous efforcerons ensemble de promouvoir la mise en œuvre intégrale, dans les délais prévus, des procédures de suivi de la nouvelle déclaration de l'OIT sur les normes de travail de base. En outre, l'Union européenne et les États-Unis devraient soutenir les secrétariats de l'OMC et de l'OIT en collaborant à des travaux de recherche, à des rapports et à des études, ainsi qu'en identifiant d'autres domaines de coopération entre les deux secrétariats. À cet égard, nous réfléchirons aux moyens de renforcer leurs relations.

Application des lois. Nous procéderons à un échange de vues au sujet de la mise en œuvre de la convention de l'OCDE sur la lutte contre la corruption et des travaux ultérieurs au sein de l'OCDE. En outre, nous nous concerterons pour déterminer, dans les différents domaines couverts par le programme de travail de l'OMC, quelles actions pourraient permettre à tous les membres de l'OMC de renforcer l'État de droit et le respect de la légalité sur leurs territoires respectifs.

Examen de l'état d'avancement des travaux. Nous examinerons l'état d'avancement des travaux au cours de nos discussions sur les points énumérés ci-dessus, qui se tiendront pour la première fois fin 1998 puis à intervalles réguliers, afin que toutes les questions importantes des futures négociations multilatérales soient bien préparées.

3. Action bilatérale
(paragraphes 9 à 14 de la déclaration)

3 1. Obstacles techniques au commerce de marchandises

3 1.1. Coopération réglementaire

Afin d'améliorer, d'une part, le dialogue bilatéral entre les autorités réglementaires américaines et communautaires et, d'autre part, l'accès effectif des intérêts privés et des autorités des deux parties aux procédures réglementaires des pouvoirs publics, nous prendrons dans un premier temps les mesures ci-après, en tenant compte des impératifs de nos procédures réglementaires respectives telles que la transparence et la participation réelle du public et de toutes les autres parties intéressées, notamment dans le cadre du TABD.

Mécanismes bilatéraux existants.

a) Préparer un résumé indicatif de la coopération bilatérale existant entre les autorités réglementaires aux États-Unis et dans l'Union européenne. Ce résumé ne devra pas être exhaustif, mais fournira une indication claire et précise de la coopération réglementaire bilatérale UE-ÉU, y compris la coopération dans le cadre des institutions multilatérales (par exemple dans le contexte de l'accord de l'OMC sur les obstacles techniques au commerce) et d'autres enceintes. Il examinera le type et l'efficacité des informations échangées, la continuité du dialogue dans le temps, la fréquence des réunions et le calendrier du dialogue par rapport aux procédures réglementaires internes des parties. DATE BUTOIR : FIN JANVIER 1999.

b) Définir et mettre en œuvre les principes et les orientations généraux définis en commun pour assurer une coopération réglementaire effective. Ces principes et ces orientations se fonderont sur la déclaration commune de décembre 1997 qui prévoit une consultation, dans la mesure du possible, aux premiers stades de l'élaboration des réglementations et un recours accru aux compétences et ressources techniques de l'autre partie. Il sera aussi tenu compte, notamment, de la nécessité de rapprocher autant que possible l'exercice de consultation du début du processus de réglementation, ainsi que de l'importance de promouvoir l'échange des connaissances techniques et scientifiques dans le cadre des activités réglementaires.

c) Identifier les améliorations éventuelles à apporter à la coopération réglementaire bilatérale existante sur la base des principes et des orientations généraux définis conjointement.

d) Identifier les secteurs dans lesquels la coopération réglementaire bilatérale pourrait être intensifiée ou établie sur la base des principes et orientations généraux définis conjointement. DATE BUTOIR POUR LES POINTS B) C) ET D) : FIN JUIN 1999.

Procédures réglementaires internes des pouvoirs publics.

a) Examiner conjointement les questions retenues d'un commun accord, notamment l'accès aux procédures réglementaires respectives sur le plan de la transparence et de la participation du public – y compris la possibilité pour toutes les parties intéressées d'apporter une contribution effective à ces procédures et de se faire entendre de façon raisonnable. DATE BUTOIR : AVRIL 1999.

b) Examiner les résultats de l'examen des procédures réglementaires respectives et, sur la base de cet examen, recenser les moyens d'améliorer l'accès à ces procédures, définir ensemble des principes et orientations généraux pour ces procédures, et, dans la mesure du possible, chercher à appliquer concrètement ces améliorations tout en préservant l'indépendance des autorités réglementaires nationales. DATE BUTOIR : FIN 1999.

3.1.2. Reconnaissance mutuelle

Notre objectif consiste à supprimer ou à abaisser sensiblement les obstacles qui résultent de l'application à des marchandises qui peuvent être produites et/ou commercialisées légalement dans l'une des parties des exigences supplémentaires ou différentes lorsque ces marchandises pénètrent sur le territoire de l'autre partie, tout en sauvegardant notre niveau élevé de protection des consommateurs, de la santé des êtres humains, des animaux et des végétaux, de la sécurité et de l'environnement.

Nous nous efforcerons d'étendre l'accord actuel de reconnaissance mutuelle à de nouveaux secteurs. Nous nous efforcerons aussi de déterminer, secteur par secteur, le niveau approprié de reconnaissance mutuelle, en déterminant par exemple s'il y a lieu d'aller au-delà de l'évaluation de conformité pour passer à la reconnaissance mutuelle des réglementations techniques, et/ou de déterminer si des actions ou des arrangements autres qu'un accord de reconnaissance mutuelle sont possibles pour d'autres secteurs. À cette fin, nous entreprendrons les actions concrètes suivantes, le cas échéant :

a) Échanger nos points de vue respectifs sur les secteurs pour lesquels il apparaît intéressant de parvenir à un ou plusieurs niveaux de reconnaissance mutuelle, notamment sur la base de recommandations de parties intéressées. Cet échange de vues devrait être accompagné d'une description des législations, des réglementations et/ou des normes applicables dans le secteur considéré.

b) Échanger nos points de vue sur l'idée et l'application pratique de différents niveaux de reconnaissance mutuelle. DATE BUTOIR POUR LES POINTS A) ET B) : D'ICI AU SOMMET DE DÉCEMBRE 1998.

c) Identifier les secteurs spécifiques dans lesquels une comparaison des exigences réglementaires révèle la possibilité d'une reconnaissance mutuelle des réglementations techniques.

d) Identifier les secteurs spécifiques dans lesquels il semblerait possible et souhaitable d'étendre l'accord de reconnaissance mutuelle en vigueur.

e) Lorsque aucun niveau de reconnaissance mutuelle ne semble possible ou souhaitable dans un secteur particulier, déterminer si d'autres actions ou dispositions éventuelles permettraient de réduire ou d'éliminer, dans ce secteur, les obstacles réglementaires aux échanges, tout en promouvant les objectifs réglementaires intérieurs. DATE BUTOIR POUR LES POINTS C) D) ET E) : FIN DÉCEMBRE 1999.

f) Négocier de nouvelles annexes sectorielles de l'actuel accord de reconnaissance mutuelle.

g) Négocier la reconnaissance mutuelle des réglementations techniques concernant les secteurs pour lesquels cela a été jugé faisable et souhaitable afin de supprimer ou de réduire sensiblement les obstacles que continue d'entraîner l'imposition d'exigences supplémentaires ou différentes aux produits importés en provenance de l'autre partie, tout en maintenant notre niveau élevé de protection des consommateurs, de la santé des êtres humains, des animaux et des végétaux, de la sécurité et de l'environnement. Dans la mesure où cela est nécessaire, il conviendrait de créer un nouveau cadre englobant les secteurs spécifiques qui ont été retenus pour faire l'objet de négociations.

h) Identifier les secteurs dans lesquels la poursuite de négociations serait utile après la fin de 1999, tout en promouvant les objectifs réglementaires intérieurs. DATE BUTOIR POUR LES POINTS F) G) ET H) : FIN 1999.

3.1.3. Alignement des normes et des exigences réglementaires

Compte tenu de la participation de la Communauté européenne et des États-Unis aux travaux internationaux de normalisation et de leur engagement à cet égard, ainsi que des travaux en cours dans le cadre de l'accord de l'OMC sur les obstacles techniques au commerce, nous entreprendrons les actions suivantes :

a) Évaluer le travail existant dans le domaine de la normalisation internationale (planification, adoption, transposition et utilisation des normes internationales) et trouver ainsi le moyen de renforcer la coopération, là où c'est possible, entre la Communauté européenne et les États-Unis en vue de surmonter les difficultés qui pourraient gêner les progrès en la matière et de mieux répondre aux impératifs des deux parties dans le domaine de la santé, de la sécurité, de la qualité et de l'environnement, et déterminer ainsi s'il serait possible d'utiliser davantage les normes internationales reconnues par les deux parties lors de l'élaboration des exigences réglementaires intérieures. DATE BUTOIR : FIN JANVIER 1999.

b) Trouver le moyen de renforcer les liens existant entre les organismes de normalisation internationaux, régionaux et nationaux. DATE BUTOIR : FIN JANVIER 1999.

c) Examiner, en tenant compte des contraintes nationales, les activités des organismes de normalisation du secteur privé et le rôle qu'ils jouent dans la fixation des normes nationales, afin d'améliorer la coopération en matière d'élaboration des normes aux niveaux national, régional et international. DATE BUTOIR : FIN 1999.

3.1.4. Sécurité des produits de consommation

Dans l'intérêt de la protection des consommateurs et de la transparence, nous entreprendrons les actions suivantes :

a) Identifier les moyens de renforcer la coopération entre les organismes compétents en matière de produits de consommation potentiellement dangereux, et

b) réfléchir à la possibilité de connecter, à terme, les systèmes américains et communautaires d'alerte rapide pour les produits dangereux.

3.2. Services
(paragraphe 10, point b, et paragraphe 11)

3.2.1. Maintien de l'ouverture des marchés

Nous mettrons en place un dispositif visant à permettre, à l'avenir, l'échange rapide de nos points de vue respectifs sur toutes les propositions politiques dont l'une ou l'autre partie estime qu'elles pourraient avoir une incidence négative sur l'environnement commercial dans lequel évoluent les fournisseurs de services. DATE BUTOIR : FIN 1998.

3.2.2. Réduction des obstacles existants par une politique de reconnaissance mutuelle

Nous négocierons un cadre convenu de principes et objectifs généraux compatible avec les règles et lignes directrices de l'OMC. Ce cadre servira de modèle pour la négociation d'accords de reconnaissance mutuelle dans des secteurs de services spécifiques avec une participation appropriée d'instances professionnelles et réglementaires concernées.

D'ici à mars 1999, nous nous emploierons à mettre au point un modèle et à identifier les secteurs de services sur lesquels porteront les négociations ; le secteur des ingénieurs, notamment, figurera dans la première série de secteurs entrant en ligne de compte.

Ces accords devraient porter sur les intérêts commerciaux de nos prestataires de services respectifs. Parallèlement et selon le même calendrier, nous nous efforcerons ensemble de susciter l'appui d'une masse critique de nos autorités compétentes respectives en vue d'une adhésion rapide aux accords et de leur mise en œuvre dans les plus brefs délais. Nous examinerons les progrès réalisés par l'autre partie à cet égard afin de disposer de l'appui nécessaire pour mettre en œuvre un accord de reconnaissance mutuelle et réaliser ainsi nos objectifs en matière d'accès au marché.

En outre, dans les secteurs couverts par des accords de reconnaissance mutuelle, nous envisagerons, avec la participation de nos autorités compétentes, des mesures complémentaires permettant d'éliminer les restrictions d'accès au marché dans les secteurs où cela est nécessaire pour élargir les débouchés commerciaux.

Nous identifierons également, avec la participation de nos autorités compétentes, une deuxième série de secteurs pour le suivi dans des délais convenus au-delà de 1999. DATE BUTOIR : FIN 1999.

3.2.3. Aspects commerciaux de la réglementation en matière de services

Nous nous emploierons, au niveau bilatéral, à mettre en place, dans des secteurs appropriés, des règles régissant les aspects commerciaux de la réglementation en matière de services en vue de garantir l'accès effectif aux marchés. Les travaux préparatoires devraient être achevés d'ici à décembre 1999 dans un ou plusieurs des secteurs convenus et refléter des principes communs en matière de réglementation. Ces règles pourraient ensuite être utilisées pour faire avancer les discussions entre les autres pays dans le cadre du GATS 2000.

3.3. Marchés publics
(paragraphe 10, point d)

Nous examinerons comment étendre, de manière équilibrée, les possibilités d'accès des sociétés américaines et communautaires au marché des marchés publics américain et communautaire. Tout en reconnaissant qu'il existe des contraintes au niveau national dans certains secteurs des marchés publics, nous nous fixons les objectifs ci-après, qui pourront être complétés par consentement mutuel au fil de nos discussions :

– Nous nous efforcerons ensemble d'étendre la couverture existante, à tous les niveaux de pouvoir, en ce qui concerne aussi bien les biens que les services, dans la mesure où cela sera possible.

– Nous examinerons comment améliorer l'accès dans des domaines non couverts par les accords existants.

– Nous identifierons les conditions qui permettraient de supprimer les sanctions imposées par les deux parties en 1993.

– Nous œuvrerons ensemble pour promouvoir l'égalité d'accès de nos sociétés aux systèmes d'appel d'offres par voie électronique tant aux États-Unis que dans l'Union européenne, lorsque cela sera possible, à tous les niveaux de pouvoir. À cet égard, nous convenons en outre de renforcer notre coopération, d'échanger régulièrement des informations sur nos systèmes respectifs et de partager notre expérience en ce qui concerne le fonctionnement de ces systèmes, afin d'en promouvoir une utilisation aussi large que possible.

3.4. Propriété intellectuelle
(paragraphe 10, point e)

Même si l'accord sur les ADPIC garantit déjà une bonne protection des droits de propriété intellectuelle, il conviendrait d'améliorer encore la protection des titulaires dans le cadre des relations bilatérales UE-États-Unis. Les questions à aborder impliquent des objectifs à court et à long terme.

1) Par priorité les négociations devraient permettre d'atteindre des résultats concrets dans les domaines suivants :

a) examen de tous les aspects des droits conférés par les brevets en vue d'identifier et éventuellement d'adopter des mesures visant à réduire le coût d'obtention de ces droits. Il conviendrait d'examiner également dans ce contexte la question du partage des résultats des procédures de recherche et d'examen par les offices des brevets ;

b) recherche d'une solution à la question du droit de vote afin de permettre aux États-Unis d'accéder au Protocole de Madrid ;

c) examen des moyens permettant d'assurer que les pouvoirs publics de l'UE et des États-Unis n'utilisent que des logiciels autorisés, et, éventuellement, adoption de mesures allant dans ce sens ; les pays tiers pourraient ensuite être encouragés à adopter des mesures analogues ;

d) examen, au niveau bilatéral, de questions ayant trait aux deux traités récents de l'OMPI ;

e) protection adéquate des indications géographiques et des marques grâce à une coopération entre les deux parties dans le cadre des enceintes appropriées.

2) Il conviendrait en outre d'examiner une série d'objectifs à moyen et à long terme. Aucun calendrier pour la réalisation des résultats concrets ne peut donc être fixé à ce stade. Ces objectifs sont les suivants :

a) examiner les conséquences de l'utilisation de brevets, y compris par les pouvoirs publics, sans l'autorisation du titulaire ainsi que les exigences de fonctionnement du système. S'il y a des problèmes concrets, identifier les solutions possibles ;

b) examiner les moyens appropriés pour protéger grâce à des brevets les inventions qui comportent des programmes informatiques ;

c) examiner comment assurer une protection adéquate des données confidentielles présentées par des sociétés pharmaceutiques en vue de l'autorisation de nouveaux produits ; examiner également cette question au niveau multilatéral ;

d) examiner les conséquences de l'exigence imposée par la CE selon laquelle une seule marque doit être utilisée dans toute la Communauté en vue de l'enregistrement et de l'autorisation de mise sur le marché des produits pharmaceutiques ; si des problèmes concrets se posent du fait que des produits sont enregistrés ou mis sur le marché parallèlement, identifier les solutions possibles ;

e) examiner les conséquences du régime CE sur l'épuisement des droits conférés par des brevets sur des produits pharmaceutiques et vérifier si elles sont prises en compte de manière adéquate dans le cadre des politiques communautaires et nationales ; en cas de problèmes concrets, identifier les solutions possibles ;

f) examiner comment garantir une protection adéquate des dessins et modèles dans le domaine du textile et de l'habillement ;

g) examiner les moyens appropriés d'assurer une protection adéquate des bases de données ;

h) examiner les questions que soulève l'introduction éventuelle des droits de suite au profit des artistes dans la CE et aux États-Unis et les éventuelles différences de traitement entre ces droits ;

i) examiner comment améliorer l'application des droits de propriété intellectuelle, notamment du point de vue du coût y afférent ;

j) examiner comment appuyer les efforts en vue d'une utilisation partagée des résultats des opérations de recherche de brevets entre l'OEB et l'USPTO.

3.5. Agriculture : sécurité alimentaire, questions phytosanitaires et vétérinaires et biotechnologies

(paragraphe 10, point c)

Alors qu'il existe déjà, dans de nombreux secteurs, des structures de coopération formelles ou informelles, il est possible, dans certains cas, d'approfondir le dialogue existant afin d'identifier et de résoudre les désaccords commerciaux liés aux processus réglementaires.

3.5.1. Sécurité alimentaire, questions phytosanitaires et vétérinaires

a) Afin d'éviter l'apparition de conflits dus à l'absence de dialogue à un stade du processus législatif/réglementaire qui soit suffisamment précoce pour permettre à chaque partie d'exprimer son point de vue sur la législation envisagée par l'autre, nous envisageons la mise en place d'un système de notification préalable. En matière de sécurité alimentaire, les États-Unis viennent de créer un point de contact interservices auprès du représentant spécial pour les négociations commerciales (USTR), qui est informé chaque semaine par les organismes compétents de tout développement éventuel dans ce secteur. Un point de contact similaire sera établi à la Commission, qui collectera chaque semaine les informations équivalentes. Ces deux points de contact communiqueront régulièrement afin de tenir leurs fonctionnaires au courant des développements de l'autre partie en matière de sécurité alimentaire, de promouvoir l'échange d'informations et de contributions sur toute initiative dans ce domaine et, le cas échéant, de faciliter un dialogue objectif entre les experts scientifiques des deux parties.

b) En raison de l'importance des services de contrôle et d'inspection des parties et de la nécessité d'une interprétation commune de leur rôle, nous nous emploierons à adopter des dispositions en vertu desquelles les fonctionnaires américains et communautaires des agences scientifiques et techniques participeraient à des programmes d'échange qui leur permettront de se familiariser avec les systèmes de sécurité alimentaire de leurs homologues sur le plan des procédures d'inspection et de contrôle.

c) Dans un but de sécurité et de transparence l'UE et les États-Unis développeront la coopération entre les organismes compétents en matière de produits alimentaires dangereux. Nous examinons également la possibilité d'interconnecter les systèmes américain et communautaire d'alerte rapide sur les produits alimentaires dangereux.

d) Un dialogue plus structuré sera établi en matière phytosanitaire.

e) Nous examinons également la possibilité d'une coordination plus étroite dans d'autres secteurs connexes, comme la législation sur les pesticides (aux États-Unis) et la législation sur les vitamines et les minéraux (dans la Communauté européenne).

f) Compte tenu du rôle de plus en plus important joué par l'évaluation des risques dans l'élaboration de la législation/de la réglementation en matière de sécurité alimentaire, tant au niveau intérieur qu'au niveau international, l'Union européenne met au point des méthodes et des critères communs pour l'évaluation des risques dans le domaine des maladies d'origine alimentaire, notamment en ce qui concerne la contamination microbienne.

Nous examinerons la possibilité d'établir un lien entre l'American Risk Assessment Consortium et la partie européenne afin d'échanger des informations, des points de vue et des commentaires scientifiques sur l'élaboration d'une nouvelle méthodologie en matière d'évaluation des risques. Des relations proactives dans ce domaine permettraient d'éviter des malentendus et de favoriser l'approche scientifique en matière d'évaluation des risques dans diverses organisations internationales comme le Codex Alimentarius. DATE BUTOIR : FIN 1998.

3.5.2. Biotechnologies

a) Compte tenu du nombre important de questions bilatérales dans le secteur des biotechnologies, nous renforcerons notre dialogue bilatéral. Celui-ci se déroule actuellement dans plusieurs enceintes différentes, ce qui a pour conséquence que tous les aspects d'un même problème ne peuvent pas être couverts et qu'aucun groupe ne se réunit régulièrement pour suivre toutes les discussions. Nous estimons donc qu'il est nécessaire de créer un groupe pour chapeauter le dialogue, dont le mandat consistera à :

– suivre les progrès du dialogue sur les diverses questions techniques qui a lieu au sein des groupes existants et tenir compte de leurs éventuels effets sur le commerce, l'objectif étant de réduire les obstacles inutiles au commerce ;

– chercher à étendre et à renforcer la coopération en matière scientifique et réglementaire ainsi que l'échange d'informations et à promouvoir la transparence et l'information des consommateurs.

Le groupe ne fera pas double emploi et ne remplacera aucune structure existante, mais inclura les participants des groupes existants. Il tiendra compte du point de vue des parties intéressées. DATE BUTOIR : FIN 1998.

b) Une première mesure qui permettrait d'accélérer le processus réglementaire serait d'encourager les demandes conjointes d'évaluation scientifique aux États-Unis et dans un État membre ; la possibilité de mener un projet pilote à cet effet est envisagée. DATE BUTOIR : DÈS QUE L'INDUSTRIE S'APPRÊTERA À INTRODUIRE UNE NOUVELLE DEMANDE APPROPRIÉE.

3.6. Environnement
(paragraphes 12 et 15)

Nous créerons, dans le cadre du PET, un groupe sur l'environnement qui sera chargé de discuter et de négocier un programme de travail dans ce secteur, axé sur l'interface commerce-environnement. Les travaux de ce groupe seront coordonnés avec ceux qui se déroulent dans le cadre des consultations bilatérales à haut niveau sur l'environnement entre les États-Unis et l'Union européenne. Les travaux du groupe sur l'environnement du PET porteront notamment sur les points suivants :

– définir des objectifs communs sur les questions de commerce et d'environnement, qui serviront de base aux travaux que nous mènerons en commun dans les enceintes appropriées ;

– promouvoir une plus grande coopération entre les scientifiques et les autorités réglementaires des deux parties sur les problèmes d'environnement ayant des implications économiques et commerciales ;

– informer les négociateurs en matière commerciale de l'incidence éventuelle d'autres négociations menées dans le cadre du PET sur les questions de santé, de sécurité et d'environnement, y compris sur les aspects de réglementation et de mise en œuvre ; et

– mettre au point des approches communes sur les questions liées au commerce dans le cadre de la négociation et de la mise en œuvre d'accords multilatéraux sur l'environnement qui risquent d'avoir une incidence sur le commerce international et la compétitivité.

Nous appuyons l'instauration d'un dialogue transatlantique dans le domaine de l'environnement, impliquant un grand nombre d'ONG actives dans ce domaine, afin que nos gouvernements soient informés des questions environnementales, notamment de celles abordées dans le cadre du PET. DATE BUTOIR : CONSTITUTION DU GROUPE SUR L'ENVIRONNEMENT DU PET D'ICI À JANVIER 1999.

3.7. Travail
(paragraphe 15)

Les SPG mis en œuvre par la Communauté européenne et les États-Unis contiennent tous deux des considérations relatives aux droits des travailleurs, mais ces programmes fonctionnent de manière différente. L'UE et les États-Unis auront un échange de vues sur la mise en œuvre des dispositions relatives aux droits des travailleurs incluses dans leurs SPG respectifs.

Reconnaissant que les codes de conduite facultatifs constituent un outil efficace pour améliorer les conditions de travail dans le monde entier, nous continuerons d'appuyer le processus de dialogue transatlantique entre les employeurs, les travailleurs et les ONG sur ces codes de conduite, qui a été entamé à Bruxelles en février 1998 et qui se poursuivra lors de la réunion prévue à Washington DC en décembre 1998.

Nous poursuivrons notre dialogue avec les groupes consultatifs représentant l'industrie et les travailleurs aux États-Unis ainsi qu'avec les partenaires sociaux au sein de l'UE et les inviterons à nous faire part de leurs idées concernant de nouveaux projets transatlantiques dans ce domaine.

Nous appuierons les efforts déployés dans le cadre du Dialogue transatlantique sur le travail en vue d'alimenter le processus du PET. La première étape sera l'organisation en commun, en collaboration avec nos entités respectives compétentes en matière de travail, d'une réunion conjointe avec le Dialogue transatlantique sur le travail afin de jeter les bases d'une meilleure compréhension des questions de travail liées au PET.

Nous renforcerons notre engagement en vue du financement du programme international de l'OIT pour l'abolition du travail des enfants (IPEC) afin de contribuer à l'élimination du travail abusif des enfants.

3.8. Consommateurs
(paragraphe 15)
Le Dialogue transatlantique des consommateurs lancé en septembre 1998 sera également intégré dans le processus du PET.

3.9. Procédure en matière de droit de la concurrence
(paragraphe 13)
Nous veillerons par priorité à appliquer l'accord de courtoisie positive, conclu en 1998, aux cas concrets et à démontrer ainsi que cet instrument a une valeur pratique. Nous continuerons à explorer les autres possibilités de coopération dans la mise en œuvre de nos réglementations en matière de concurrence.

3.10. Commerce électronique
(paragraphe 14)
La déclaration commune sur le commerce électronique adoptée lors du sommet UE-États-Unis de décembre 1997 comporte les points suivants qui feront l'objet d'un réexamen et d'un débat bilatéral :

– élimination des obstacles juridiques et réglementaires inutiles ;

– promotion de normes facultatives dans le but de renforcer l'interopérabilité, l'innovation et la concurrence ;

– maintien de la franchise de droits pour les transmissions électroniques ;

– mise en œuvre au niveau mondial des engagements pris dans le cadre de l'OMC dans le domaine des télécommunications ;

– achèvement de l'ITA II et

– facilitation des échanges grâce au commerce électronique.

Nous commencerons par focaliser nos efforts communs sur la mise en œuvre d'actions spécifiques dans le domaine de la facilitation des échanges (p.e. harmonisation des protocoles, disponibilité électronique des documents en matière douanière). En vue de les éliminer, nous examinerons également les obstacles commerciaux, juridiques et réglementaires au commerce électronique. Nous intensifierons notre coopération bilatérale actuelle sur la mise en œuvre de la déclaration commune de décembre 1997 afin de renforcer et de promouvoir la confiance des consommateurs dans le commerce électronique.

4. Cadre de fonctionnement et d'organisation du PET

Le PET implique un recentrage de nos relations économiques. Les structures actuelles du nouvel agenda transatlantique serviront de point de départ. Le principal objectif sera de créer un cadre organisationnel permettant aux deux parties de valoriser pleinement le potentiel de notre partenariat et de mettre en œuvre la déclaration sur le PET et le programme d'action.

Le sommet UE-États-Unis continuera à donner les impulsions politiques et les orientations nécessaires à la réalisation des objectifs du PET, y compris pour la négociation des divers accords commerciaux prévus, en tenant compte de la nécessité de parvenir à un résultat équilibré. Le sommet constituera également l'enceinte à laquelle rendront compte tous les organismes auxiliaires.

Entre les sommets semestriels, nous organiserons des réunions au niveau des cabinets pour maintenir l'impulsion politique et résoudre, dans la mesure du possible, les problèmes exigeant une délibération au niveau politique.

Un groupe directeur PET, constitué au niveau des fonctionnaires, sera institué dans le cadre institutionnel du nouvel agenda transatlantique. Il informera le groupe de haut niveau et les ministres de l'avancement de ses travaux. Ce groupe, assisté au besoin par des groupes de travail *ad hoc* ou spécialisés, accomplira les tâches suivantes :

– suivre la réalisation des objectifs du PET et faire rapport à ce sujet;

– suivre la mise en œuvre des accords conclus dans le cadre du PET;

– définir et revoir les objectifs de la coopération de manière suivie;

– constituer l'enceinte horizontale pouvant recevoir les recommandations formulées dans le cadre du dialogue entre entreprises, du dialogue dans le domaine de l'environnement, du dialogue des consommateurs et du dialogue sur le travail (voir paragraphes 15 et 16 de la déclaration) ;

– constituer l'enceinte horizontale pour la consultation bilatérale sur toutes les questions liées au commerce et à l'investissement, en assumant également une fonction de notification préalable dans le but de prévenir les conflits et de résoudre les désaccords commerciaux.

Lorsque des engagements seront souscrits dans le cadre des accords sectoriels, des accords organisationnels spécifiques seront au besoin mis en place. Dans le domaine de l'alignement et de la convergence réglementaires ainsi que de la reconnaissance mutuelle, ceux-ci pourraient être similaires à ceux prévus dans l'accord de reconnaissance mutuelle existant entre l'UE et les États-Unis.

Chaque partie accordera une attention particulière à l'incidence potentielle des accords sectoriels conclus dans le cadre du PET sur les intérêts liés à la santé, la sécurité et l'environnement.

En outre, nous appuierons activement et pleinement les efforts actuellement déployés par le Parlement européen et le Congrès américain pour renforcer leur coopération sur les questions relatives au PET et pour contribuer à ce processus.

DATE BUTOIR : NOVEMBRE 1998.

Action multilatérale : détails concernant les services

1. Nouvelle libéralisation

Nous confronterons nos points de vue respectifs sur les moyens de parvenir à une libéralisation aussi poussée que possible dans le cadre du processus GATS 2000. Nous nous efforcerons plus particulièrement de définir un programme ambitieux pour les négociations portant sur des secteurs de services pertinents afin de dynamiser le processus dans la perspective de la troisième réunion ministérielle de l'OMC. Nous explorerons les possibilités d'étendre la libéralisation à des secteurs et des domaines présentant de l'intérêt pour les prestataires de services communautaires et américains et de signaler que les deux parties seraient disposées à mettre en œuvre une telle libéralisation si une masse critique de pays partenaires proposaient des engagements équivalents. Nous exploiterons toutes les possibilités de dialoguer ensemble avec les pays tiers, afin d'assurer un large soutien aux objectifs ambitieux que nous nous sommes fixés pour les négociations. DATE BUTOIR : PRÉPARATION DE LA TROISIÈME RÉUNION MINISTÉRIELLE DE L'OMC, AUTOMNE 1999.

Nous collaborerons pour maintenir le rythme des travaux préparatoires menés avec d'autres partenaires commerciaux, y compris au sein de la QUAD, en vue du GATS 2000.

Nous encouragerons, chaque fois que cela sera possible, un dialogue sectoriel entre industries des services, afin d'assurer une collaboration la plus étroite possible dans tous les secteurs, en se fondant sur le développement important de ce dialogue entre industries au cours de ces dernières années. DATE BUTOIR : DÉCEMBRE 1999, ET PENDANT TOUTES LES NÉGOCIATIONS GATS 2000.

2. Plus grande convivialité de l'AGCS

Nous nous efforcerons de promouvoir une plus grande clarté en ce qui concerne la portée des engagements, une plus grande harmonie dans les définitions des services pour lesquels des engagements sont offerts et, plus important, un niveau accru d'engagements. Ces actions doivent permettre aux prestataires de services américains et communautaires dans le monde entier de mieux exploiter les possibilités offertes par le GATS 2000, puisque, sous sa forme actuelle et au niveau actuel des engagements, il est difficile pour les exportateurs de services d'en tirer parti.

Nous examinerons également d'autres moyens d'atteindre les objectifs d'ouverture et de clarté. À cet effet, nous établirons un programme de travail couvrant principalement les points suivants :

1) identifier les obstacles à la compréhension des entreprises et à l'utilisation de l'AGCS (définitions vagues ou confuses des activités couvertes par un engagement) et formuler des recommandations pour les éliminer ;

2) développer des techniques de négociation qui déboucheraient sur l'application générale de certains principes et objectifs à toute une série de secteurs ;

3) tester ces techniques dans certains secteurs en se fondant sur les politiques intérieures actuelles des deux parties.

DATE BUTOIR : PREMIER RAPPORT D'AVANCEMENT POUR LA FIN NOVEMBRE 1998.

3. Aspects commerciaux de la réglementation en matière de services

Nous fixerons des orientations propices à la concurrence applicables aux règles définies au niveau national concernant les aspects commerciaux des réglementations en matière de services afin que ces réglementations ne créent pas inutilement d'entraves techniques au commerce des services. Il s'agira d'un objectif important dans le cadre du GATS 2000, compte tenu de l'article VI de l'AGCS et des règles de comptabilité ainsi que de l'expérience acquise à la lumière des dispositions spécifiques contenues dans ie document de référence sur les télécommunications. Cette approche comprendra notamment les démarches suivantes :

– Achever les travaux sur les règles concernant les réglementations en matière de comptabilité actuellement examinées par le groupe de travail du GATS sur les services professionnels, en recherchant un consensus sur le texte et en continuant à explorer les possibilités de rendre les règles juridiquement contraignantes, tout en examinant comment elles pourraient être adaptées à d'autres services professionnels.

– Nous œuvrerons ensemble à l'amélioration des règles au cours des négociations du GATS 2000. DATE BUTOIR : FIN 1998.

– Élaborer un ensemble ambitieux de lignes directrices réglementaires en s'inspirant d'une démarche analogue à celle suivie pour la comptabilité, les télécommunications et l'article VI et l'appliquer aux secteurs clés sélectionnés en consultation avec l'industrie. DATE BUTOIR : TROISIÈME RÉUNION MINISTÉRIELLE DE L'OMC, PRÉVUE À L'AUTOMNE 1999.

Notes

CHAPITRE 1

1. Alors que le libéralisme privilégiait la reconnaissance des libertés individuelles, les néolibéraux ont pour objectif premier l'État minimum, réduit à ses fonctions sécuritaires et dépouillé de tout rôle opérateur, régulateur et redistributeur.

2. Fitoussi, Jean-Paul, *Rapport sur l'état de l'Union européenne (2000)*, Paris, Fayard/Presses de Sciences-Po, 2000.

3. Articles 133 et 232 du traité CE et communication de la Commission du 27 octobre 1992 parue au *Bulletin des communautés européennes*, 10/92, p. 122 et 123.

4. En vue de l'élargissement de l'Union européenne en 2004, le traité de Nice a redéfini les conditions pour réunir une majorité qualifiée et a modifié le nombre des voix attribuées à chaque pays pour le calcul de la majorité qualifiée : l'Allemagne, la France, la Grande-Bretagne et l'Italie disposent chacune de 29 voix, soit 9,04 % du total des voix réparties entre les 25 pays, l'Espagne et la Pologne 27 (8,42 %), les Pays-Bas 13 (4,05 %), la Belgique, la Grèce, la Hongrie, le Portugal et la République tchèque 12 (3,74 %), l'Autriche et la Suède 10 (3,12 %), le Danemark, la Finlande, l'Irlande, la Lituanie et la Slovaquie 7 (2,18 %), Chypre, l'Estonie, la Lettonie, le Luxembourg, la Slovénie 4 (1,5 %), Malte 3 (0,94 %) – article 3 du protocole sur l'élargissement (annexe I au traité de Nice). Cette pondération des voix entre en vigueur le 1er janvier 2005, sauf modification par la conférence intergouvernementale chargée d'adopter un projet de Constitution.

5. *Le Monde*, 1er avril 2003.

6. *Le Nouvel Observateur*, 15 juillet 1999.

7. L'essentiel de ces informations provient de la fiche biographique, datée du 13 août 1999, que l'intéressé a remise au Parlement européen avant la confirmation de sa nomination.

8. Discours devant le TABD, Berlin, 29 octobre 1999.

9. Jawara, Fatouma, et Kwa, Aileen, *Behind the Scenes at the WTO. The Real World of International Trade Negotiations,* Londres, Zed Books, 2003.

10. Lamy, Pascal, *L'Europe en première ligne*, Paris, Grasset, 2002.

11. *The Guardian* (Londres), 16 septembre 2003.

12. Articles 211 et 250 du traité CE.

13. *Le Soir* (Bruxelles), 29 juillet 2000, p. 7.

14. Les informations qui suivent proviennent en partie de cette étude de l'Observatoire de l'Europe industrielle : Balanya, Belen, Doherty, Ann, Hoedeman, Olivier, Ma'anit, Adam, et Wesselius, Erik, *Europe Inc. Liaisons dangereuses entre institutions et milieux d'affaires européens*, Marseille, Agone, 2000. Cet Observatoire dispose également d'un site Web extrêmement riche en informations : www.corporateeurope.org.

15. Site Web : www.ert.be.

16. Voir p. 44 et 45 de l'ouvrage référencé en note 14.

17. Site Web : www.unice.org.

18. UNICE, *UNICE and the WTO Millennium Round*, Bruxelles, UNICE, septembre 1999.

19. UNICE, *Priorités de l'UNICE pour la nouvelle Commission européenne*, Bruxelles, UNICE, 1er octobre 1999.

20. Site Web : www.esf.be.

21. Site Web : www.tabd.org.

22. Déclaration au Parlement européen, le 18 mars 1999.

23. Voir p. 160 de l'ouvrage référencé en note 14.

24. Delforge, Isabelle, *Nourrir le monde ou l'agrobusiness. Enquête sur Monsanto*, publié à Bruxelles par les Magasins du monde Oxfam et Oxfam-Solidarité, à Poitiers par Orcades, et à Lausanne par la Déclaration de Berne, mai 2000.

25. J'ai analysé cette directive 98/44 du 6 juillet 1998 dans une étude publiée par Oxfam-Solidarité (Belgique) sous le titre *La Biopiraterie au-dessus des lois? La directive européenne 98/44 viole 8 instruments internationaux*, Bruxelles, 16 février 2000.

26. Deux exemples : dans une lettre adressée le 9 mai 2003 à la présidence du Comité 133 (services), le directeur de l'ESF, qui invite à une prochaine réunion entre l'ESF et ce comité (le 27 mai), se réjouit de «la continuation du dialogue entre les négociateurs du commerce des services et l'industrie européenne des services» ; un document distribué au Comité 133 (services) vante les mérites de la firme britannique d'assurances Lloyd's of London (document D2/VG D[2003] du 12 mai 2003).

27. Au Forum social mondial 2004, à Bombay ; *L'Humanité*, 20 janvier 2004.

28. *Les Traités de Rome, Maastricht et Amsterdam. Textes comparés*, Paris, La Documentation française, 1999.

29. Au début de 2001, j'ai été approché par un membre du cabinet du Premier ministre d'un grand pays européen qui voulait savoir quelles étaient les positions adoptées par les représentants de son pays au Comité 133.

30. Barfield, C., *Free Trade, Sovereignty, Democracy : The Future of the World Trade Organization*, Washington DC, 2001 ; Bellman, C., et Gerster, R.,

« Accountability in the World Trade Organization », *Journal of World Trade*, 30 (1996), n° 6, p. 31-74 ; Howse, R., « From Politics to Technocracy – And Back Again : The Fate of the Multilateral Trading Regime », *American Journal of International Law*, 96 (2002), p. 4-117 ; Slaughter, Anne-Marie, « Governing the Global Economy through Government Networks », *in* Byers (dir.), *The Role of Law in International Politics*, Oxford, 2000.

31 Documents référencés COM (2001) 53 et 264, et COM (2002) 82.

32 Documents référencés SEC (2001) 609, SEC (2002) 271.

33 Comité 133 : préparation de la IIIe conférence ministérielle de l'OMC : projet pour les conclusions du Conseil des ministres (affaires générales) du 11 octobre 1999. Réf : MD : 490/99 REV 2.

34 En 1984 : 42 % ; en 1989 : 43 % ; en 1994 : 46 %.

35 La procédure de codécision n'est autorisée que dans 37 matières.

36 Degryse, Christophe, « Trois scénarios pour l'Europe en 2015 », *La Revue nouvelle*, Bruxelles, juin 2001, p. 37.

37 Duverger, Maurice, *Europe des hommes*, Paris, Odile Jacob, 1994.

38 Magnette, Paul, *Contrôler l'Europe. Pouvoirs et responsabilités dans l'Union européenne*, Bruxelles, Institut d'études européennes, Éditions de l'Université de Bruxelles, 2003, p. 151.

CHAPITRE 2

1. « Conférence intergouvernementale de 1996. Opinion de la Commission », Bruxelles, 1996, p. 20.

2. *Le Monde*, 20 mai 2000, p. 15.

3. Parlement européen, « Résolution sur la cohérence des différentes politiques », 17 février 2000. Doc. B5-0181.

4. Directive 2000/36/CE relative aux produits de cacao et de chocolat destinés à l'alimentation humaine, adoptée en seconde lecture au Parlement européen le 15 mars 2000.

5. Voir la note 25 du chapitre 1.

6. IFSL (2001), *Les Arguments en faveur de la libéralisation du commerce international des services,* Londres, International Financial Services of London, 1er mai 2002.

7. Il s'agit de l'instance juridictionnelle de l'OMC qui, sur la base d'une plainte, tranche dans les conflits entre États en se référant uniquement aux critères de la concurrence commerciale et du libre-échange.

8. Hartridge, David, « What the General Agreement on Trade in Services Can Do », communication présentée à Londres le 8 janvier 1997 lors d'un colloque organisé sur le thème « Opening markets for banking worldwide : the WTO General Agreement on Trade in Services » par British Invisibles et le cabinet de conseil Clifford Chance.

9. Déclaration ministérielle, § 15.

10. Lors d'un séminaire organisé par le club Confrontations, à Bruxelles, le 9 décembre 2002.

11. Organisation mondiale du commerce, Conseil du commerce des services,

session extraordinaire, communication des États-Unis : cadre de négociation. Document S/CSS/W/4, 13 juillet 2000 (00-2883).

12. Voir le site http://www.gatswatch.org/requests-offers. html : les propositions d'offres européennes.

13. European Commission, Directorate-General for Trade, WTO Members' Requests to the EC and its Member States for Improved Market Access for Services; consultation document, 12 novembre 2002.

14. Cela est particulièrement manifeste dans les documents préparatoires aux conférences organisées par l'ONU à Johannesburg et à Monterrey. La formule sacro-sainte consiste à indiquer que les dispositions dans les domaines du développement ou de l'environnement devront s'appliquer « dans le respect des règles de l'OMC ». Doc. « Dix ans après Rio : se préparer au sommet mondial pour un développement durable, en 2002 », COM (2001) 53 ; « Vers un partenariat global pour le développement durable », COM (2002) 82.

15. Il est intéressant de noter que, dans un certain nombre de cas (Belgique, France...), les services de Pascal Lamy ont demandé des informations à certaines administrations nationales en s'adressant directement à elles, sans passer par le gouvernement ou le ministre concerné. Bel exemple du cas que l'on fait à la Commission européenne des prérogatives des institutions démocratiques des États membres.

16. Politi, Daniel, *Privatizing Water : What the European Commission Doesn't Want You to Know,* Washington, The Center for Public Integrity, Special Report, 7 avril 2003.

17. Depuis lors, ce mouvement prend une ampleur grandissante. De plus en plus de municipalités se déclarent « zones non-AGCS ». De plus en plus d'organisations syndicales entrent dans la mobilisation. Voir, parmi d'autres, les sites Web suivants : www.urfig.org ; www.gatswatch.org.

18. On en prendra connaissance en consultant le site www.gatswatch.org ; pendant ces négociations, la ministre belge de l'Emploi et du Travail de l'époque, Mme Laurette Onkelinx, socialiste, a rédigé une remarquable note en huit points sur les dangers du mode 4 de l'AGCS pour le marché du travail et le modèle social. On la trouvera sur le site www.urfig.org à la rubrique AGCS.

19. *Le Monde*, 5 septembre 2003.

20. Les principaux documents qui servent de sources à ce chapitre sont : a) Commission européenne : « Recommandation d'une décision du Conseil relative à la négociation d'accords dans le domaine des obstacles techniques aux échanges de produits industriels, des services, des marchés publics et des droits de propriété intellectuelle entre la Communauté européenne et ses États membres d'une part, et les États-Unis d'Amérique d'autre part, dans le cadre du partenariat économique transatlantique », SEC (98), 18 septembre 1998 ; b) 2129. Conseil – Affaires générales, Bruxelles, 9 novembre 1998, nr 12560/98 ; le texte complet de ce document se trouve en annexe II de ce livre ; c) Parlement européen : « Résolution sur le "Partenariat économique transatlantique" entre l'Union européenne et les États-Unis », (COM 98) 0125 C4-0271/9, *Journal officiel* n° C 379 du 7 décembre 1998, p. 94.

21. Bourdieu, Pierre, *Contre-feux 2*, Paris, Raisons d'agir, 2001, p. 68.

22. *Libération*, 7 novembre 2003.

CHAPITRE 3

1. ACP : pays d'Afrique, des Caraïbes et du Pacifique ; ASEM : Asia Europe Meeting, un forum d'échanges entre les dix pays de l'ASEAN (Association des nations de l'Asie du Sud-Est), les quinze pays de l'Union européenne, la Chine, le Japon et la Corée du Sud.

2. Le texte intitulé « Nous, Verts, altereuropéens », signé par les têtes de liste des Verts français aux élections européennes, fournit un exemple. Il n'est malheureusement pas le seul.

3. CIG 86/04 du 25 juin 2004.

4. CIG 86/04 ADD 1.

5. CIG 86/04 ADD 2.

6. *Le Monde*, 30 octobre 2003.

7. Voir note 2.

8. *Idem*.

9. Comité d'experts indépendants, Premier rapport sur les allégations de fraude, de mauvaise gestion et de népotisme à la Commission européenne, 15 mars 1999, p. 139.

10. *Le Monde*, 17 juillet 2004.

11. *Le Monde*, 3 juillet 2004.

12. *Le Nouvel Observateur*, 19 juin 2003.

13. *L'Humanité*, 8 décembre 2003.

14. COM (2000) 580 ; COM (2003) 270 ; COM (2004) 374.

15. Duhamel, Olivier, *Pour l'Europe*, Paris, Seuil, 2003, p. 143.

16. *Le Monde*, 20 septembre 2003 et 3 juillet 2004, et notes 2 et 12.

17. Jean-Claude Casanova, *Le Monde*, 25-26 juillet 2004.

18. *Le Monde*, 20 septembre 2003.

19. Il n'est pas indiqué à qui incombera la charge de prouver qu'il y a menace. Il est certain que le pays qui tentera de le faire sera accusé de remettre en cause un accord commercial déjà négocié et approuvé par le négociateur unique de la Commission européenne.

20. Hallward-Driemeier, *Global Economic Prospect : Investing to Unlock Global Opportunities*, Washington, World Bank, 2003, p. 129.

21. Jack Lang, *Le Monde*, 20 juillet 2004.

22. *Le Monde*, 3 juillet 2004.

23. Voir note 2.

24. *Le Monde*, 6 juillet 2004.

25. *L'Humanité*, 22 juin 2004.

26. *Libération*, 2 juillet 2004.

27. *La Croix*, 8 novembre 2003.

28. Communiqué du 13 juin 2003 signé par Pervenche Berès, Olivier Duhamel et Jacques Floch.

29. CIG 86/04 ADD 2, p. 72.

30. Bulletin d'information de 8 heures de la radio française France-Inter, le 10 décembre 2000. Mme Guigou avait utilisé cette comparaison : « Celui qui a une voiture n'a pas besoin de savoir comment le moteur fonctionne. »

31. C'est ainsi que sont qualifiés par Mme Pervenche Berès, membre socia-

liste du Parlement européen, les opposants de gauche à la Constitution proposée (*Le Monde*, 21 octobre 2003). Quand on n'a plus que l'insulte comme argument…

32. *Le Monde*, 23 octobre 2003.

33. Le Parlement européen a approuvé le projet de Constitution de la Convention par 335 voix contre 106 et 53 abstentions.

34. *Le Monde*, 24 octobre 2003.

35. *Le Monde*, 19 septembre 2003.

36. *Le Monde*, 3 juillet 2003.

37. Texte diffusé par courrier électronique à la fin de juin 2003.

38. Henri Emmanuelli, *L'Humanité*, 6 juillet 2004.

39. *Le Monde*, 8 octobre 2003.

40. *Le Monde*, 23 octobre 2003.

CHAPITRE 4

1. Agnès Bertrand, qui fut en France à la pointe des mobilisations contre l'Accord multilatéral sur l'investissement, anime avec Laurence Kalafatidès l'Institut pour la relocalisation de l'économie. Toutes deux ont signé un livre militant incontournable : *OMC, le pouvoir invisible*, Paris, Fayard, 2002.

2. Deux auteurs ont collectionné les témoignages d'ambassadeurs des pays en développement auprès de l'OMC : Jawara, Fatouma, et Kwa, Aileen, *Behind the Scenes at the WTO. The Real World of International Trade Negotiations,* Londres, Zed Books, 2003.

3. Outre l'ouvrage référencé en note 1, on consultera avec profit la bibliographie proposée sur le site www.urfig.org.

4. www.wto.org; on peut consulter les versions anglaise, espagnole et française.

5. Interviewé par Vincent Glenn, réalisateur du film *Pas assez de volume. Notes sur l'OMC*, 2004.

6. L'article 16.4 de l'accord créant l'OMC consacre la prééminence de cet accord et de tous les accords gérés par cette institution sur le droit national des États membres.

7. Unesco : Organisation des Nations unies pour l'éducation, la science et la culture; OMS : Organisation mondiale de la santé; OIT : Organisation internationale du travail; OMPI : Organisation mondiale de la propriété intellectuelle; PNUE : Programme des Nations unies pour l'environnement.

8. Jennar, Raoul Marc, « L'Organisation mondiale du commerce et le déclin de la démocratie », *Res publica*, Paris, n° 32, février 2003, p. 36-41.

9. OMC, *Un commerce ouvert sur l'avenir*, Genève, OMC, 1999 (2e éd.).

10. Dans un article quasi lyrique publié à la veille de la conférence de Cancún, Pascal Lamy exaltait cette égalité de tous devant les règles de l'OMC : « Mes jours et mes nuits à Cancún », *Le Monde*, 5 septembre 2003.

11. La rétrocession de Hong Kong à la Chine n'a pas mis fin à la représentation de ce territoire jouissant, à l'OMC, d'un statut analogue à celui d'un État indépendant. En fait, selon une note explicative annexée à l'accord créant l'OMC,

le terme « pays » désigne « tout territoire douanier distinct, membre de l'OMC », ce qui en dit long sur la perception de la souveraineté des peuples et des États.

12. Jawara, Fatouma, et Kwa, Aileen, *Behind the Scenes…*, *op. cit.*

13. On trouvera de multiples témoignages sur la conférence de Doha émanant de diplomates de pays du Sud dans Kwa, Aileen, *Power Politics in the WTO*, Bangkok, Focus on the Global South, 2003 (http://www.focusweb.org).

14. OMC, « Preparatory Process in Geneva and Negotiating Procedure at the Ministerial Conferences », communication présentée par Cuba, Égypte, Honduras, Inde, Indonésie, Jamaïque, Kenya, Malaisie, Maurice, Pakistan, République dominicaine, Sri Lanka, Tanzanie, Ouganda et Zimbabwe, WT/CG/W/471, 24 avril 2002.

15. Le Brésil, la Chine, la Malaisie, la Norvège, les Philippines, la Turquie. WT/GC/M74, 1er juillet 2002.

16. Document WT/CG/W/510.

17. Lefort, Jean-Claude, député, Assemblée nationale, *Rapport sur la place des pays en développement dans le système commercial multilatéral,* Paris, 23 novembre 2000.

18. Communication de la Commission au Conseil et au Parlement européen, *Redynamiser les négociations relatives au programme de Doha pour le développement – l'optique de l'UE*, Bruxelles, 26 novembre 2003, COM(2003) 734, final.

CHAPITRE 5

1. Parlement européen, commission du Développement et de la Coopération, séance du 21 février 2000. Document PE/XIV/PV/00-03.

2. *Licence obligatoire* : autorisation accordée par un gouvernement à un autre gouvernement ou à une entreprise de fabriquer ou de vendre un produit (par exemple un médicament) sans la permission du détenteur du brevet, par exemple en présence d'une crise sanitaire majeure. *Importation parallèle* : produit fabriqué et vendu par le détenteur du brevet dans un pays et importé dans un autre pays sans l'approbation du détenteur du brevet. *Substitution générique* : la substitution générique est définie comme la distribution du produit pharmaceutique prescrit sous une marque de fabrique différente ou sans nom de marque ; c'est-à-dire un produit chimique exactement identique et dont la forme du dosage est la même, mais distribué par une compagnie différente.

3. *Libération*, 5 mars 2001.

4. La firme britannique GlaxoSmithKline aurait menacé de déplacer son siège aux États-Unis si l'Union européenne adoptait une position contraire à ses intérêts (selon Jawara et Kwa, *op. cit.*, p. 247).

5. Chaque document porte la mention : « *Member states are requested to ensure that this text is not made publicly available and is treated as a restricted document.* »

6. Ils sont disponibles sur le site http://www.gatswatch.org/requests-offers.html ; de même, les offres européennes de libéralisation déposées au printemps 2003 sont également accessibles sur le même site.

7. Pour une analyse de la proposition d'offres de la Commission soumise à

l'examen des 15 gouvernements, voir http://www.urfig.org/francais.htm ; campagne AGCS : http://www.urfig.org/agcs-campagne-jennar-23-02-03-pt.htm ; Jennar, Raoul Marc, *Les Services que la Commission européenne veut libéraliser : poursuivre, via l'OMC, le démantèlement du modèle social européen*, 23 février 2003.

8. Kwa, Aileen, *Power Politics in the WTO*, Bangkok, Focus on the Global South, 2003. http://www.focusweb.org.

9. La ministre belge du Commerce extérieur a systématiquement répété cette phrase lors de ses rencontres avec les ONG, ainsi que sur les ondes de la RTBF le 6 février 2003.

10. Formellement, ce droit est inscrit dans le préambule de l'AGCS ; il a été rappelé dans la déclaration finale de la conférence de Doha ainsi que dans les directives de négociation de l'AGCS, mais il ne s'agit que de vœux qui ne pèsent guère en face des règles relatives à l'accès au marché et au traitement national, les seules prises en considération lorsqu'il y a litige.

11. Lors d'une audition au Parlement européen à Bruxelles, le 6 mars 2003, et dans *International Trade Reporter*, vol. 20, n° 13, 27 mars 2003, p. 542. On a vu que l'article 6 de l'AGCS concerne spécifiquement la régulation des services par l'élaboration de « disciplines ».

12. Clare Joye et Peter Hardstaff, de l'ONG britannique World Development Movement, ont été les premiers à procéder à une analyse systématique des 109 demandes européennes ; cette analyse existe en français sous le titre *À qui profite l'agenda pour le développement ?,* Londres, World Development Movement, avril 2003. Site Web : http://www.wdm.org.uk.

13. Pays à faible revenu = classification de la Banque mondiale ; pays les moins avancés = classification du PNUD et de la CNUCED.

14. Voir chapitre 2, « L'AGCS, instrument de l'autodestruction du modèle européen », p. 53 *sq*.

15. OMC, Conférence ministérielle, projets de déclaration ministérielle référencés JOB(03)/150 et JOB(03)/150/REV.1. Dans ce dernier document, daté du 13 septembre 2003, le paragraphe consacré à l'AGCS porte le numéro 6.

16. « Private Sector Service Industries around the World Call for Stalled WTO Negotiations to Resume », 30 octobre 2003 ; signé par European Services Forum, US Coalition of Services Industries, Japan Services Network, Honk Kong Coalition of Services Industries, Australian Services Roundtable, International Financial Services London.

17. Communication de la Commission au Conseil et au Parlement européen, *Redynamiser les négociations relatives au programme de Doha pour le développement – l'optique de l'UE*, Bruxelles, 26 novembre 2003, COM(2003) 734, final.

18. Jawara, Fatouma, et Kwa, Aileen, *Behind the Scenes at the WTO. The Real World of International Trade Negotiations,* Londres, Zed Books, 2003, p. 5.

19. ABB est un leader mondial des technologies de l'énergie et de l'automation.

20. Observatoire de la mondialisation, *Lumière sur l'AMI, le test de Dracula*, Paris, L'Esprit frappeur, 1998.

21. Réponse du ministre de l'Économie et des Finances à la question orale du député Yves Cochet (Verts), Assemblée nationale, Paris, 4 février 1998.

22. Organisation mondiale du commerce, WT/L/430, 9 novembre 2001, *Déclaration des États ACP sur la quatrième conférence ministérielle*; communication du Kenya, point 23.

23. Voir chapitre 4.

24. Des pays comme la Malaisie et le Pakistan, farouchement hostiles à l'ouverture des négociations sur ces quatre matières jusqu'au début de septembre, sont devenus silencieux par la suite.

25. Devant la menace indienne de quitter Doha, la présidence de la conférence avait formulé, lors de la séance de clôture, avant de soumettre l'ensemble de la déclaration ministérielle à l'approbation de la conférence, une interprétation du consensus explicite : « De mon point de vue, cela devrait donner à chaque membre le droit de prendre une position sur les modalités qui devrait empêcher les négociations de commencer après la cinquième session de la conférence ministérielle jusqu'à ce que ce membre soit disposé à s'associer au consensus explicite. » Par la suite, alors qu'elle n'avait soulevé aucune objection à cette déclaration interprétative lors de la séance de clôture, la Commission européenne l'a rejetée, sans jamais être contredite par les 15 gouvernements. Les États-Unis ont fait de même. Pourtant, cette déclaration interprétative a été prononcée avant l'adoption de la déclaration ministérielle, lors de la session plénière finale. Elle a donc conditionné l'attitude des représentants des différents États. La convention de Vienne sur le droit des traités (1969), qui est le seul instrument juridique auquel on puisse faire référence pour apprécier la portée d'un traité international – et la déclaration ministérielle possède ce statut –, précise en son article 31 que la signification d'un instrument international doit être appréciée à la lumière non seulement du texte lui-même, mais également de son contexte, c'est-à-dire de son préambule, de ses annexes, et de tout accord entre les parties concernant l'interprétation du traité et l'application des dispositions qu'il contient. En outre, l'article 32 de cette même convention précise que lorsque le contexte ne suffit pas pour lever une ambiguïté, il faut avoir recours aux travaux préparatoires et aux circonstances de sa conclusion. De ce point de vue, la déclaration interprétative de la présidence de la conférence fait intégralement partie des travaux préparatoires et des circonstances qui ont précédé l'adoption de la déclaration ministérielle. Mais, une fois de plus dans l'ordre international, lorsque le droit ne rencontre pas les attentes des puissants, ceux-ci s'empressent de l'ignorer.

26. Commission européenne, secrétariat général, SEC (2003)317, *Information sur les progrès des négociations de l'OMC concernant l'agenda de développement de Doha*, note d'information de M. Lamy et de M. Fischler, Bruxelles, 12 mars 2003.

27. Décision du Conseil des ministres du 21 juillet 2003.

28. Pour une relation et une analyse de la conférence de Cancun, voir www.urfig.org.

29. WT/WGTI/W/110, 115, 121, 122, 140, 141, 153, 154, 491.

30. WT/WGTI/113, 130, 131, 146, 147, 155, 157.

31. WT/WGTI/152, 159, 160.

32. WT/WGTI/111, 112, 4, 123, 143.

33. WT/WGTI/148, 149, 150, 152. L'Inde a précisé que les notes qu'elle dépose dans le cadre de la discussion du groupe de travail ne préjugent pas de

sa position sur l'opportunité d'une négociation sur un accord sur l'investissement.

34. WT/WGTI/111, 112, 124, 125, 138, 139, 156, 158.

35. WT/WGTI/132.

36. WT/WGTI/126, 127, 128, 129, 142, 144, 145.

37. WT/WGTI/142.

38. WT/WGTCP/W/115.

39. WT/WGTCP/W/216.

40. WT/WGTCP/W/215.

41. Australie, Canada, Corée, États-Unis, Finlande, Israël, Japon, Norvège, Union européenne, Suisse.

42. WT/WGTCP/W/35.

43. WT/WGTCP/W/37.

44. G/C/W222, 363, 394.

45. Hallward-Dreimeier, *Global Economic Prospect : Investing to Unlock Global Opportunities,* Washington, World Bank, 2003, p. 129.

46. ICC, Policy statement, *ICC's Expectations Regarding a WTO Investment Agreement*, Paris, 7 mars 2003.

47. OMC, secrétariat, rapport sur la réunion des 7 et 8 mars 2001, WGTI/M/14, p. 6

48. WT/WGTI/W/148.

49. Ce chapitre est une version adaptée d'une communication présentée sous le titre « Les formes nouvelles du colonialisme européen : l'accord de Cotonou » lors du colloque organisé par le GRESEA (Groupe de recherche pour une stratégie économique alternative) et l'AITEC (Association internationale des techniciens, experts et chercheurs) à Bruxelles au Parlement européen, les 23-24 mai 2002 et publiée dans l'ouvrage collectif *L'Accord de Cotonou. Les habits neufs de la servitude*, Bruxelles, Colophon, coll. « Essais », 2002.

50. Rugumamu, Séverine M., « Le nouvel accord de partenariat entre les ACP et l'Union européenne ne résout pas tout », New York, PNUD, *Coopération Sud*, n° 2, 2000, p. 59-73.

51. Union européenne, communication de la Commission, SEC (95) 322, final, p. 6.

52. « Vers une zone de libre-échange entre l'Union européenne et l'Afrique du Sud : une évaluation », document de travail de la Commission, 7 février 1996.

53. Satiawan, Gunessee, ambassadeur de Maurice, « Non Paper on Negotiations of Economic Partnership Agreements », 17 mai 2002.

54. Rugumamu, Séverine M., « Le nouvel accord... », art. cité.

55. On appelle biopiraterie la possibilité de s'approprier une variété végétale intéressante pour ses propriétés curatives et/ou nutritives, en la faisant breveter sans avoir apporté la moindre modification génétique, c'est-à-dire en traitant un élément du patrimoine commun de l'humanité (qui n'est pas brevetable) comme s'il s'agissait d'une invention (qui seule est brevetable). L'exemple le plus connu de biopiraterie est le riz basmati.

56. Le brevetage du vivant – c'est-à-dire la privatisation d'un élément constitutif du patrimoine commun de l'humanité – est requis par l'article 27, 3, b de l'ADPIC qui oblige à breveter toutes les variétés végétales.

57. Règlement de l'Assemblée parlementaire paritaire ACP-UE, article 15, § 4.

58. *Le Monde*, 24 décembre 2003.

59. Règlement 416/2001 du 26 février 2001 modifiant le système des préférences généralisées, *Journal officiel*, n° L 60 du 1er mars 2001.

60. Le système des préférences généralisées, créé par la Communauté européenne en 1971, a été adapté en 1995 aux exigences de l'OMC. Il s'agit d'un instrument de politique commerciale permettant d'accorder des préférences tarifaires selon les pays d'origine et selon les produits.

61. Union européenne, Conseil des ministres, affaires générales, communiqué de presse de la présidence suédoise, 26 février 2001.

62. « L'Europe s'ouvre aux agriculteurs du tiers-monde », *Le Monde*, 8 mars 2001.

63. Lamy, Pascal, *L'Europe en première ligne*, Paris, Le Seuil, 2002, p. 72.

64. Brenton, Paul, *Integrating the Least Developed Countries into the World Trading System : The Current Impact of EU Preferences under Everything but Arms*, Washington, 27 février 2003.

65. En 2002, l'exemple le plus connu fut celui du poisson-chat vietnamien, très largement exporté vers les États-Unis où il est vendu moins cher que le poisson-chat local. Le Vietnam n'étant pas membre du GATT/OMC c'est sans problème que les États-Unis ont pu neutraliser ce concurrent en appliquant des taxes très élevées à l'entrée.

66. La BM, le FMI et l'OMC ont mis au point un cadre intégré afin d'assurer « l'inclusion des questions commerciales dans le PRSP ». Voir www.imf.org/external/np/exr/facts/fre/imfwto.htm.

67. Article XII : « 1. Tout État ou territoire douanier distinct jouissant d'une entière autonomie dans la conduite de ses relations commerciales extérieures et pour les autres questions traitées dans le présent accord et dans les accords commerciaux multilatéraux pourra accéder au présent accord à des conditions à convenir entre lui et l'OMC. Cette accession vaudra pour le présent accord et pour les accords commerciaux multilatéraux qui y sont annexés. 2. Les décisions relatives à l'accession seront prises par la Conférence ministérielle. La Conférence ministérielle approuvera l'accord concernant les modalités d'accession à une majorité des deux tiers des membres de l'OMC. »

68. Ainsi le Liban, pays dont une partie du territoire (dénommé « les fermes de Chebbah ») est encore occupée par Israël, est obligé d'accepter la présence de ce dernier pays dans le groupe de travail et de négocier avec lui.

69. Ces documents sont : 1) le rapport du groupe de travail (WT/ACC/KHM/21) ; 2) le programme des concessions et engagements dans le secteur des biens (WT/ACCKHM/21/Add. 1) ; 3) le programme des engagements spécifiques dans le domaine des services (WT/ACC/KHM/21/Add. 2).

70. Communiqué de presse de la DG commerce de la Commission européenne, Bruxelles, 19 juin 2003.

71. *Le Monde*, 7-8 septembre 2003.

72. Oxfam International, *Cambodia's Accession to the WTO. How the law of the jungle is applied to one of the world's poorest countries*, Genève, août 2003. Ces propos comme ceux qui suivent ont été tenus le 22 juillet 2003. Toutes les citations sans référence proviennent du rapport d'Oxfam International.

73. Speech by H. E. Mr. CHAM Prasidh, Minister of Commerce and Chief Negotiator for Cambodia's Accession to the WTO at he Fifth WTO Ministerial Conference (Item 3 of the Agenda : Accession of Cambodia), Cancun, Mexico, 11 septembre 2003.

CHAPITRE 6

1. Collectif les Amis de l'Europe, *Prélude au débat 2001-2004 : à quoi sert l'Union européenne ?,* septembre 2001, p. 8.

2. Onfray, Michel, *Célébration du génie colérique*, Paris, Galilée, 2002, p. 45-46.

3. Jaurès, Jean, « Discours au congrès de Toulouse », in *L'Esprit du socialisme*, Paris, Gonthier, 1964.

4. *Id.*, « Pour la laïque », *ibid.*

Table des matières

Mise en pages : In Folio, Paris

Achevé d'imprimer en août 2004
sur presse Cameron
par ***Bussière Camedan Imprimeries***
à Saint-Amand-Montrond (Cher)
pour le compte des Éditions Fayard

35-57-2477-4/01

ISBN 2-213-62277-9

Dépôt légal : août 2004.
N° d'Édition : 51211. – N° d'Impression : 043404/4.

Imprimé en France